Les Éditions du Boréal
4447, rue Saint-Denis
Montréal (Québec) H2J 2L2
www.editionsboreal.qc.ca

LES MEILLEURS
LIEUX COMMUNS,
PEUT-ÊTRE

BERNARD ARCAND ET SERGE BOUCHARD

Quinze lieux communs, Boréal, 1993.

De nouveaux lieux communs, Boréal, 1994.

Du pâté chinois, du baseball et autres lieux communs, Boréal, 1995.

De la fin du mâle, de l'emballage et autres lieux communs, Boréal, 1996.

Des pompiers, de l'accent français et autres lieux communs, Boréal, 1998.

Du pipi, du gaspillage et sept autres lieux communs, Boréal, 2001.

BERNARD ARCAND

L'Image de l'Amérindien dans les manuels scolaires du Québec, Hurtubise HMH, 1979 (en collaboration avec Sylvie Vincent).

Le Jaguar et le Tamanoir : vers le degré zéro de la pornographie, Boréal, 1991.

Abolissons l'hiver !, Boréal, 1999.

SERGE BOUCHARD

Le Moineau domestique : histoire de vivre, Guérin, 1991 ; Boréal, 2000.

L'homme descend de l'ourse, Boréal, 1998.

Les corneilles ne sont pas les épouses des corbeaux, Boréal, 2005.

Bernard Arcand, Serge Bouchard

LES MEILLEURS LIEUX COMMUNS, PEUT-ÊTRE

Boréal

Les Éditions du Boréal remercient le Conseil des Arts du Canada ainsi que le ministère du Patrimoine canadien et la SODEC pour leur soutien financier.

Les Éditions du Boréal bénéficient également du Programme de crédit d'impôt pour l'édition de livres du gouvernement du Québec.

Photo de la couverture : Louise Bilodeau

© Les Éditions du Boréal 2003
Dépôt légal : 4e trimestre 2003
Bibliothèque nationale du Québec

Diffusion au Canada : Dimedia
Diffusion et distribution en Europe : Les Éditions du Seuil

Données de catalogage avant publication (Canada)

Arcand, Bernard

Les Meilleurs Lieux communs, peut-être

(Boréal compact ; 148.)

ISBN 2-7646-0259-6

1. Québec (Province) – Mœurs et coutumes. 2. Québec (Province) – Civilisation – 20e siècle. 3. Civilisation occidentale – 20e siècle. I. Bouchard, Serge, 1947- . II. Titre.

FC2918.A7225   2003   306'.09714   C2003-941574-0

Avant-propos

Si vous étiez parmi les auditeurs assidus de l'émission radiophonique *Les Lieux communs* diffusée autrefois par la Société Radio-Canada et si vous possédez les six premiers volumes de textes tirés de cette émission, vous venez d'effectuer un fort mauvais achat. Car vous reconnaîtrez facilement ici des écrits déjà connus et qui ne sont que des extraits de ces ouvrages antérieurs, que nous avons placés en ordre alphabétique de thèmes. Tout au plus, peut-être, trouverez-vous quelque plaisir à contester les choix faits par les auteurs : Pourquoi republier ce passage particulier alors que le suivant était nettement supérieur ? Comment peuvent-ils prétendre surmonter la contradiction flagrante entre les notions de « meilleur » et de « lieu commun » ?

Cependant, si vous avez acheté ce livre avec l'intention d'en faire cadeau à l'un ou l'autre des ignares qui vous entourent, alors il est certain que vous avez pris là une excellente décision. Déjà, l'on peut imaginer l'air ravi de votre belle-sœur le jour de son anniversaire, le sourire reconnaissant de votre dentiste au matin de Noël, la satisfaction du concierge qui aime la lecture. Celle ou celui à qui vous offrirez ce livre découvrira l'univers du regard oblique, éloigné et parfois tordu que l'on peut poser sur certains aspects familiers de nos vies très ordinaires. Les lieux choisis sont communs, en ce sens qu'ils sont partagés par le plus grand nombre, mais également en ce sens qu'ils permettent une révision salutaire de ce qui est couramment tenu pour acquis.

Par contre, s'il s'agit pour vous d'un premier contact avec les auteurs des « Lieux communs », sachez que nous sommes vraiment comme cela dans la vie et que nous entretenons depuis plusieurs années une conversation interminable sur le ton de cet ouvrage. Souvent, nous nous parlons sans que personne écoute. Pendant cinq ans, nos échanges ont été diffusés par la radio nationale. Jusqu'au jour où nous fûmes victimes d'une coupe budgétaire. Nous avons poursuivi notre dialogue, mais nul ne le sait. Par ailleurs, les mêmes autorités gouvernementales responsables des coupes budgétaires nous obligent à vous prévenir que la lecture des « Lieux communs » peut dans certains cas créer une dépendance et nuire à votre santé financière en vous incitant à acheter la version complète des textes, publiée en six volumes.

La vie ne vaut d'être vécue que si elle a du sens. Malgré les limites de la science et les insuffisances de la religion, l'être humain conservera toujours cette extraordinaire capacité à imaginer le monde à son image. Nous pouvons ainsi nous permettre d'aborder les mystères les plus complexes de la vie pour les transformer en lieux communs. C'est ce que l'on décrivait autrefois comme l'une des conséquences du fait d'être humain, c'est-à-dire animal raisonnable.

Juin 2003
Berkeley (Californie) et Rosemont (Québec)

■ L'accent français

BERNARD ARCAND

Il est préférable, dit-on, de tourner sa langue sept fois avant de parler. Le chiffre demeure sans doute discutable, peu importe. Je veux seulement considérer un détail que tous ont probablement déjà noté : ce vieil adage prend un sens particulier pour certains qui semblent avoir besoin de se tourner la langue au moins sept fois, non pas pour réfléchir avant de parler, mais surtout pour prendre le temps de choisir le bon accent, le plus approprié, celui qui sonnera juste, l'accent du moment. Car, nous le savons tous, l'accent est un matériau plastique qui exige modelage et manipulation. L'accent s'apprend et son apprentissage peut durer toute une vie. Les acteurs en jouent pour assurer leurs personnages, les imitateurs les copient pour gagner leur vie. Et peut-être connaissez-vous tous une de ces personnes remarquables qui, dans le cours d'une conversation, ont tendance à adopter, petit à petit, l'accent de leur interlocuteur ; on dirait qu'elles cherchent à mettre l'autre à son aise en évitant de le dépayser, au risque de l'insulter ou de se rendre elles-mêmes ridicules.

Prendre l'accent du coin, c'est faire à Rome comme les Romains. C'est un effort, tantôt poli, tantôt gêné, pour s'intégrer à la culture locale et au son local, aux couleurs et aux odeurs du coin. Et c'est ainsi que des voyageurs changent d'accent au moment précis où, à l'aéroport, ils traversent l'appareil détecteur de métal ; comme si cet appareil contenait des ondes magiques qui font que, au-delà de cette limite, les intonations changent et les mots ne se prononcent plus de la même façon ; la langue s'y trouve soudain ionisée et pasteurisée, elle n'a plus que 2 % de gras ! Ou peut-être est-ce comme l'injection d'un virus, une sorte de vaccination pour grands voyageurs. Quoi qu'il en soit, l'accent du voyage ne sera plus le même que l'accent de la maison. De la même manière, certains animateurs d'émissions d'affaires publiques choisissent de changer d'accent en soulevant une question de gauche ou une question de droite ; l'auditeur attentif note un changement d'inclinaison dans le ton, de sorte que le patronat sera attaqué dans une langue populaire et les syndicats sur un ton plus bourgeois. Ainsi, l'accent peut être taillé à la mesure de la situation et être modifié selon le lieu, l'heure de la journée, à micro ouvert ou à micro fermé. Bel exemple emprunté à la politique britannique d'il y a vingt-cinq ans : Harold Wilson, fils d'universitaires mais chef des travaillistes, s'était forgé un bel accent de travailleur moyen, tandis que son opposant, Edward Heath, chef conservateur mais fils d'épicier, se tordait les gencives pour proclamer un extraordinaire accent snob et suffisant. Plus près de nous, mais tout aussi étonnant, Pierre Elliott Trudeau parlait le français avec un léger accent anglais et l'anglais avec un soupçon d'accent français. Tout le contraire de Jean Chrétien.

D'aucuns déplorent ce genre de flexibilité et ces ajustements opportunistes. Tous ces maquillages et ces triturages d'accent leur paraissent même risqués. Pourquoi corriger sa manière de dire les choses quand il y va de l'identité personnelle, de l'affirmation de soi et de la capacité de défendre fièrement son droit fondamental à une existence autonome ? Rien ne les choque davantage que ces Québécois serviles qui, dès le débarquement à Paris, adoptent l'accent du coin. Rien, sauf peut-être ces Québécois qui, de surcroît, insistent pour garder ici ce même accent parisien dans l'espoir gêné qu'il les aidera à sortir de leur misère. Frustration suprême, « une honte », disent-ils, un manque flagrant de confiance en soi qui ne convient qu'aux faibles et aux colonisés.

Dans l'espoir d'assainir cette querelle linguistique, il faut d'abord rappeler que le drame n'est jamais l'accent. Il est certain que l'on peut énoncer des sottises ou de fort belles choses sur tous les tons. Il serait salutaire de réduire l'accent à sa piètre valeur et de relancer une campagne pour la reconnaissance des contenus. L'accent n'offre jamais, en soi, de solution. Si vous n'avez rien à dire, maintenir à tout prix votre accent régional ne suffira pas à vous rendre intéressant. Mais le pire, ce serait d'aller en métropole, d'en prendre l'accent et d'y raconter des platitudes. Alors là, avec un accent pareil, vous passeriez sûrement inaperçu.

*   *   *

Qui parle la langue française sait fort bien que ça ne fait pas très sérieux de diriger des essais nucléaires avec l'accent de Toulouse. Il est toujours compliqué d'expliquer pourquoi le commandant du Concorde s'exprime avec l'accent de Kigali, de Pointe-à-Pitre ou de Rimouski. En français, il n'y a qu'en Île-de-France où l'on ne trouve aucun accent. On y parle uniquement le français. Point final et sans accent. Tous les autres ont un accent facilement repérable et quelque peu déplorable. C'est en partie ça leur problème. Idéalement, tous ces gens devraient suivre l'exemple de ces comédiens sans grand talent et sénateurs sans génie qui se satisfont de parler pointu dans l'obsolescence triste de leur colonie. En français, les accents régionaux demeurent un anachronisme, une couleur locale, parfois rafraîchissante, mais qui ne peut être prise au sérieux. En français de France, les gens en viennent à haïr cette langue qui pénalise celui qui maîtrise mal l'accent précieux de la magistrature. En français, l'on peut prétendre sans rire que des aventures policières new-yorkaises ne peuvent être doublées adéquatement qu'à Saint-Cloud. Même les personnages pourtant dramatiques de Pagnol réussissent mal à échapper au charme de la couleur locale, distinctive et ensoleillée, mais marginale : l'accent du pastis, de la sieste, de la belote et du jeu de boules ; on croirait entendre Fernandel ! La francophonie est un ensemble mal décentré.

Certains souligneraient le contraste avec le monde anglophone. Dans les meilleures universités britanniques, un étudiant n'aura pas nécessairement de scrupules à garder un accent originaire de Montgomery, Alabama. Dans l'univers culturel anglophone, là où l'accent annonce pourtant la région d'origine autant que la classe sociale, quelques œuvres maîtresses laissent entendre des accents qui ne respectent pas beaucoup les normes de King Lear ni l'exotisme voisin de Lady Macbeth ; plusieurs références désormais classiques proviennent d'œuvres régionales produites par John Steinbeck ou Thornton Wilder, au même titre que Harold Pinter ou Peter Brook. C'est qu'en anglophonie, il n'y a pas qu'une seule île de la Cité. Et quand les cités se multiplient, il devient évidemment beaucoup plus facile pour les accents diversifiés d'obtenir droit de cité.

*   *   *

Il y a quelques années, j'avais accepté de rendre compte d'un livre du sociologue français Denis Duclos, intitulé *Le Complexe du Loup-Garou*, un ouvrage qui traite de la violence et de la cruauté dans la culture américaine. Dans cet essai, Duclos essaie de comprendre l'extraordinaire fascination que suscite le spectacle de la violence dans une société américaine qui a produit quelques grands tueurs remarquables, des gens qui ont assassiné, apparemment par plaisir, dix, vingt, trente personnes et chaque fois avec minutie, maniérisme et énormément de passion. Duclos dit avoir porté attention aux grands tueurs en série parce qu'ils incarnent la reprise moderne d'un mythe ancien, celui du héros sanguinaire, animal brutal et sauvage typique des féroces mythologies nordiques.

Malheureusement, le livre n'est pas très bon. L'étude se limite à la répétition inlassable d'une seule intuition obsédante. Mais il y a là également un sérieux problème d'accent. En faisant concession à la mode, ou bien à une certaine France branchée, Denis Duclos nomme ses tueurs en série des « serial killers ». En anglais. Dix fois, cent fois, mille fois, l'on retrouve dans le texte l'expression « serial killer ». Or le lecteur québécois que je suis, quoique respectueux du droit de la France à ses nombreux snobismes, ne peut se retenir, tôt ou tard, d'imaginer comment ces mots anglais peuvent résonner dans la bouche de l'auteur. Je me suis donc mis à entendre « serial killer » tel que prononcé par Denis Duclos : quelque chose comme « céréale killère ». Ce qui, pour moi, se transforme tout de suite en « tueur de céréale ». J'imaginais un épouvantable assassin de Corn Flakes, un atroce massacreur de Cheerios, un cruel bourreau de Fruit Loops ou un sordide étrangleur de Croque-Nature. L'argument pâlissait et la thèse de l'auteur en souffrait singulièrement. Et tout cela pour une banale question d'accent.

SERGE BOUCHARD

L'étrangeté de Paris tient beaucoup à l'accent des Parisiens. Vu de l'est de Montréal, l'accent parisien n'est pas très amical. D'abord, il est très fort aux oreilles étrangères ; ensuite, il joue le jeu de la domination. Moins magnanime que le New-Yorkais dont on connaît bien le sens de l'humour, le Français de Paris est plutôt sérieux. Il écarquille les yeux, le Parisien, quand je lui dis que son accent est amusant. Il est vrai que la sonorité parisienne, dans son souci de dominer, verse souvent dans la caricature. Dans mes moments de dépression et de fatigue, il m'est même arrivé de le trouver insupportable. Comme le disait Sartre, le garçon de café à Paris joue au garçon de café de Paris. À ce titre, les Parisiens s'écoutent parler. Si vous parlez français et que vous ne montez pas dans ce carrousel de la distinction métropolitaine, manière colon, manière ancienne, ne vous surprenez pas d'être considéré comme un minable qui monte en ville. Mais cette condition de concombre, je la partage avec les Suisses, les Belges, les Provençaux, les Normands et les Bretons. Toutefois, si vous croyez dans votre for intérieur que l'accent parisien est supérieur à tous les autres, alors sachez qu'il se donne des cours pour l'apprendre et l'adopter.

Ce ne sont pas des cours de langues. Ce sont des cours sur les bonnes manières de déformer la langue, la vôtre, de corriger votre façon idiote de parler afin de vous mettre au diapason des seuls vrais guides du bon parler. Apprenez le parisien et utilisez-le. Vous ne vous ferez plus rabrouer en demandant du lait ou du beurre. L'accent étant ce qu'il est, dans le contexte parisien, il s'avère à la fin que nous sommes mieux servis à Moscou, où le serveur cherche à vous comprendre, qu'à Paris où le garçon cherche à vous humilier.

Dans les cours sur l'ineffable accent parisien, vous apprendrez d'abord qu'en canadien-français, un « savon », c'est fait pour se laver, tandis qu'à Paris, un « savon », ça enseigne à l'université.

* * *

Sans accent, pas de goût. Ont-ils pensé aux affres de la fadeur, ceux-là qui, pour contourner le problème de l'accent, font la promotion d'un français standard, international, universel ? Ce qui est standard est standard, le mot le dit. Impeccablement ennuyeux, sans relief. Sans odeur, sans couleur. Sauce figée. Langue irréelle que, dans la vie, je ne peux pas utiliser. Engueuler un agent de recouvrement en français universel n'est pas très efficace. À vraie vie, vraie langue. L'accent n'est rien ? Ce n'est que le son de notre authentique compétence. C'est la musique de sa culture. Avoir honte de son accent, c'est avoir honte de soi et des siens. Ce n'est quand même pas rien. Abandonner son accent, c'est abandonner quelque chose.

Cependant, avoir suffisamment d'oreille pour reproduire des accents, voilà une compétence particulière. C'est plus que le don des langues. C'est plus que la polyglossie. C'est la capacité par excellence de s'adapter à tous les environnements culturels particuliers. Ainsi, plutôt que de vouloir appauvrir en standardisant, nous devrions faire la promotion des accents. À tous ceux qui se préoccupent de richesse multiculturelle, je propose de bien réfléchir à ces sujets.

Car il n'est rien de plus dur que le rejet d'un accent particulier. Ne pas adopter l'accent d'une communauté, c'est la rejeter. Celui-là, il est trop laid, je ne l'adopterai jamais. Ces jugements sont cruels et ridicules, deux qualités qui nous définissent admirablement.

■ L'agenda

BERNARD ARCAND

Tous les judéo-chrétiens bien informés se souviennent du personnage de Moïse dans le récit épique de la recherche de la Terre promise. Toutefois, l'histoire militaire a plutôt retenu les remarquables exploits de son ami et successeur Josué, commandant suprême de l'armée que ses élans guerriers et ses succès impressionnants devraient suffire à classer au rang des César, Napoléon, Rommel et Giap. Vainqueur de tous les ennemis d'Israël, chef de l'ensemble de trompettes qui fit tomber les murs de Jéricho, Josué profitait largement de l'appui direct et indéfectible de Yahvé. Ainsi, par exemple, à la bataille de Macéda, au moment où Josué et ses troupes se trouvent face à une terrible coalition de toutes les armées locales, Yahvé fait pleuvoir du ciel de grosses roches sur la tête des ennemis d'Israël. Évidemment, Josué trouve la partie belle, en profite et entreprend le plus rapidement possible l'extermination systématique de ses ennemis. La stratégie paraît simple : il faut les empêcher de s'enfuir dans le but de les massacrer tous, un par un et jusqu'au dernier. Mais les ennemis sont nombreux, la tâche est considérable et Josué manque de temps. C'est alors qu'il a l'idée brillante de demander à Dieu d'arrêter la marche du Soleil. Et ainsi, comme le raconte l'unique version officielle de cette bataille, pour la seule fois de l'histoire de l'humanité, « le soleil s'arrêta, et la lune suspendit sa course, jusqu'à ce que la nation eût tiré vengeance de ses ennemis » (Josué, X, 13).

J'aurais aimé voir ce que Josué avait inscrit dans son agenda la veille de cette bataille historique. Les archéologues devraient faire un effort spécial pour retrouver cette page tout à fait unique dans l'histoire, et sur laquelle il était peut-être écrit tout simplement : « Demain, entre midi et midi, il ne se passera rien, si ce n'est la mort de milliers de soldats ennemis. »

Depuis toujours, les moments les plus agréables de la vie créent l'impression que le temps s'arrête. On se croit hors du temps et chacun souhaiterait que ces instants magiques de bonheur durent éternellement. Surtout, on sait bien que ces moments sublimes ne pourront jamais être inscrits à l'agenda.

SERGE BOUCHARD

Que faire d'un agenda qui est vide, dont les pages sont immaculées d'aujourd'hui à la fin de l'année ? La tragédie de l'agenda vierge est bien pire que celle de l'agenda trop rempli. Nul n'est besoin d'être écrivain pour éprouver l'angoisse de la page blanche. Il suffit de s'acheter un agenda très structuré, un de ces carnets qui sont faits pour être utilisés et montrés, et de se rendre compte le premier jour que cet achat représente le gros de votre activité et que les pages blanches vous rappelleront toutes les heures que vous n'avez rien à faire, que personne ne vient et que vous n'allez nulle part.

C'est bien le tort des agendas que d'en venir ainsi à qualifier nos vies. La prospérité passe par un agenda débordant, la déchéance par le contraire. C'est celui qui n'a rien à faire qui devrait suivre des cours de gestion du temps. Je ne parle pas de ces petits cours comptables et mesquins qui prétendent réellement gérer le temps. Je parle d'un cours qui n'existe pas, un séminaire fondamental sur le temps qui tournerait autour de l'idée que le temps ne se gère pas. On occupe le temps, on l'étire, on le tue mais on ne le gère jamais. Car si le temps ne faisait que passer, cela irait somme toute très bien. Passer n'est rien, on regarde bien passer les trains.

La véritable énigme du temps tient au fait qu'il nous dépasse au lieu de simplement passer, il nous double et nous redouble sans cesse, si bien que nous en perdons le sens de l'orientation. De vos projets, le temps n'a rien à foutre. Que vous soyez oisifs ou occupés, que vous soyez à l'heure ou bien à la journée, le temps s'en soucie peu. Du fait qu'il nous dépasse, il ne nous appartient pas, comme s'il faisait partie d'un autre monde. Et si le temps ne nous emportait pas, il est probable que nous ne saurions rien de lui et que notre culture n'aurait pas développé son ineffable obsession de l'agenda.

L'agenda du sage est un agenda vierge, un petit carnet à jamais fermé. Sous le rapport du temps, il sait que l'on ne peut jamais s'engager à moins de mentir effrontément.

Si votre agenda est vide, soyez heureux. Vous êtes sur la bonne voie.

BERNARD ARCAND

Au fond, il est bien possible que les agendas servent moins à prévoir ce que nous allons faire demain qu'à annoncer qui nous sommes en société. On trouve maintenant sur le marché tellement de types d'agendas que le simple choix d'un modèle particulier révèle déjà un peu, sinon beaucoup, le personnage que nous prétendons être en ce monde et le rôle que nous entendons assumer. Il y a tout un monde entre l'agenda du gestionnaire et celui de l'administrateur, entre l'agenda de la nature et l'agenda du succès, entre l'agenda des oiseaux du Québec et l'agenda de poche, entre l'agenda du français sans faute et celui des meilleures blagues cochonnes. Et il est utile de bien maîtriser ces distinctions. Car il serait présomptueux pour un simple député d'acheter l'agenda dit « De ministre ». Et de quoi aurait l'air un archevêque avec en main l'agenda des femmes ? Un responsable de la défense nationale hésiterait à noter ses rendez-vous dans un agenda « Mafalda ». Bref, il est essentiel de savoir comment choisir l'agenda qui nous va bien, celui qui nous convient : ni trop vulgaire ou prétentieux, ni ridicule ou déplacé, un agenda prudent et d'assez bon goût, en somme, un agenda qui serait tout à fait « Nous ».

À ce sujet il n'existe pas vraiment de règles autres que sommaires et très générales. Quoique deux écueils grossiers doivent à tout prix être évités. D'une part, plus l'agenda est grand et épais, plus il laissera l'impression d'une personne sollicitée, dont l'emploi du temps se mesure en quarts d'heure et avec beaucoup de minutie ; c'était le modèle habituel des psychanalystes lacaniens. Mais il faut, d'autre part, se méfier des agendas imposants qui créeraient un drame existentiel en demeurant trop souvent vides : des pages entières où rien n'est inscrit parce que personne ne demande à vous rencontrer, ce qui est parfois le drame des psychanalystes postlacaniens. En général, il est bon, du moins de temps à autre, de se rappeler que les gens qui ont toujours semblé savoir quoi faire dans la vie, par exemple les pompiers, les fermiers et les écrivains, donnent couramment l'impression de n'avoir jamais besoin d'agenda. Par contre, lorsque, au contraire de ces gens-là, vous hésitez quant à la nature et à l'importance véritables de votre rôle en société ou, pire, si vous n'avez jamais vraiment su quoi faire dans la vie, alors, bien sûr, l'usage quotidien d'un agenda vous tiendra fort occupé.

* * *

« Notre maître le passé. » Cette expression, après avoir fait les délices de plusieurs générations d'historiens, semble en bonne voie d'être remplacée par « Notre maître l'avenir ». Bientôt, nous oublierons le « Je me souviens » pour lui substituer un allègre « Je m'en promets ». On dirait que, progressivement, la mémoire, les souvenirs des bons coups, la fierté des choses faites doivent céder le pas à l'importance grandissante des projets d'avenir et des carnets de commandes.

Or, l'avenir est un maître qui, régulièrement, peut se montrer exigeant et autoritaire. De la même manière que les modernes ont été dressés par leur téléphone et ont parfaitement appris à se lever et à lui obéir en venant à lui pour répondre chaque fois qu'il les sonne, nous nous imposons désormais la servitude volontaire de l'agenda détaillé. Il devient le maître incontesté de nos moindres déplacements et de notre emploi du temps. Déjà, Saint-Simon se disait émerveillé de voir le très puissant Louis XIV se laisser dominer par son agenda : « Avec un almanach et une montre, notait Saint-Simon, on pouvait dire à trois cents lieues de là ce qu'il faisait. » Voilà une belle façon de dire que, déjà au XVIIe siècle, l'agenda avait le pouvoir de rendre servile et parfaitement prévisible même le Roi-Soleil.

L'obligation de se rendre esclave de l'avenir n'est probablement inscrite nulle part dans la nature humaine. C'est plutôt une qualité qui s'apprend et un état d'esprit à cultiver. Par exemple, on raconte que, dans certaines écoles primaires des États-Unis (en Californie, bien sûr), les enfants suivent des cours de bonne gestion de leur emploi du temps et apprennent à bien utiliser leur agenda. Cette innovation pédagogique témoigne sans doute du fait que les jeunes d'aujourd'hui sont très sollicités et qu'il importe pour eux de ne pas confondre l'heure de la leçon de piano avec celle du cours de judo, de ne pas mêler le ballet, l'informatique et la pratique de l'autodéfense. L'on peut espérer que ces enfants californiens seront ainsi avantagés plus tard, puisque, grâce à ces cours, ils deviendront parfaitement compétents dans l'art de la gestion efficace et précise d'un agenda qui leur servira le reste de leur vie.

L'espoir des responsables de ce programme scolaire paraît fondé, car il faut bien admettre qu'il s'agit là d'un apprentissage élémentaire maintenant devenu essentiel. Désormais, l'agenda accompagnera ces futurs citoyens partout, à chaque instant de leur vie professionnelle, mais également au cœur de leur univers domestique et privé. Ils auront appris à noter qu'il ne faut pas oublier d'aller chercher, à leur tour, les enfants à la garderie, d'acheter un cadeau pour la belle-sœur, puis de faire une copie de telle émission. La vie sera chargée et l'agenda, rempli.

Sauf durant les quelques jours ou les quelques semaines de vacances annuelles, lesquelles sont en train de se transformer pour devenir, d'abord et avant tout, des vacances d'agenda : les seuls moments de l'année où il n'y a plus rien à faire et aucun horaire à respecter. À moins, bien sûr, que ces enfants de Californie, futurs citoyens du monde, ne nous convainquent d'inscrire dans notre agenda la réservation du court de tennis et de la table au restaurant, l'heure du départ au golf ou celle du cours de plongée sous-marine, ou même l'horaire de la sieste ou du cinéma familial. Convaincus qu'ils seront que des vacances réussies exigent d'être bien planifiées.

SERGE BOUCHARD

Je suis toujours à l'heure aux rendez-vous que je me donne. À tous les autres, le plus souvent j'avance ou je retarde selon la direction du vent. Car que sont-ils vraiment, ces rendez-vous que l'on dit importants ? Sont-ce des rendez-vous, sont-ils si importants ? Rien ne sert de courir comme un fou après sa queue de veau comme on court après soi, puisque nous avons toute notre vie pour nous y rendre. Je ne vois rien de plus grave que de rater cette rencontre ultime avec soi-même, en un lieu, en une heure, en un mois et une année où il est écrit que chacun doit immanquablement se retrouver. Chrono aussi mystérieux que particulier, indéfinissable temps qu'il serait bête de prendre à la légère, reconnaissons qu'il est navrant d'arriver avant l'heure à un rendez-vous où nous ne sommes pas encore, d'arriver trop tôt ou de retarder, ce qui revient à se rater soi-même. Qui donc en ce bas monde aura la prétention d'objectiver le temps ? Le réaliste, bien sûr, et son cousin bonhomme concret qui non seulement l'objectivent, mais qui en plus le matent, le calculent, l'économisent, le donnent, l'empruntent et en font une affaire. Le temps devient alors un cahier des charges, un carnet de commandes. Nous pénétrons dans un monde très petit où la plus haute valeur morale se résume à livrer la marchandise. « Moi je livre la marchandise » et « Soyons concrets » sont les devises de la modernité comme on la trouve dans l'agenda. Louons le sage qui ne joue pas à ce jeu-là et pour qui rien ne presse depuis qu'il ne connaît pas l'heure de sa mort tout en sachant très bien que ce n'est que vers elle que s'oriente son pas.

Soignez vos retards, protégez votre avance, soyez circonspects en matière de ponctualité. Il n'est pas certain que ce soit une vertu cardinale que de toujours être à l'heure au royaume des horloges truquées. Lorsqu'il n'y a plus de temps à perdre, tellement chaque seconde est calculée, tellement l'on banalise et les départs et les arrivées, tellement la nuit, le jour et les distances sont mélangés, il n'y a plus qu'un parti à prendre, qui est celui de décrocher, de demander un temps d'arrêt afin de quelque part traîner les pieds.

Gérer le temps, voilà l'insanité suprême, la totale inculture, la grande part de l'idiot. L'apprenti gestionnaire qui croit tenir le temps et qui jouit à l'idée qu'il le gère n'est au fond qu'un effronté tragique dont l'agenda gonflé prouve l'infirmité. Un pas de plus et il confie sa vie à la sensibilité digitale de ses verrues électroniques. Nous nous étonnons après de la médiocrité de nos rencontres et réunions.

Puisqu'il n'est, dans la vie d'un être, qu'un seul rendez-vous qui exige la moins négociable des ponctualités, pourquoi se mettre martel en tête et s'obstiner à l'écrire dans un petit cahier, comme s'il était possible de seulement songer à le rater ?

■ Les armes

SERGE BOUCHARD

Les grands progrès de l'humanité se sont toujours effectués au détour de la guerre, de l'action meurtrière. La médecine elle-même n'y échappe pas : si l'homme ne s'était pas tant blessé sur les champs de toutes ses batailles, nous ne saurions aujourd'hui si bien le rabouter, si proprement l'amputer, nous ne saurions comment lui extraire le plomb qu'il reçoit dans le corps ni même disposer sainement de celui-ci.

Les Américains ont débarqué sur la lune vingt-cinq ans après qu'Hitler eut donné l'ordre ainsi que l'argent nécessaire à ses meilleurs ingénieurs pour qu'ils inventent, conçoivent et fabriquent une fusée capable de toucher le cœur de Londres, de la perfide Albion, à partir de l'Allemagne. Il suffirait de presser sur un bouton. C'est le missile meurtrier qui nous a propulsés jusque dans l'ère spatiale. C'eût pu être un canon, comme Jules Verne l'avait imaginé. La grosse Bertha lançait des obus à des distances qui auraient fait rêver Napoléon.

Et le super-canon de Bull, celui-là même qui fascine tant Saddam Hussein, pourrait être en mesure de placer des objets sur orbite terrestre. Mais avant de viser le ciel, le guerrier doit se contenter de ce qui se passe sur terre et, puisqu'un canon existe, ce serait un péché militaire que de ne pas le faire cracher.

La technologie de l'avion à réaction a suivi les mêmes voies. Il fallait remplacer les Messerschmitt, les Spitfire et les Zéros par des T-33, des Sabres et des CF-100. Au Baron rouge ont succédé les Top Guns. D'où l'Airbus et le Boeing, d'où les commandants civils et commerciaux qui sont tous des guerriers au repos. Je ne dis rien du nucléaire, du radar, des systèmes de communication, de notre manière de construire les ponts, de la logistique en général, de la mécanique, car nous tenons là une évidence : l'*homo bellicus* roule sur son intelligence ; en matière de massacre, il n'a pas fini de nous étonner. On n'arrête pas le progrès.

*   *   *

Le AK-47 est le fusil mitrailleur le plus répandu au monde ; c'est aussi le plus facile à acheter en grosses ou en petites quantités. Si des bandits terrorisent la ville de Mogadiscio, si des rebelles se battent quelque part, si un trafic s'effectue dans le noir, il y a de très bonnes chances pour que le AK-47 soit la vedette du tournoi. Les spécialistes estiment qu'il y en aurait aux environs de cent millions d'exemplaires en circulation un peu partout sur la planète. Parlez-moi d'un succès populaire ! Car il faut savoir que ses plus proches concurrents ne dépassent pas les cinq millions d'exemplaires. C'est dire qu'il s'est vendu, produit et trafiqué vingt fois plus de AK-47 que de toute autre marque du même produit sur le marché. Le AK-47, c'est la mitraillette à la portée de tout le monde.

Je tiens ces informations de la bouche d'une de mes connaissances, qui est aussi un connaisseur, mais qui, surtout, est curateur du musée des armes de Saint-Étienne. Cette ville de France est célèbre pour quelques bonnes raisons : ses restaurants, son équipe de football et sa manufacture de fusils. On y fabrique en effet des armes depuis le temps du Roi-Soleil. Cela peut donner une idée du savoir, de l'expérience, de la qualité, bref, du professionnalisme de cette communauté d'« arsenalistes ». La manufacture possède probablement le musée le plus complet au monde en matière de fusils, de carabines, de mitraillettes, de pistolets, de revolvers, voire de balles et de cartouches. C'est une grande leçon d'histoire que de visiter ce musée privé en compagnie d'un vieux curateur qui a son mot à dire sur chacune des pièces. Venise contre Francfort, Paris contre Moscou, Pancho Villa, Garibaldi, Sitting Bull, les zouaves, les SS, tout est là. Du mousqueton au M-16.

Mais revenons à notre fusil, c'est-à-dire au AK-47. Durant la chute de Berlin, un lieutenant russe du nom d'Anton Kalachnikov mit la main sur les plans secrets d'un prototype de fusil mitrailleur qu'avait conçu un lieutenant allemand dont le nom m'échappe, mais qui était reconnu pour sa passion du détail, son obsession de résoudre des énigmes dans le domaine des micromécanismes. Son prototype de mitraillette était une invention majeure qui aurait pu lui valoir un prix Nobel, si un tel prix existait dans le monde des méchants. Profitant de la chute du Reich, Kalachnikov s'empara des plans et réalisa deux ans plus tard à Moscou ce qui n'avait pas eu le temps de voir le jour à Berlin. Si bien qu'en 1947 il proposait son A. Kalachnikov 47 en se présentant, bien sûr, comme l'unique inventeur.

C'est donc ainsi que cette mitraillette faussement russe devint l'arme professionnelle la plus populaire du monde. Réputée efficace, économique et fiable, inchangée depuis plus de quarante ans, elle fait la joie des assassins. C'est la mitraillette de référence. Il paraît qu'avec une AK-47 dans les mains tout baigne dans l'huile sur le front des discussions entre voisins.

■ Le baseball

BERNARD ARCAND

Les spectateurs d'un match de tennis tournent la tête à l'unisson de gauche à droite, puis encore à gauche, à droite, et ainsi de suite jusqu'à la fin du point en jeu, seul moment où il leur sera permis de s'exprimer et de faire un peu de bruit. Puis, à l'instant de la remise en service de la balle, l'arbitre exigera le silence absolu et il arrivera souvent que les joueurs attendent que chacun dans la foule soit assis et parfaitement immobile. Ailleurs, le comportement des spectateurs est encore plus sévèrement contrôlé : lors des tournois de golf, autour des tables de billard et, pis encore, lors d'une compétition d'échecs, où un seul regard un peu trop insistant sur l'un des joueurs mérite parfois une expulsion de la salle. Ailleurs encore, dans le cas des sports plus tolérants et un peu plus raisonnables, le football ou le hockey par exemple, on voit bien que la plupart des spectateurs suivent avec attention et enthousiasme le déroulement du jeu.

Considérez maintenant le comportement assez particulier des spectateurs d'un match de baseball et vous serez frappés tout de suite de voir des gens qui jasent et qui discutent, des spectateurs qui, souvent, regardent ailleurs que vers la surface de jeu, des gens qui font des blagues entre amis, qui mangent des hot-dogs et qui boivent de la bière.

Les critiques qui affirment que le baseball est un sport ennuyeux ont très certainement raison mais, en disant cela, ils répondent à la mauvaise question et confirment, sans toujours s'en douter, l'un des grands drames de la société moderne. Car il est évident que le baseball constitue un sport prodigieusement ennuyeux, et que c'est justement pour cette raison que les spectateurs regardent ailleurs, font la conversation et s'amusent beaucoup. Sur le terrain, il n'y a, la plupart du temps, absolument rien à voir. On dit même qu'une journaliste, il y a quelques années, avait mesuré avec une minutie extraordinaire qu'au cours d'une partie normale, d'une durée de deux ou trois heures, la balle n'est en mouvement que pendant six ou sept minutes. Il n'y aurait donc, de fait, que six ou sept minutes de jeu dans un match ordinaire de baseball. Tout le reste est discussion, stratégie et papotage.

Cela doit paraître commun et approprié à qui garde en mémoire que le baseball, tout comme son ancêtre immédiat, le cricket, était jusqu'à tout récemment un prétexte à profiter d'une sortie estivale. Aller au baseball, c'était aller s'étendre sur du gazon pour y faire un pique-nique en famille ou avec quelques amis.

Les critiques qui affirment que le baseball est ennuyeux n'ont pas compris que la faute n'est pas imputable au sport qui, malgré tous les efforts pour le moderniser, demeure la survivance fossile d'une époque de sociabilité probablement révolue. Derrière cette complainte contre la langueur du sport se dissimule la véritable question, le seul problème qui devrait inquiéter : ces gens qui s'ennuient au baseball manquent d'amis ou de famille avec qui partager un pique-nique et avec qui engager les conversations banales et interminables qui doivent combler le vide incommensurable d'un jeu statique fondé sur des chimères stratégiques. On peut aussi penser que la solitude des gens qui n'apprécient pas le baseball provient du fait que la plupart de ces critiques sont avec le temps devenus eux-mêmes un peu ennuyeux.

SERGE BOUCHARD

Le cinéma américain entretient avec le baseball une relation plus que suivie, au grand dam d'ailleurs des amateurs européens de cinéma qui finissent immanquablement par y perdre leur latin. Aimer Pacino est une chose. L'aimer en tenue de baseball en est une autre.

Souvenez-vous de la scène superbe et essentielle d'un très beau

film qui par ailleurs a bien vieilli : *Vol au-dessus d'un nid de coucous*.
Jack Nicholson et ses amis détraqués regardent un match de la série
mondiale de baseball à la télévision. L'appareil est installé dans la
salle commune. Nous en sommes à la neuvième manche, les Yankees
tirent de l'arrière par un point, Mantle est au bâton, il y a trois
hommes sur les buts, c'est le septième match de la série. Nul ne peut
espérer un meilleur scénario, comme on dit dans la langue du baseball. Les fous, qui sont moins fous qu'on ne le pense, suivent le match
avec un grand intérêt. Ils sont excités, car la situation sur le terrain est
très intense. Trois balles et deux prises, Bob Gibson des Cardinals
s'apprête à lancer le tir fatidique, une « split finger fast ball » peut-
être, ou une courbe décevante, si ce n'est un changement de vitesse.
Le lanceur est en sueur, le frappeur se dandine.

Mais à cet instant précis, un docteur, jugeant les fous trop excités, se présente devant eux et éteint la télé.

Quiconque aime et comprend le baseball saura comprendre la
cruauté du geste, qui pourrait rendre fou furieux le plus sage des
hommes. Aristote lui-même aurait crié au meurtre.

Mais qu'à cela ne tienne. Jack Nicholson se lève, tourne le dos à
la télé et entreprend de décrire la fin du match à l'intention de ses
amis les fous. Description imaginaire et emportée, histoire d'un peu
s'y retrouver. Deux balles fausses qui laissent l'auditeur sur les dents.
Un coup sûr à l'avant-champ, relais serré au marbre, la balle échappe
au receveur, un point marqué, l'autre coureur glisse, le receveur
bloque, poussière et collision, l'arbitre hésite, le masque dans sa main
droite, le plastron détaché, il déclare le coureur sauf, la foule se lève,
les Yankees sont champions, les Cardinaux sont en pleurs, les joueurs
envahissent le terrain, Mantle lance sa casquette en direction des
estrades populaires, la joie est indescriptible, cela frise l'hystérie… Et
c'est alors que les infirmiers viennent passer la camisole de force à
Nicholson ainsi qu'aux autres fous car l'hystérie, bien sûr, n'a pas sa
place chez les fous.

Nous tenons là une bien belle scène de cinéma. Qui montre la puissance du sujet.

Le baseball est, du point de vue du spectateur, un paradis dans le registre de l'imaginaire. C'est une activité intellectuelle de bonne tenue. Ce sport est bon pour la pensée, il est doux à notre âme.

Comme dans toute démarche spirituelle, un très grand recueillement peut conduire à la transe. Une transe thérapeutique, diraient les soigneurs. À ce compte, au terme d'une série mondiale, c'est à l'Amérique entière qu'il faudrait passer la camisole.

Le baseball est ainsi l'un des plus beaux exemples de totalité symbolique et culturelle qui se puissent trouver. Personne ne comprend les Américains. Et c'est dans le baseball que la culture américaine cherche souvent à s'exprimer.

Si j'étais professeur d'anthropologie dans une université hospitalière, je donnerais pour examen le sujet suivant :

« Vous venez de visionner deux fois le film en question, une fois en version originale américaine, une autre fois en version française postsynchronisée dans les studios de Saint-Cloud. Établissez l'anachronisme entre les deux versions, dites comment l'une ne correspond pas à l'autre, analysez les conséquences du choix français qui fait décrire un match de foot à Nicholson, mesurez la perte de sens, l'impossibilité de traduire, et tracez les contours du fait total. Répondez sur deux pages, en une heure. » Tout sur le baseball, la folie, la culture, la traduction, les malentendus, tout sur les grandeurs et les misères du cinéma et de l'imaginaire.

■ Le béton

BERNARD ARCAND

Les gens qui racontent que le béton est bête, lourd et grossier sont du genre à se laisser tromper par les apparences. Car il fallait être bien malin et ingénieux pour inventer le béton. Qui aurait cru que du sable, quelques cailloux et de l'eau pourraient former un mariage aussi étanche et solide ? Normalement, l'eau et le sable devraient couler, et la pierre se dénuder. Mais le béton réussit à créer, au contraire, une jonction ferme, une solidarité apparemment sans faille et sur laquelle reposent nos meilleures maisons et nos plus grands espoirs. Chaque fois qu'un édifice ne vous tombe pas sur la tête, dites-vous qu'il tient debout grâce aux liens qui unissent des matériaux inertes. Et c'est là que la magie commence : à l'instant où ces liens sont cimentés.

Après avoir broyé et mélangé les matériaux calcaires et argileux, il faut former un ciment en incorporant (dans un grand bol, si vous voulez) du tricalcium silicate, du dicalcium silicate, du tétracalcium alumino-ferreux, puis une pincée de trioxyde de soufre, un soupçon de trioxyde de titanium, et au moins une quinzaine d'autres éléments qui doivent encore être ajoutés. Ensuite, il ne faut jamais cesser de surveiller attentivement les subtiles fluctuations du chaud et du froid, tout en maintenant le mélange ni trop sec ni trop humide, sans mentionner les incantations, vœux pieux et formules à répéter à haute voix. Tout cela aide à mieux comprendre pourquoi cette potion magique est sur le feu depuis la plus lointaine Antiquité, longtemps avant la belle époque où les Romains cimentaient ponts et amphithéâtres. On comprend aussi que le projet d'arriver un jour au ciment parfait du béton absolu demeure encore à ce jour un rêve d'avenir. À toutes les profondeurs de l'histoire, des milliers d'êtres humains ingénieux, inventifs et anonymes ont contribué à la recette du béton. On a tout essayé, de la paille jusqu'au sang, pour appuyer et faire progresser la grande œuvre de la résistance. Sur le plancher des fondations, au moins quarante siècles nous supportent. C'est là certainement l'une des plus glorieuses entreprises de l'histoire, et le béton demeure une invitation permanente au génie créateur. D'ailleurs, pratiquement tous les grands esprits scientifiques semblent avoir un jour réfléchi au béton, lequel porte donc à jamais les traces de toute l'intelligence humaine.

Les gens qui disent que le béton est bête, lourd et grossier sont aussi du genre à entretenir des sympathies pour la droite. Leur mépris pour le béton dissimule mal leur inquiétude devant un modèle qui tolère peu les privilèges individuels. L'essence même du béton fournit un modèle parfait de communisme intégral. Car dans toute structure en béton, le stress doit être réparti équitablement et le mouvement de n'importe quel point doit être compatible avec ceux de tous les autres points. La solidarité s'y trouve cimentée contre toute épreuve. C'est peut-être la raison principale pour laquelle il y a tant de béton en Europe de l'Est.

Par ailleurs, on pourrait énoncer l'hypothèse d'une corrélation directe entre la consommation de béton par habitant et l'uniformité culturelle, voire la cohérence sociale, d'un pays : les Allemands de l'Ouest sont de très grands consommateurs (557 kilos par habitant, déjà en 1966). Viennent ensuite la France, puis, avec une consommation bien moindre, le Canada et enfin, loin derrière, l'Inde, pays remarquablement complexe, marqué par le multiculturalisme, la diversité linguistique et religieuse (22 kilos seulement par habitant). Peut-être y a-t-il ainsi des cultures du béton et des cultures presque sans béton. Il faudrait voir, puis repenser nos unités de mesure : l'étalon international ne serait plus le mètre d'or mais le bloc de béton.

*   *   *

Le béton reste un grand inconnu. En fait, très peu de gens savent comment il est fabriqué, quels sont les éléments qui composent le ciment efficace ou comment réussir un bon béton bien solide. Nous voyons là un autre exemple du type d'ignorance qui est devenu caractéristique de notre mode de vie.

Cette ignorance, en effet, fleurit dans un milieu qui est pourtant très familier, où la plupart des gens fréquentent le béton tous les jours de leur vie. Nous habitons des univers de béton, nous marchons sur du béton, nous côtoyons le béton tous les jours, les manufactures comme les bureaux reposent sur du béton, les studios d'enregistrement et les salles d'accouchement sont souvent construits en béton, les planches sur lesquelles montent les acteurs s'appuient sur des fondations de béton et, sous la glace des patinoires comme sous le gazon synthétique, il y a de larges plaques de béton. Bref, le béton se rencontre maintenant partout. Il constitue littéralement la fondation de toute notre vie moderne. Et pourtant, à peu près personne ne sait de quoi il s'agit.

C'est là un trait qui nous distingue des autres sociétés : nous acceptons de vivre avec la conviction qu'il est nécessaire et même normal d'accorder une confiance absolue à des procédés, à des objets et à des choses dont nous ne savons à peu près rien et que nous ne comprenons pas du tout. C'est probablement le genre de pays dont on disait qu'il suffisait d'y être borgne pour accéder au pouvoir.

■ Les bibliothécaires

Serge Bouchard

Jeune, à l'âge où les garçons rêvent d'être pompiers ou policiers, je voulais devenir ermite. J'imaginais une cabane en bois rond dans une forêt si lointaine que les épinettes et les orignaux n'auraient eu que moi comme échantillon d'homme. Je ne voyais pas la difficulté de la survie. Je fabulais sur la tranquillité, sur la virginité, sur la sagesse et sur la solitude. Ces journées imaginaires s'écoulaient dans des courses à travers la beauté, sur le plaisir de la curiosité, l'amitié animale, l'immense sécurité. Et puis, je chérissais l'hiver, l'encabanement, ma petite lampe à huile, ma couchette et la table près de l'unique fenêtre donnant sur la dernière baie du lac sauvage. Mes rêves tournaient autour de la lecture. Car, pour autant que je me suis vu ermite, soir après soir, en m'endormant, je me représentais toujours en train de lire au coin d'un feu.

Je n'aurais eu qu'un seul livre que je l'aurais lu durant toute ma vie, jusqu'à le savoir par cœur. Apprendre la Bible par cœur, quel beau projet, quel exercice pour la mémoire, pour la concentration ! Cela vous assoit un être, cela vous le calme ! Je n'aurais eu qu'un livre, mais quel livre ! Au fait, quel aurait été ce livre ? *La Légende des siècles* ? *Les Rois maudits* ? Un Dostoïevski ? Le Coran ? La *Somme* de saint Thomas ? Mais rendu là, tu lis n'importe quoi, même le catalogue Eaton.

Je ne suis pas devenu ermite. Pas sous cette forme, en tout cas. J'ai lu des paquets de livres, j'en possède beaucoup. Des caisses et des caisses. Ils gâchent mes déménagements. Je ne trouverai jamais ce lac lointain, je le sais bien. Mais la nostalgie profonde m'habite toujours, du temps imaginaire où un seul livre sans titre était dans ma tête à ce point précieux. Un seul livre fait une bibliothèque et il est des circonstances où nous prendrions une vie entière à le lire, lui et lui seul.

Quel est le seul livre de votre vie, celui qui vous reste ? Voilà déjà une question de fond. Une grande bibliothèque comporte des milliards de questions. Pour chacun qui a écrit, chacun qui a lu.

Une bibliothèque ne sera jamais la somme de nos trouvailles mais ce sera toujours la montagne de nos angoisses et de nos interrogations. Le grand philosophe Shankara disait : « C'est immobile que tu voyages le plus, c'est dans la solitude que tu trouveras l'autre, il faut t'asseoir au lieu qui te convient. Inutile de tout lire, il faut d'abord apprendre à lire. »

BERNARD ARCAND

Nous avons déjà une journée mondiale du livre. Peut-être même une semaine nationale des bibliothèques. Ou un mois de la lecture. Il faudrait compléter cette liste en créant dès que possible une célébration universelle du travail des bibliothécaires. Le mouvement débuterait modestement, on déclarerait tel jour, n'importe lequel, fête locale, nationale ou mondiale du bibliothécaire, pour en arriver bientôt à l'instauration d'un événement annuel lors duquel le monde entier ferait semblant de se soumettre à la surveillance de ses bibliothécaires. Vingt-quatre heures de calme et de paix studieuse, vingt-quatre heures de silence, prolongement de la célèbre minute de silence, durant lesquelles tous auraient le devoir de se recueillir et de profiter de l'instant pour réfléchir. Un jour complet de grande lenteur consacré à la contemplation.

Imaginez une journée entière durant laquelle la radio ferait relâche et la télévision ne présenterait que des images fixes et silencieuses. Pause et congé forcé pour les animateurs de jeux-questionnaires et toutes les Lutte Grand Prix du monde. Pas de chanteurs de bière ni de vendeurs de tapis. Un jour entier durant lequel les politiciens n'auraient aucun droit de parole et tous leurs commentateurs parasites n'auraient rien à interpréter ni à discuter. Une pleine journée sans publicité criarde, sans tribunes téléphoniques et, surtout, sans débats d'opinions. Qui n'a pas, un jour, rêvé de faire taire même son animateur favori ?

Partout à travers le monde, les bibliothécaires imposeraient le silence. Tous les habitants de la planète seraient incités à ne parler qu'à voix basse. Interdits les grandes gueules et les chialeux, interdits les cris de joie ou de haine, personne n'aurait le droit de hausser le ton, de parler fort ou de crier sur tous les toits. Interdits les hurlements et les beuglements, les bibliothécaires prendraient soin de ne tolérer que le chuchotement et le murmure. La journée serait propice aux confidences. On en profiterait pour se confier à demi-mot et pour faire le point en découvrant le sens profond des choses derrière la cacophonie de la vie ordinaire.

Une telle journée ferait grand bien à l'humanité. Bien sûr, imposer le genre de calme qui anime une bonne bibliothèque n'apporterait sans doute pas la réponse unique à tous nos maux. Le silence n'impose pas nécessairement la paix puisque l'on peut très bien bouder ou faire la guerre sans faire de bruit. Mais le silence est propice au recueillement. Que l'on fasse l'amour ou du bricolage, le calme et le silence améliorent la réflexion et la qualité de l'expérience. Il faut sérieusement haïr quelqu'un pour le tuer en silence, il faut aimer profondément pour faire l'amour sans mot dire ni dire un mot. Il faut être bien sûr de soi et de ses convictions pour agir dans le calme, loin de la spontanéité apparente du vacarme.

Après quelques années de succès et une popularité grandissante, cette fête des bibliothécaires serait ensuite étendue aux verbiages électroniques. Silence sur Internet. Une journée totalement débranchée pour rappeler qu'il existe déjà beaucoup, beaucoup de mots sur papier et que les anciens ont encore des choses à nous apprendre. La fête serait alors complète et fournirait l'occasion annuelle de rappeler que les bibliothécaires travaillent pour la suite du monde et que le silence demeure la toute première condition du respect.

* * *

Les bibliothécaires m'énervent. Du moins, chaque fois que je les vois inscrire dans le livre emprunté une date de retour, sous menace d'amende de vingt-cinq ou cinquante sous par jour de retard, parfois soixante-quinze sous, un dollar et demain, sans doute, une fortune. Les bibliothécaires d'hier tamponnaient la date fatidique sur la dernière page du livre. Aujourd'hui, elle est notée sur un papier ridicule qui ressemble à une vulgaire facture de dépanneur ou, plus déprimant encore, est simplement inscrite dans la mémoire de l'ordinateur. Le moyen et la méthode importent moins que l'intention.

Cette date limite représente assurément le point faible du beau métier de bibliothécaire. Car devoir retourner ses livres à temps constitue pour plusieurs une source de stress qui rappelle l'ancienne crainte de l'enfer et nuit considérablement à la qualité de leur lecture. Mais il y a d'autres inconvénients. D'abord, il faut reconnaître que sous prétexte de démocratisation et en poursuivant la noble intention de rendre les livres accessibles à tous, les bibliothèques, par leur insistance sur le retour relativement rapide des volumes, limitent la taille de leurs acquisitions. Car les livres exigent de l'espace (tout collectionneur en sait quelque chose) et les bonnes bibliothèques qui souhaiteraient suivre l'évolution de l'édition se verraient donc obligées d'élargir leurs bâtiments presque constamment. Mais en jouant sur la date de retour, on peut adopter une autre stratégie et, comme la bibliothèque royale du Danemark, par exemple, confier plusieurs livres à ses lecteurs en espérant qu'ils ne les rapportent surtout pas. Du moins pas tous en même temps, puisqu'il n'y aurait jamais suffisamment d'espace sur les rayons. Une fois par année, la bibliothèque royale envoie un mot à tous ses emprunteurs, leur demandant s'il est vrai qu'ils ont en leur possession les dix ou quinze livres empruntés. Les lecteurs polis répondent « oui » et la bibliothèque s'en trouve satisfaite, sachant que ses collections sont en sécurité, protégées par les assurances domiciliaires de ses emprunteurs.

Second problème grave, le système de datation d'un retour obligatoire entraîne un nivellement grossier qui a pour résultat de placer tous les livres sur un même niveau ou (si l'on préfère) dans un même panier. Les prédictions astrologiques de l'année et le manuel de réparation du carburateur sont traités sur le même pied que la *Critique de la raison pure* ou le dernier roman de Dostoïevski. Comme lecteur et ami des bibliothèques, il me semble qu'un correctif s'impose. Je n'ai jamais réussi à lire Jojo Savard au même rythme que Marguerite Yourcenar. J'aurais envie de conserver les pensées de Blaise Pascal un peu plus longtemps que les opinions de Pierre Pettigrew.

Ce détail irritant crée une faille dans l'image par ailleurs irréprochable des bibliothécaires. Sous prétexte de démocratisation et de traitement égalitaire des usagers, la politique de retour unique élimine toutes les distinctions et réduit l'ensemble des livres d'une bibliothèque à un même dénominateur parfaitement commun. Ce qui est tout à fait contraire à la promotion du livre dont se préoccupent les bibliothécaires et qui les pousse à se contredire par la suite en proposant des suggestions qui réintroduisent les distinctions entre les ouvrages recommandables et les autres. En donnant des conseils et en dressant leur liste de « coups de cœur », ils affirment ouvertement que certains livres sont préférables à d'autres. Le message est important, mais il serait mieux compris si les bibliothécaires avaient le courage de sélectionner une date de retour conforme à leur évaluation de l'ouvrage. Ne prenant pour exemple que la littérature française : Bernard-Henri Lévy vous est prêté pour deux jours, Sartre, une semaine, Camus, un mois, de Tocqueville, un an, et Montaigne vous est prêté pour la vie.

* * *

Tous les vrais amateurs de pornographie la connaissent, cette image classique de la bibliothécaire austère, portant chignon et lunettes épaisses, personnage sévère et revêche (les jeunes diraient : « grébiche avant son temps »), vieillie par le sérieux et la dignité de son poste. Et qui, soudain, défait son chignon, retire ses lunettes, dégrafe son corsage pour se transformer en bête de sexe dont le corps et les acrobaties amoureuses se révèlent tout à fait spectaculaires. La mutation est immédiate (comme c'est souvent le cas dans la pornographie, qui insiste finalement assez peu sur la profondeur psychologique et les angoisses morales de ses personnages) et tellement radicale que la bibliothécaire débauchée surpasse même la chenille changée en papillon.

Ce doit être agréable de savoir que l'on exerce une profession qui attise la curiosité et l'imaginaire pornographique. De savoir que tous ces vieux chercheurs qui occupent les tables de la bibliothèque et font semblant de s'épuiser les yeux devant des textes anciens, n'ont en fait qu'une seule pensée en tête. Mais encore faut-il réussir à mériter cette position enviable. Pour cela il est nécessaire d'avoir été socialement reconnu comme quelqu'un de méritoire, crédible et moralement irréprochable. C'est pourquoi la pornographie aime tant les personnages de moines et de religieuses, les vierges craintives et les évangélistes moralisateurs. La pornographie a toujours prétendu que là où il y avait de la gêne, il y avait également promesse de plaisir accru. C'est donc un honneur que d'avoir été choisi, il ne faut pas s'en offusquer, c'est le témoignage vibrant d'une vertu confirmée. Les bibliothécaires sont excitantes et font rêver parce qu'elles semblent très peu susceptibles, dans ce sobre univers de livres, d'archives et de choses de l'esprit, de succomber aux vulgaires tentations sensuelles du corps. Dans l'imagerie populaire, les livres attirent les studieuses, celles qui ont toujours préféré la lecture et qui ont très tôt évité les sports par crainte de briser leurs lunettes.

Bien sûr, ce sont là des stéréotypes forcément simplistes et grossiers. L'évolution sociale se chargera de les corriger. Par exemple, pourquoi faut-il toujours présenter uniquement la bibliothécaire ? Peut-on éternellement négliger la clientèle féminine ? Une société moins machiste inventera bientôt le préposé aux renseignements qui, soudain, monte sur son tabouret pour nous révéler un slipen-cuir-imitation-léopard tout en dirigeant le client vers l'annuaire statistique du Québec.

Évidemment, tout cela n'est que fantasme : les vraies bibliothécaires (du moins, la plupart) ne se transforment pas si facilement en bêtes de sexe. Mais avouez que l'idée est séduisante. Sans devoir instaurer une politique du livre chère et compliquée, on réglerait, d'un seul coup, le problème de la sous-fréquentation des bibliothèques et celui de l'analphabétisme. Et à très peu de frais ! Autres que la pudeur professionnelle !

Serge Bouchard

J'aurais aimé être un vieux livre, un livre ancien, un livre rare. Je reposerais, oublié, sur les rayons obscurs d'une bibliothèque plus vénérable que fréquentée. Les livres ne s'ouvrent pas d'eux-mêmes, il faut les consulter et c'est à nous de faire le geste. Mais perdu dans la multitude, le risque est grand pour un livre de se retrouver coincé entre deux ouvrages aussi perdus que lui. Cependant, le livre souffre-t-il vraiment de son manque de popularité ? Je crois que non. Si les livres parlaient, et Dieu sait que nous voulons parler comme eux, ils nous en diraient des choses. Ils peuvent devenir très vieux sans jamais avoir été lus.

Ils souffrent d'être mal classés, mal flanqués. Certains préfèrent rester debout, d'autres aiment mieux être empilés. Chaque exemplaire a une vie. Certains sont blessés, amputés de quelques pages, d'autres croulent sous l'usage. Mais quoi de plus riche qu'un livre ancien bien conservé ?

J'aimerais bien être un beau livre, une encyclopédie peut-être. D'une manière ou d'une autre, si j'étais un livre, j'aimerais être érudit. Bien sûr, comme tous les livres, je ferais des cauchemars de pluie, de souris et d'incendie, mais dans l'ensemble, je coulerais de vieux jours dans la paix la plus grande.

Car le vrai monde du livre est fait de silence, d'attente et de repos. Les livres ne pensent qu'à vieillir, ils sont plus beaux en prenant de l'âge, ce qui représente un formidable avantage. Ils prennent de la valeur en vieillissant. Et le très grand âge aidant, nous devenons tolérants pour le contenu qui se démode afin de soutenir notre grande admiration pour la forme conservée. Pour un peu, nous en serions jaloux.

■ La calvitie

BERNARD ARCAND

On peut affirmer, sans risque de se tromper, que de tout temps les cheveux, qui sont par ailleurs à peu près inutiles, ont surtout servi de marqueur, et que c'est souvent par ses cheveux et par sa coiffure que l'individu s'exprime, se situe et se positionne dans le monde. En apercevant de dos une chevelure, n'importe qui peut reconnaître les tresses d'une jeune fille, la brosse d'un guerrier, le chignon d'une vieille, la tonsure d'un moine, une coupe à quatre-vingt-cinq dollars ou la broussaille du clochard. La chevelure a valeur de carte d'identité et c'est par elle que chacun se trouve classé, mis à l'ordre, mis à sa place.

Le chauve, en revanche, demeure au-dessus de ces définitions banales. Il n'a pas de statut social annoncé tout haut. Le chauve n'est pas de la campagne. Le chauve n'a pas d'âge et ne vit pas dans la misère. Le chauve est au-dessus des luttes de classes et il n'est jamais tiré par les cheveux. Le chauve est d'emblée plus intéressant parce qu'il a su développer des modes d'expression plus riches et plus subtils que la crinière. À première vue, le chauve paraît inclassable, il reste au-dessus des certitudes et des accusations faciles, et le temps n'a plus de prise sur lui. Bref, le chauve est immortel. Comme chacun sait, Bouddha était chauve et c'est pourquoi il sourit.

* * *

Nous habitons un monde qui insiste et qui mise sur les apparences tout en insinuant qu'on ne peut jamais s'y fier. On répète qu'il est important de soigner les dehors, mais aussi d'aller au-delà. La première impression serait déterminante alors que l'essentiel se trouverait nettement ailleurs.

C'est donc à première vue que le chauve paraît ridicule, vieux, révolté ou leucémique. Dès le deuxième regard, on comprend vite l'avantage du chauve, son charme et son attrait séducteur. Simplement parce qu'il n'y a jamais eu de faux chauves. Impossible de mentir à ce sujet, la sincérité du chauve est incontestable. On peut, bien sûr, raser un crâne, mais le cheveu repousse ; le casque de bain maquilleur laisse toujours une trace visible de partition et ne dure jamais longtemps. Non, la calvitie est une déclaration franche et sans détour, l'annonce d'une vérité profonde, le témoignage direct d'une certitude absolue. Et si certaines compagnies prétendent faire repousser les cheveux à l'aide de potions magiques, vous ne verrez par contre jamais un cabinet spécialisé dans la calvitie provoquée. Il y a de ces choses qui n'ont pas de prix.

De plus, l'honnête sincérité du chauve est devenue séduisante dans un monde qui ne veut surtout plus se laisser tromper par les apparences. On se méfie beaucoup du mensonge, que l'on soupçonne d'être omniprésent. Heureux et célèbre celui qui débusque les hypocrites et réussit à étaler au grand jour la vérité toute crue. Le chauve, lui, n'a vraiment rien à craindre. Dans un monde qui s'est donné le droit de tout connaître et où l'érotisme se résume à tout dévoiler et à tout voir, il jouit d'un avantage certain.

SERGE BOUCHARD

Ainsi, donc, n'est pas chauve qui veut car, en vérité, n'est chauve que celui qui peut. Il faut savoir que la tête de l'humain est ce qu'il a de plus précieux. Le cœur fait semblant de battre dans la poitrine, mais ce n'est qu'un écho et ce battement thoracique n'est qu'une feinte. En réalité, le cœur loge dans la partie gauche du cerveau depuis qu'il ne fait aucun doute que le cerveau a un cœur. L'âme, l'esprit, la raison, la mémoire, l'intuition, rien n'existe en dehors de la boîte crânienne, qui est une boîte merveilleuse.

Personne n'a jamais rapporté qu'un être ait survécu à la guillotine. Se faire couper la tête est une affaire assez grave. Quand la vôtre roule sur le sol, peut-être apercevez-vous pendant une fraction de seconde la silhouette surprise de votre corps, mais il est sûr qu'en cet instant vous êtes déjà mort et bien mort. En revanche, nombreux sont les êtres humains qui vivent longtemps bien que nous sachions tous que ce sont des sans-cœur. Or, voilà tout l'attrait du chauve : il ne peut pas cacher la tête qu'il a sur les épaules. Avoir une tête sur les épaules et la montrer fièrement, quoi de plus spirituel ! La tête, c'est la vie. Regardez donc mon album. Cette photographie me montre alors que j'avais des cheveux. Outre la tignasse, je possédais les artifices et les atours qui sont le propre de la jeunesse. Je faisais avec, je faisais malgré, je ne savais pas ce que je faisais. C'était avant. Maintenant, regardez celle-ci. Elle pourrait avoir été prise aujourd'hui. Un mot du philosophe Alain traverse mon esprit : « Un crâne important et des mains, cela définit l'homme assez bien. » C'était après.

■ Les cartes

Serge Bouchard

Les premières cartes du monde furent géographiques. C'étaient des cartes du monde, justement, des cartes superbement dessinées pour situer les peuples éparpillés sur la Terre. Mais puisque nous nous situons toujours par rapport à quelque point ou à quelque chose, il est probable que nous n'avons pas assez insisté sur le fait que les cartes géographiques sont à l'origine des cartes d'identité. Identités au multiple et au pluriel, identités qu'il faut répertorier et coucher sur le papier. Le centre du monde se situe toujours au cœur identitaire de celui qui dessine son petit univers. Collectionnez les anciennes cartes, étudiez-les et vous aurez une bonne vue sur l'histoire. L'Occident, par exemple, a laissé dans les dessins de ses cartes du monde l'essentiel de ses visions et visées. Reportons-nous, par exemple, en l'an 1250. La Méditerranée est encore considérée comme un grand océan. C'est le centre de l'univers. Le cartographe cultivé pourrait y écrire « nous sommes ici », en lettres d'or. Mais qu'y a-t-il aux alentours, voilà bien la question. Où sont les étrangers, les barbares, les sauvages, les Tartares, les Pygmées, les monstres sylvestres, les humains à trois pattes et à tête de chien ? Où se terrent les cavaliers de l'Apocalypse ? Voilà la grande question. Allah et Yahvé s'entendaient sur ce point. Viendront un jour des guerriers sanguinaires qui détruiront le monde en le faisant payer. Or, en 1250, les chrétiens comme les musulmans s'accordaient là-dessus. Ce fléau de Dieu, cette colère d'Allah, c'étaient les Mongols, les Tartares en général, les peuples gog et magog, les Chinois en somme, c'est-à-dire les peuples des confins du monde, cachés à l'abri d'une muraille légendaire mais qui devaient un jour ou l'autre traverser la clôture pour mettre à sac le monde connu.

Les êtres humains étant perdus, il faut des cartes pour qu'ils puissent avancer, c'est-à-dire poursuivre leur chemin dans un champ historique qu'ils ignorent forcément. La carte cachée de l'Occident était celle-ci : soudoyons le Tartare afin qu'il épargne le chrétien et qu'il concentre sa fureur sur le musulman. Harnachons le fléau mongol et faisons payer l'Islam. La guerre sainte est une guerre d'identité, la guerre commerciale a toujours un penchant mondial et songez que c'est pour séduire le Chinois que l'Europe a accidentellement buté sur les terres d'Amérique avant de se mettre à contrecœur à les dessiner lentement. C'est en cartographiant le monde qu'on a rayé tant de mondes particuliers de la carte. Car le monde change et les cartes aussi. Sur les cartes d'état-major, l'ouvrage n'est jamais fini. Il semble toutefois que les premières cartes du monde, géographiques, identitaires et bariolées de merveilleux itinéraires, étaient toutes des sauf-conduits imaginaires. Dès le départ, elles servaient à acheter sa part de destin. Si toutes les cartes sont commerciales, elles n'ont pas toutes le même crédit.

Bernard Arcand

Apprendre à lire une carte fait partie de l'éducation à laquelle tout enfant doit être soumis. Comprendre le sens d'une carte, c'est évidemment apprendre qu'il existe des ailleurs, ce qui permet du coup de se situer. C'est aussi apprendre que nous avons des voisins, des cousins, et qu'il existe même beaucoup de petits Chinois comme ceux qui apparaissaient sur les cartes de la Sainte-Enfance.

Mais il ne faut pas oublier non plus toutes ces autres cartes qui ont sûrement joué et qui continuent à jouer un rôle pédagogique essentiel dans notre société. Nos premiers contacts avec l'univers fabuleux des insectes ou des dinosaures ont souvent été établis par des cartes trouvées tôt le matin au fond des boîtes de céréales. Où pourrait-on, ailleurs qu'à l'endos d'une carte, obtenir réponse à des questions aussi importantes que celles qui sont soulevées par les devinettes Tintin : c'est à l'endos de ces cartes que l'on apprend la profondeur des mers et l'immensité du désert, le poids moyen de n'importe quelle race de chien et le fait que le couscous est aussi le nom d'un marsupial australien. L'endos d'une carte vous dira en quelle année Bronco Horvat a gagné le championnat des compteurs et en quelle année Flaubert est devenu naturaliste.

Pensez aux multiples cartes qui, mises bout à bout, en arrivent à former mille arpents de piège. Toutes les encyclopédies du savoir universel peuvent être découpées en cartes comme un saucisson se transformant en autant de devinettes. L'information s'y trouve classée dans des fichiers ou tiroirs, facilement accessible et beaucoup plus efficace.

Cependant, quand l'information doit pouvoir être contenue sur une seule carte, il faut aller tout de suite à l'essentiel. Ce qui n'est jamais facile, mais ce que les cartes parfois réussissent à merveille. Par exemple, la plupart des traités sociologiques sur la nature du capitalisme moderne n'ont jamais fait mieux que l'image fournie par le personnage joufflu de l'entrepreneur grassouillet que l'on voit sur les cartes « Chance » du jeu de Monopoly. De cette façon, les cartes réussissent à éliminer le superflu, les redites, les discours vides de nouveauté et tout ce qui ne mérite pas d'être conservé. Les cartes portent un jugement sévère sur les bruits du monde.

Mais il faut dire aussi que nous entrons à peine dans l'âge d'or des cartes. Bientôt, on abandonnera l'idée absurde de placer nos mémoires sur des disques durs ou compacts, parce qu'un disque ne fait jamais vraiment sérieux, et l'on reviendra finalement à la carte, pas nécessairement perforée mais certainement pleine de puces, sur laquelle sera entreposée la totalité du savoir humain. Sur un jeu de seulement cinquante-deux cartes, on devrait pouvoir dire absolument tout de notre histoire, le château complet de nos succès et de nos incertitudes. Et ensuite on devrait les brasser.

* * *

Au fond, il est toujours gênant de décider ce qu'il faudrait écrire sur une carte d'affaires, parce que les trois ou quatre mots qui vous résument seront le plus souvent tout ce que de parfaits étrangers ne sauront jamais de vous.

Imaginez un instant les nombreuses cartes d'affaires qui n'ont jamais pu être imprimées. Cicéron, avocat-conseil. Caligula, despote. Moïse, guide, désert et montagne. Niccolò Machiavelli, consultant en administration publique. Imaginez aussi Attila, le Hun, participant à une conférence sur le thème « Invasion et développement durable » et tendant à un collègue une carte sur laquelle serait écrit tout simplement « Barbare oriental, fléau de Dieu ». Et Dieu, qu'est-ce qu'il ferait donc inscrire sur sa carte d'affaires ?

■ Le chalet

SERGE BOUCHARD

Le paysage humain de nos campagnes a toujours été parsemé de ces chalets qui sont comme des cases en surplus dans des champs cultivés. Je parle bien de nos campagnes et non pas de nos bois, puisqu'il faut absolument distinguer les deux. Le chalet de campagne appartient à la ville à laquelle il s'oppose. Le chalet de campagne est un chalet de ville. Voilà une affaire ouvrière qui remonte à l'industrialisation du siècle dernier. Les campagnards arrivaient en ville, c'est le cas de le dire, et ils prenaient l'uniforme ouvrier. Cependant, quand la chose était possible, ils espéraient garder un pied dans la nature qu'ils connaissaient si bien. Les alentours de Montréal ne manquent ni d'eau ni de rives. Alors les ouvriers achetaient des petits bouts de terre aux confins des champs de maraîchers, où ils se mettaient aussitôt à construire un petit chalet. Dans plusieurs cas, ils pouvaient s'y rendre en « petit char », c'est-à-dire en tramway.

Ce comportement n'allait pas de soi. Ils auraient pu, ces campagnards devenus ouvriers, faire une rupture totale et s'urbaniser complètement. Les doubles résidences coûtent assez cher et sont généralement réservées aux gens riches. Mais qu'à cela ne tienne, ces gagne-petit tenaient mordicus à se la couler douce dans la nature.

Ces chalets n'étaient pas des châteaux. Loin de là. Il s'agissait plutôt d'ériger un toit, quitte à passer sa vie à rabouter des « rallonges ». Le confort n'était pas le premier critère. L'on est plutôt ici en face du respect d'un principe, peut-être même de deux. Nous vivons dans un pays où la terre n'est pas rare, où l'espace ne manque pas. Alors, il faut les prendre. Nous avons dans notre culture un penchant de « squatter ». Il y aura de la place pour tout le monde et personne ne se marchera sur les pieds. Nous regroupons nos chalets par convivialité naturelle, et non pour cause de rareté d'espace. Nous nous regroupons par choix, pas par obligation. Il y a de la terre à prendre partout. Autour de Montréal, les rives des cours d'eau furent ainsi occupées par des chalets de tous les genres. Et il y a la notion de liberté. Il est probable que depuis les débuts de la Nouvelle-France, cette notion s'est profondément enracinée dans la culture de nos aïeux. Il faut de l'air, de la beauté, il faut pouvoir partir, aller et retourner à la résidence secondaire, le lieu de la vacance et de la liberté. Mettez des fleuves et des rivières dans le travers, et vous avez un appel auquel il est impossible de résister. Ce n'était pas une question d'argent, c'était une question de cœur, un coup de cœur, de débrouillardise et d'énergie. Pour le reste, il suffisait souvent de prendre le tramway. Ou bien, cela donnait la raison nécessaire et suffisante à l'achat d'un « premier char ».

Ce fut bel et bien le cas du bout de l'Île, dans l'est de Montréal. J'y habite depuis toujours et le terrain où est construite ma maison fut au début du siècle occupé par ces « squatters » ouvriers. À l'ori-

gine, la maison elle-même était un petit chalet bricolé par des brico-
leurs. Mais si vous pouviez voir le fleuve comme je le vois de ma
fenêtre, vous comprendriez ce qui, à l'époque, leur trottait par la tête.
Bien sûr, ces chalets étaient laids, mais cette laideur donnait accès à la
beauté. Ils étaient laids parce que c'étaient des cabanes condamnées à
ne jamais être finies. Mais là n'était pas la question. Le chalet d'été est
une disposition de l'esprit qui a un rapport avec la liberté. Ce n'était
pas un concours d'architecture visant à montrer sa richesse. Les
familles s'y réunissaient pour se baigner dans le fleuve, pour y pêcher
la barbotte, pour rire et pour niaiser. Pour être ensemble, en somme.
Dans nos albums de très vieilles photographies, nous revoyons ces
ancêtres immédiats lorsqu'ils étaient jeunes et pleins d'une belle
énergie. Ils arrivaient en ville pour travailler. Mais à travers leur petite
cambuse sur le bord de l'eau, ils se donnaient l'illusion du bonheur
et de la joie des familles. Ils se faisaient « poser » sur le quai, dans la
chaloupe, dans l'eau en train de se baigner, près de leur char, à côté
du chalet. Ils profitaient de leur espace comme on profite de la vie.

*   *   *

Les temps changent et nos chalets deviennent des palais. Les
riches Américains furent probablement les premiers à prendre nos
terres sauvages pour des terrains de jeu. À la fin du XIXᵉ siècle et au
début du nôtre, ils se firent construire des habitations rustiques mais
remarquablement confortables dans les endroits les plus reculés que
l'on puisse imaginer. Ils venaient y passer du bon temps, pour le sau-
mon, pour le doré, pour l'orignal et quoi encore. En provenance de
Chicago, de New York, de Détroit, ils sautaient par-dessus Montréal
et s'engouffraient dans les grands bois de La Vérendrye, dans l'ar-
rière-pays de la Mauricie, en Minganie, partout où sauvage se pouvait. Leurs chalets en bois rond furent si remarquablement bâtis par
nos ancêtres immédiats que la plupart tiennent encore debout

aujourd'hui. Chalet principal avec plusieurs chambres et deux salons, remises et dépendances, aménagement des environs et éclaircies diverses, sites uniques, ces chalets américains étaient déjà des palais à l'époque. Nos pères furent les domestiques de ces gens-là, et nos mères aussi. D'autres riches Américains ou riches tout court n'appréciaient pas les loups et ils se firent bâtir des chalets encore plus beaux dans les plus belles régions surplombant le fleuve. Ils achetaient des terres, des caps, des collines, des monts. Là où les vieilles Laurentides s'en viennent plonger dans le Saint-Laurent. Ainsi, dans notre mémoire, dans notre passé, il est plein de châteaux étrangers, qui en fait n'étaient que des chalets d'été.

À la solde des autres, nous les avons bâtis, entretenus, polis, frottés. Nous avons servi des rois privés. Un jour, quand je serai grand, je serai assez indépendant pour m'ouvrir une fenêtre sur le lac, pour m'acheter une vue panoramique, je serai assez riche pour être sur ma terre, assis à ne rien faire. J'aurai mon « shack » dans un « beau spot ». Nos grands-pères ont travaillé pour des empereurs étrangers. Ils ont passé des hivers et des hivers à bûcher de plus en plus loin de leurs foyers. Les rois se réservaient des tales de beauté pour venir se reposer, l'été. Ces tales étaient entretenues et protégées par ceux qui, ailleurs, étaient payés pour les dévaster.

La tradition du chalet n'est pas une tradition secondaire. Elle s'inscrit dans le détail d'une longue histoire. C'est une indigestion de notre imaginaire. Nous rêvons tous de palais et de châteaux. Il est permis de rêver. Au domaine du rêve, le chalet est un permis de construction. Et ce n'est guère surprenant que ces palais ne soient jamais finalement achevés, compte tenu des ambitions.

Bernard Arcand

Les vieux meubles qui sont sortis de la maison pour être envoyés au chalet devraient s'estimer privilégiés. Ils se voient ainsi offrir une seconde chance, un sursis. Ces objets devraient se réjouir de leur bonne fortune. Les abat-jour un peu défraîchis et les nappes en plastique quadrillées ne seraient plus tolérées ailleurs qu'au chalet, où les livres qui traînent devraient se dire contents d'être lus avec lenteur lors de tristes après-midi pluvieux, avec une ferveur et un plaisir que leur envieraient des rayons entiers chez n'importe quel libraire. Et que dire de ces jeux de société qui traînent sur l'étagère du chalet, Scrabble usé ou Monopoly taché, ces jeux qui, ailleurs, ont de la difficulté à se trouver une société mais qui deviennent ici, au chalet, des jeux bien aimés.

Le chalet est le paradis des oubliés, le royaume de la deuxième chance et de la prolongation bienveillante, un modèle de compassion et de miséricorde. C'est là que se retrouvent tant d'éclopés de la vie : tournevis un peu croches, sandales déformées et vaisselle fêlée. Au chalet, les meubles fatigués peuvent terminer leurs jours dans le calme et les vieux outils peuvent encore se rendre utiles. Pratiquement tout y est toléré et accepté, n'importe quoi devient précieux. Aux choses qui ont déjà servi, on accorde ici le privilège de durer encore.

Cela explique pourquoi, au chalet, l'on ne rencontre que des objets satisfaits et contents. Et pourquoi tant de gens se plaisent à répéter que l'atmosphère y est bonne et que leur chalet respire le bonheur serein de la tranquillité intérieure. À tel point que je me prends parfois à souhaiter que, le temps venu, j'obtienne le privilège d'éviter les maisons de retraite et que, fatigué, je puisse prolonger ma carrière doucement paisible dans un chalet lointain.

■ La chasse

BERNARD ARCAND

D'autres l'ont dit déjà, la seule chasse vraiment noble, celle qui restera toujours digne d'un être humain, c'est encore la chasse à l'homme. Des films ont été faits là-dessus, on a imaginé des scénarios dans lesquels de futurs humains, blasés d'une vie trop confortable ou soudain honteux de toujours devoir massacrer les plus faibles, passeraient leur temps à poursuivre, à traquer et à éliminer leurs semblables. Car il faut bien reconnaître que l'homme demeure encore le meilleur gibier pour l'homme, et savoir apprécier combien cela rendrait la vie excitante que de se sentir sous la menace constante d'une attaque menée par un être assurément aussi « ratoureux » et méchant que nous. Bien sûr, en un sens, nous y sommes déjà et la prospective futuriste du cinéma ne fait que stimuler un sentiment déjà familier, puisqu'il correspond assez bien à l'inquiétude toute moderne de devoir traverser un parc, tard le soir, en automne. Mais dans un autre sens, il faut tout de suite mettre un frein à cette imagination mal maîtrisée et se rendre compte que l'idée d'une chasse à l'homme généralisée relève de la plus farfelue des sciences-fictions. Jamais la police ne tolérerait de telles licences et de pareilles agressions.

Par contre, une proposition qui paraîtrait beaucoup plus raisonnable pour l'avenir viserait à faire mieux comprendre à quel point nous sommes encore aujourd'hui, comme depuis quelques centaines de milliers d'années, demeurés des chasseurs. Une campagne d'information parmi ce qu'on appelle le « grand public » pourrait lui faire prendre conscience du fait banal que nous continuons aujourd'hui, comme autrefois nos ancêtres, à chasser et à tuer tous les jours, même si la viande qui en résulte n'a que la cellophane pour bourriche. Ce serait même un programme judicieux pour la salubrité publique que de décréter que, désormais, tous les carnivores du pays devront obligatoirement, et pendant au moins une semaine chaque année, tuer de leurs propres mains tous les poulets, veaux, moutons et canards dont ils ou elles ont l'intention de manger la chair au cours des prochaines semaines. On peut déjà prédire que certaines personnes, dégoûtées par le sang ou écœurées par les viscères, deviendront sur-le-champ végétariennes. D'autres, par contre, connaîtront enfin le plaisir ancien de réussir à capturer un animal quand on a vraiment faim.

*   *   *

Je suis l'heureux propriétaire d'un magnifique couteau de chasse. Je possède par ailleurs un sous-vêtement chaud et une paire de grandes bottes. On trouverait aussi chez moi deux fusils de chasse, et je garde encore une vieille veste qui camouflerait sans doute n'importe qui dans les feuillus d'automne. J'ai en plus un chapeau qui conviendrait parfaitement pour un safari à l'antilope cornue. Et il y a même dans ma maison un petit filet à papillons, quelques hameçons et, dans un coin, un vieux chien qui rêve de gibier surpris ou mortellement essoufflé. Quoique je ne sois pas très fort en dépeçage et en démembrement, je sais quand même égorger et suis tout à fait capable de vider, de plumer ou de dépouiller mes victimes.

Pourtant, je ne chasse jamais. Je n'ai ni permis de chasse ni intention de m'y livrer. Tous ces accessoires me furent légués en héritage. Je reste néanmoins très bien équipé. En fait, depuis des millénaires, nous sommes tous très bien équipés. Et nous avons tous reçu le même héritage. Ainsi armés jusque bien au-dessus des dents, nous pouvons à tout instant devenir dangereux, surtout les jours où l'on commence à imaginer des choses. Nous sommes donc condamnés à vivre sous la menace permanente du braconnage. Et pour assurer la paix, alors que certains partent en chasse aux fusils de chasse, d'autres préfèrent insister pour nous amener à reconnaître en nous l'instinct du tueur et, dès lors, à apprécier tous ces chasseurs qui, fatigués de trop de retenue, vont parfois dans la nature pour y laisser leur trace. Comme si la solution durable exigeait d'admettre d'abord qu'il y a dans toute vie des jours où, de bon matin, on ferait sans doute beaucoup de mal à une mouche.

SERGE BOUCHARD

Le canard sauvage est le plus bel oiseau qui soit. Il tient la forme, il a de magnifiques couleurs, il existe dans toutes les variétés, sa mentalité est attachante, il nous inspire une tranquille curiosité et il voudrait picosser, le pauvre, qu'il ne le pourrait pas, tant son bec spatulé se prête mal à l'idée d'impressionner. L'espèce est ancienne et son histoire se perd dans la nuit des marais. Mais voilà une bête qui investit dans la tendresse et le duvet. Le canard sauvage est le symbole de l'amour, car il s'accouple pour toujours. Il est imperméable aux aléas de l'évolution. Ses voyages et ses migrations nous dépassent autant qu'il nous double du simple fait que le monde du canard se situe en deçà et au-delà des grandes concentrations humaines. Les canards vivent au sud, ils aiment au nord et il est connu que, dans la formation des jeunes canards, les plus vieux insistent sur l'importance, en passant au-dessus des métropoles, de ne jamais regarder en bas, de relever le cou plutôt et de conserver son énergie afin de traverser au plus vite cette zone affairée qui ressemble à l'enfer lorsqu'on la voit du haut des airs.

Silhouette tendre, raffinée, peut-être même heureuse, dont la reproduction en bois sculpté fait le bonheur du collectionneur. Cependant, sa beauté ne le protège en rien. Tous les automnes, nous nous faisons un devoir de nous déguiser en quenouilles afin de joyeusement le canarder, de lui opposer un véritable barrage de D.C.A., comme si le V du canard était un défi dans le ciel, l'initiale de notre vanité.

Plus le canard vieillit, plus il perd de l'altitude, jusqu'à ce qu'il frôle le sol, je parle de sa fin. On en a vu atterrir sur des pistes d'asphalte, se croyant sur un lac à cause du reflet. Imaginez la fouille, la culbute et la surprise. Lorsqu'un canard se trompe, se relâche et perd le nord, il est fait comme un rat. Car, pour sa sécurité, il n'a que sa routine, ses trajets ancestraux qui ne peuvent pas varier, ses mares retirées, la force de sa tranquillité.

Une vieille cane volant trop bas, au ras de l'asphalte pour ainsi dire, se fit happer par une voiture filante alors qu'elle traversait l'autoroute en compagnie de son vieux mâle qui, lui, se sauva de justesse du fait qu'il la précédait de peu. Décapitée, elle roula dans le fossé qui, à cet endroit-là, fait une manière de longue mare. Et son mâle s'y posa tout de suite en espérant qu'elle se relèverait de ce mauvais coup et qu'elle s'arrêterait d'être morte. Ayant vu tout ce qui venait de se passer, un corbeau s'approcha en sautillant sur le gravier qui borde les routes, insensible aux voitures qui le frôlaient, absorbé par cette charogne qu'était soudainement la cane devenue. Le canard attendait, pour rien. Allait-il repartir, défendre un souvenir, ou bien à son tour trouver le moyen de mourir ? Il n'avait manifestement pas la force de prendre ses distances, de jouer la carte du ciel, de se refaire un pan de vie.

Comment meurent les canards quand, année après année, les chasseurs et les prédateurs n'arrivent pas à les tuer ? Qu'arrive-t-il au canard par un malheur durement frappé ? Voilà des questions qui ne nous intéressent guère depuis que le temps de canard n'est pas par nous très apprécié. Mais combien importante cependant la reconnaissance qu'il est pour chacun de nous un ultime fossé d'où l'on ne ressort pas, une mare funèbre qui est le miroir d'une mort qui s'en vient nous chercher. Souhaitez que la vie vous abandonne au moment où la mort se trouve à passer. Car autrement, songez au canard. Nous risquons de la trouver bien longue, la dernière soirée.

* * *

Plus la chasse est pratiquée par des gens riches et cultivés, plus elle devient sauvage et sans quartier. Prenez la chasse à courre, les safaris de bêtes privés. Achetez-vous un lion de cirque à la retraite et tirez-lui une balle dans l'oreille avant même qu'il ne sorte de sa cage de livraison, cela vous reviendra moins cher que d'aller au Kenya pour y corrompre un fonctionnaire. Revoyez les images de ces gouverneurs britanniques qui, dans la région du Bengale, embauchaient des villages entiers afin qu'ils rabattent le tigre vers des terrains découverts où l'Anglais héroïque pouvait tirer du haut d'un éléphant ce félin superbe qui, de toute manière, serait mort de déception en se voyant se faire assassiner par de semblables ridicules. Ici, le ridicule tue, il tue le vrai chasseur, le tigre, un tigre désarmé devant pareille battue.

Songez aux renards poursuivis par des meutes de chiens, de chevaux et de cavaliers portant casquette. Et l'on se demande encore pourquoi ils ont la rage, les renards ! Jusqu'aux chevreuils qui sont victimes de ces chasses à l'essoufflé. On dit des rabatteurs que ce sont des chiens. Il est probable que c'en sont bel et bien. Quoique cela ne soit pas très gentil pour les chiens.

* * *

Quand les hommes parlent de chasse, ils en rajoutent toujours. C'est dans la nature du mâle que d'en mettre plein la vue. Il a fondé sa réputation sur le gros gibier, sur la viande rouge, sur l'exploit, sur les panaches et les trophées. C'est devenu un réflexe que d'ainsi se gonfler le poitrail, d'élargir les épaules, d'augmenter les distances, les misères et les difficultés. En se réservant le gros gibier, le mâle se réserve le gros de l'histoire.

Souvenez-vous de Davy Crockett apercevant un lion de montagne en train de poursuivre un chevreuil. En visant une grosse roche sise entre le poursuivant et le poursuivi, Davy Crockett tire avec sa carabine. La balle atteint la roche tel que prévu, se fend en deux par le milieu et touche mortellement les deux bêtes en même temps. Avec une seule balle, Davy Crockett atteint le cœur des deux animaux qui ne sont pas au même endroit. Ce faisant, il envoie Robin des Bois et Guillaume Tell se rhabiller. Et du Kentucky au Delaware, on chantera pendant longtemps dans les chaumières l'exploit d'un chasseur aussi habile, devenu derechef un chasseur légendaire.

Le mâle a toujours su qu'il n'avait rien pour plaire. Le voilà, galérien, sur la chaîne du spectaculaire, condamné à être beau, à être fort, à se tenir dans la nature comme le roi des prédateurs. Il y aurait comme une ligue universelle, intemporelle, de la condition mâle sur la planète : sur le sentier de ses chasses, sur le chemin de ses guerres, dans ses amours comme dans sa vie tout court, l'homme est aussi tendu que la corde de son arc.

Depuis qu'il a rencontré les furieux mammouths, il est complexé ; il sait que la chasse au gros gibier n'est pas une chasse sûre. Revenir bredouille, voilà la hantise du chasseur. Ne pas être à la hauteur d'un gibier qui représente la difficulté, voilà la peur du mâle.

Les hommes qui aspirent à toutes les légendes en reviennent très souvent humiliés.

BERNARD ARCAND

Un ancien ministre de la Défense nationale, M. Gilles Lamontagne, avait un jour été vu à la télévision après une brève excursion dans un avion de type F-18 ; c'était à l'époque où le Canada faisait semblant d'hésiter avant d'acheter aux U.S.A. plusieurs F-18, avions de chasse modernes et reconnus pour être capables de porter la mort loin et très vite. M. Lamontagne, en descendant de l'avion, avait dit pour la caméra que l'expérience lui avait paru comparable à celle de faire l'amour. Dans ses mots bien à lui, il avait annoncé : « C'est comme faire l'amour ! »

Il serait utile ici de prendre garde et de faire attention à ne pas confondre les genres. Les avions de chasse et le sexe sont-ils vraiment si proches ? La question se pose d'autant plus que le cinéma américain nous a proposé une équation apparemment semblable en confiant, il y a quelques années, le rôle principal du TopGun, pilote d'avion de chasse, au très sexy Tom Cruise. Pourtant, il semble qu'il n'y ait pas de pareil lien entre le sexe et la chasse. N'écoutez plus les psychanalystes, oubliez les luttes entre Éros et Thanatos, il n'est pas du tout ici question de jouissance face à la mort, ni de découvrir sa propre finalité par le sexe. Ce n'est pas de cela que parlait notre ministre.

Rappelez-vous plutôt la déesse Artémis, celle dont le palais, à Éphèse, a déjà été classé « merveille du monde », et qui, à Rome, deviendra la célèbre Diane chasseresse. L'Artémis grecque était déesse des animaux sauvages et le grand Homère parle d'elle comme de la « maîtresse des animaux » et la patronne de la chasse. Les sculptures anciennes montrent Artémis (ou Diane) presque toujours munie d'un carquois et d'un arc, accompagnée d'un chien ou d'un cerf. Ce qui est tout aussi important, mais peut-être moins connu, c'est que la déesse était en même temps la patronne de la grossesse et de la maternité ; à Rome, on invoquait Diane pour assurer la fertilité ou pour faciliter un accouchement.

Mais ce n'est pas tout. On raconte en plus que les danses du culte d'Artémis étaient extrêmement lascives, voluptueuses, cochonnes même. Le culte faisait une bonne place au corps, à sa beauté et à sa jouissance. Pourtant, paradoxe apparent, malgré cette sensualité, et malgré l'association avec la fertilité et la reproduction, les anciens prétendaient aussi qu'Artémis et Diane étaient chastes, que ces déesses ne faisaient jamais l'amour. Homère explique qu'Artémis était imperméable aux tentations d'Aphrodite justement parce qu'elle était trop passionnée de chasse. Comme si elle avait eu le choix simple entre chasse et sexe, deux façons reconnues de nourrir la société et d'assurer sa survie. Ainsi, la mythologie grecque affirmait clairement l'idée que la passion de la chasse constitue un bon équivalent du sexe et, même, que dans les deux cas, le résultat aiderait la fertilité et la reproduction de l'espèce.

Voilà sans doute le sens profond des sages paroles du ministre Lamontagne. S'envoyer en l'air dans un avion de chasse est effectivement comparable à faire l'amour. Il n'est donc pas surprenant de voir le nombre important de chasseurs qui, par conséquent, quittent leur foyer pour s'enfuir dans les bois afin d'échapper à leurs responsabilités sexuelles.

*   *   *

Les chasseurs n'ont jamais su chasser sans leurs chiens. Si un jour on arrivait à connaître tous les détails de ces innombrables chasses de la préhistoire qui ont gardé l'humanité en vie durant des millénaires, on découvrirait enfin les milliers de chiens bâtards et courageux qui ont toujours permis à nos ancêtres de débusquer leur gibier. On verrait combien nombreux sont les chiens qui ont poursuivi notre viande et couru dans les plaines et les savanes avant d'arriver à la création du lévrier moderne, tous ces pointeurs inlassables qui nous ont montré d'où provenaient les craquements soudains d'un buisson, les golden retrievers morts de pneumonie à la suite d'un bain dans des eaux trop froides, les terriers dégoûtés de la boue, et les braques rendus fous par l'odeur des herbes. En suivant le fil de l'histoire, on apercevrait un peu plus tard les chiens prétendument bergers mais qui sont de fait chasseurs de brigands et de tous les ennemis du maître policier. Et ensuite, les célèbres chiens que le tout petit et très frêle M. Doberman, collecteur de taxes, transforma un jour en féroces chasseurs de mauvais citoyens. Qui sait ce que demain nous réserve? Même le chihuahua, bien entraîné, pourrait apprendre à chasser le papillon.

Les chiens sont indissociables de la chasse. Pendant des millénaires ils ont débusqué, poursuivi, fatigué et rabattu notre gibier. C'est dire que nous leur devons la vie. Ce qui explique probablement combien les liens qui nous unissent sont anciens, omniprésents et immuables. À tel point que le fait de flirter avec l'épouse d'un autre se dit parfois « braconner », ce qui veut dire, bien sûr, chasser sans permis et sans autorisation, mais le mot « braconner » vient de « chasser avec des braques ». Bref, chez nous, même l'infidélité matrimoniale est une histoire de chiens.

SERGE BOUCHARD

Le plus gros ours connu du monde, un Kodiak mesurant trois mètres de haut, debout devrais-je dire, et pesant 500 kilos assis, a été tué en 1956 dans le sud de l'Alaska par une vieillarde quasiment aveugle qui revenait de sa tournée de lièvres. Surprise sur le sentier par cet ours arthritique et colossal, elle l'a tué d'une seule et petite balle dans une partie faible située entre les deux yeux.

Et la vieille métisse de s'en retourner à sa cabane en se demandant pourquoi Dieu a décidé de mettre sur la Terre des animaux aussi gros qui viennent se mettre en travers de votre chemin et qui, une fois tués, sont bien malcommodes à déshabiller, à dépecer, et à transporter. La viande de l'ours est excellente, mais un ours entier, un ours même petit, c'est beaucoup trop pour une femme seule, une vieille veuve portée surtout à grignoter. Ce grand exploit était pour elle une contrariété.

■ La chicane

SERGE BOUCHARD

Dans l'ancienne collection mythologique d'un Occident qui souffre par ailleurs d'amnésie sur tous les sujets qui échappent à sa raison comme à son histoire, il fut toujours question du grand combat des arbres. Nos ancêtres les Anciens pensaient que la forêt était une chicane éternelle entre des essences fondamentales, une lutte gigantesque, permanente et magique. Tout se rassemblait autour du hêtre, cet arbre dur et franc d'où viennent tant de mots : busch en allemand d'origine, puis bûche, book, bille, billot, brousse, broussaille. Le hêtre y était le roi et les bouleaux, ses généraux. Ils affrontaient les chênes et les pins. Les saules pleuraient comme de raison. Les aulnes étaient de petits espions qui s'infiltraient partout entre les branches. Ça frappait dur dans les buissons. Les épinettes et les sapins étaient les soldats anonymes, les obscurs et les « sans-grade », les bouseux et les poilus, les forces végétales qu'on envoyait dans les mêlées générales. À cette époque, les arbres avaient un sens, la forêt était excitante, et le combat ne finissait jamais. Mais aujourd'hui la guerre des arbres est terminée. La chicane est ailleurs. Le hêtre n'est plus un seigneur à l'existence fondamentale. Quelque penseur a décelé qu'il n'était au fond qu'une essence commerciale, d'où l'obsession de sa mise en valeur.

BERNARD ARCAND

On comprend malheureusement très mal la véritable nature de la chicane. Car elle apparaît souvent sans que l'on sache vraiment pourquoi : tout allait bien et puis, tout d'un coup, est arrivée une chicane. On dit parfois que la chicane a « poigné », ou encore que les choses ont « viré » à la chicane. Et l'on s'étonne qu'un match, jusque-là sans histoire, puisse vite tourner à la chicane. Ou qu'une réunion calme et en gros ennuyeuse dégénère soudain pour devenir une occasion de chicane. C'est sûrement, dit-on, parce qu'il y avait de la chicane dans l'air ou, mieux, parce que quelqu'un cherchait la chicane.

Mais il n'est jamais facile de la trouver. Même quand toutes les conditions sont réunies dans une mise en scène idéale, on ne peut jamais être assuré qu'il y aura effectivement chicane. Même en sachant que l'occasion réunit des rivalités anciennes, des haines ancestrales et des ennemis sans pitié, on ne peut jamais prévoir si leur rencontre sera simplement polie et correcte, ou bien formelle et glaciale, ou encore si l'on aura la chance d'assister à une authentique chicane. Très souvent, en effet, la chicane surgit là où on ne l'attendait plus, précisément parce qu'il lui faut à tout prix préserver le caractère imprévisible qui nourrit sa magie.

La chicane est la manifestation apparente d'une force sourde et très profonde que nous n'arriverons jamais à contrôler. Elle émerge sans prévenir des tréfonds de l'âme humaine comme une lave de magma ou comme le souffle d'un grand vent, comme une soudaine envie de sommeil ou le tiraillement d'un appétit négligé. Elle est au rang des grandes forces élémentaires de la vie. Et c'est pourquoi, quand ils ont épuisé tous les jeux, quand ils s'ennuient parce qu'il pleut et qu'il n'y a rien à faire, quand la vie entière commence à paraître désolante et triste, quand il n'y a pratiquement plus d'espoir de s'amuser en ce bas monde, les enfants savent d'instinct que leur seul salut possible est de chercher la chicane. Se disputer et se tirailler sans aucune raison valable. Les enfants, comme c'est souvent leur rôle, viennent par là réaffirmer un des plus grands principes de l'existence : tant qu'il y a de la chicane, il y a de la vie, et *vice versa* et ainsi de suite.

■ Le chien et le loup

BERNARD ARCAND

Le très célèbre dictionnaire de Paul Robert laisse dire une énormité au sujet du loup. Je cite à l'article « Loup » : « Mammifère carnivore [...], qui ne diffère d'un grand chien que par son museau pointu, ses oreilles toujours droites et sa queue touffue pendante. » De toute évidence, les rédacteurs du *Petit Robert* n'ont pas pour habitude la fréquentation des meutes et ils ne savent pas ce que c'est que de mener une vie de chien.

Alors que l'on associe couramment le loup à des qualités nobles comme la férocité et la ténacité, le chien sert d'abord à l'insulte. Il y a toute la différence du monde entre se faire traiter de « chien » et être appelé « mon loup », « mon gros loup ». L'amante qui vous dit « mon pitou » n'a peut-être plus beaucoup envie de vous. Et l'expression « pauvre petit chien » dépasse la sympathie raisonnable. Tandis que « mon grand loup » témoigne d'une force calme et d'une saine animalité. De l'autre côté de la frontière, le contraste est encore plus marqué entre « ma louve » et « chienne ».

Les jeunes garçons et filles reçoivent parfois une partie de leur apprentissage de la vie dans des troupes de louves et de louveteaux. Mais il ne viendrait à aucun esprit l'idée de former des patrouilles de chiens et de chiennes. Et c'est aussi le genre d'insulte que n'apprécient guère les forces policières.

Dire de quelqu'un qu'il est chien, ou pire, enfant de chienne, constitue une insulte immédiate et profonde. Dites-lui plutôt qu'il est enfant de louve et il se croira destiné à fonder Rome.

* * *

On peut difficilement entrer dans une animalerie ordinaire et y acheter un loup. Et si un jour la chose devenait possible, il faut croire que le commerce du loup marcherait plutôt mal parce que l'animal appartient à ce groupe de bêtes sauvages qui souvent meurent dès qu'on les capture.

En fait, le loup ne se laisse pas approcher et il est difficile de le capturer. S'il vient vers vous, c'est très probablement pour vous manger. C'est lui qui parfois s'approche, silencieux et attentif. Le contraire, en somme, de tous ces chiens de garde et d'attaque, tous ces chiens policiers, pit-bulls criards et bergers baveux, victimes grossières des pires dressages de cerveau et qui ne méritent que leurs rôles ridicules : faire peur ou avertir, chasser les brigands peureux, terrifier les foules de pauvres démunis ou désarmer le voleur en lui mordant le bras. Le loup, lui, mange ses victimes, tranquillement, et en partageant avec ses meilleurs amis. Par contre, malgré quelques accidents avec des enfants, rares sont les chiens qui sautent dans le dos de leur maître. Très peu de chiens dévorent leur maître dans sa douche, ou au milieu de la nuit, pendant son sommeil, comme l'ogre dévore ses enfants.

Le chien demeure le meilleur ami de l'homme, mais par égoïsme pur, parce qu'il n'existerait pas sans lui. Le chien offre le modèle absolu de la servitude volontaire. C'est un animal né pour la contrainte. Détrompez-vous si vous croyez que votre chien vous aime, car c'est avoir un maître qu'il lui faut. Le chien aime avant tout servir et surtout obéir aux ordres, remplir des tâches et assumer des obligations. Il trouve son bon plaisir dans la soumission et la fidélité, et il serait sans doute plus heureux si tous les humains se constituaient maîtres de chiens.

Pour la sécurité tranquille et l'assurance d'un bol quotidien de viande à chien, pour quelques signes de tendresse et d'encouragement, pour un biscuit amical ou un faux os en peau de vache sèche, le chien fera beaucoup plus qu'être attentif, surveiller la maison ou protéger les enfants. Il ira jusqu'à lécher la main qui l'attache et se réjouir d'entendre la voix qui lui donne des ordres. Il sait bien que les soumis ont toujours moins de soucis et qu'il peut ainsi consacrer sa vie au sommeil et au jeu, puisque d'autres ont pris ses affaires en charge. On en a même déjà vu sauver la vie de leur maître afin de rétablir sa domination. Les chiens apprécient sûrement les peuples libres et démocrates qui élisent un tyran et qui, d'élection en élection, redisent le plaisir que leur procure le fait de lui confier leurs responsabilités.

N'importe quel chien pourrait facilement échapper à ses chaînes, changer de quartier et partir au loin. Très peu le font, pourtant, car ce n'est généralement pas là leur intention. Les propriétaires qui ont l'imprudence de laisser leur bête rôder librement dans le voisinage, savent bien qu'il reviendra à la maison. Et nous avons tous entendu ces histoires héroïques de chiens qui réussissent, des kilomètres plus loin et des années plus tard, à retrouver leur maître. La volonté de servitude est une force qui pourrait probablement déplacer quelques montagnes.

Le chien ne regrette pas la liberté dont il n'a jamais profité, tandis que le loup ne peut concevoir que l'on puisse vivre en servitude. Le chien vote conservateur, le loup n'exerce même pas son droit de vote. Il ne viendrait pas à l'esprit du chien d'aller courir dans la taïga ou de rôder dans les bois. On comprend à quel point le chien et tant d'êtres humains sont faits pour s'entendre.

SERGE BOUCHARD

Du point de vue du loup, l'homme est un flatteur de la pire espèce. Sachez que la caresse est une laisse, une corde, une chaîne plus solide que la plus solide des chaînes. Cette flatterie humaine conduit tout droit à l'esclavage de la fidélité. On n'a jamais vu un loup se laisser flatter, c'est pour lui une question fort importante, le principe même de sa liberté. Le loup craint moins le fusil de l'homme que sa main. Il craint sa caresse comme la peste, et il s'éloigne de l'être humain pour ne pas être contaminé.

Il faut du courage pour refuser de se connaître. Le loup ignore ce qu'est un loup, il ne sait pas ce qui le pousse, mais il est loup jusqu'au bout du combat de la vie. Le « je ne suis rien, donc j'existe » ne lui fait ni chaud ni froid. Le loup est un mystère pour le loup qui ne cherche absolument pas à se démystifier.

Du point de vue du loup, le « connais-toi toi-même » est une prétention lâchement domestique, une question qui vous conduit directement chez le psychanalyste. Or, sur le rapport de sa psychologie, le loup est intraitable. C'est une bête qui ne se confie pas, qui ne se corrige pas, qui ne se soigne ni ne se plaint.

Les loups ne sont pas sauvages, ils sont indépendants d'esprit. Ils ne sont pas méchants, ils croquent dans la vie à pleines dents. Ils ne craignent pas les hommes, simplement ils ne mordent pas au leurre de leur apparente bonté. Bref, ils ne sont pas intéressés. Qui pourrait leur en vouloir, sinon l'homme, et lui seul ? Du simple fait qu'il court dans toutes les nuits de nos mémoires, le loup fait le procès des êtres attachés.

■ Le ciel

SERGE BOUCHARD

Le ciel fut le premier étonnement de l'homme. C'est sur lui qu'il a calqué ses affaires et c'est en fonction de lui qu'il s'est organisé. Le mystérieux cosmos a quelque chose à voir avec notre façon de penser et d'exister. À vue d'œil, c'est-à-dire vu de loin, le ciel est extrêmement conservateur. La lune est régulière, comme le soleil, comme les planètes et comme tout le reste. Et nos ancêtres ont observé ces règles, ils ont relevé ces cycles. La routine fut inventée avant la roue. Aujourd'hui encore, ceux et celles qui se retrouvent fréquemment sous de grands pans de ciel ont une sensibilité cosmique particulière. La rêverie coule de source, la poésie aussi, toutes choses plates et incantatoires, ces rites du mystère et ces secrets utiles qui ont pour origine le souffle, le rythme, le retour, le recommencement, le feu, la lumière noire et les nuits claires de la mémoire. L'espace est dans le ciel, le temps est dans le ciel; nous y avons logé la plupart de nos dieux, nous espérons les retrouver après la mort parce que nous lorgnons du côté de leur immortalité et pensons que là, une âme peut se cacher pour toujours sans se faire remarquer. Comme quoi, avec le ciel, on peut faire ce que l'on veut. Mais pas ce que l'on peut. Et c'est bien là tout le problème.

*   *   *

Le ciel a mis quinze milliards d'années pour seulement se former et devenir ce qu'il est maintenant. Et sachons qu'il grandit tous les jours. Nous parlons là d'un premier ciel car, au-delà encore, il doit bien s'en trouver un autre qui pourrait être l'envers de celui-ci. Le paradoxe est là qui nous effraie : le ciel qui suggère l'ordre est en fait un chaos inimaginable et scandaleux en ce qu'il est lui-même une accumulation de temps perdu parce que passé et forcément irréversible. L'univers n'a pas de raison, c'est bien connu. Il n'a pas de raison, il n'a pas d'émotions. Il n'a qu'un sens mais il n'a pas de direction. L'univers est un énorme gaspillage d'énergie, une pollution maudite, qui pollue Dieu sait quoi.

Nous sommes d'ailleurs tous les rejetons d'une explosion. Le loup qui hurle à la lune, c'est encore la matière d'origine qui résonne au travers des poumons. Nous avons pris le ciel comme le modèle de l'ordre et de la loi. Voilà que nous entrons au second ciel de notre étonnement : l'univers a des règles qu'il ne respecte même pas.

■ Le cimetière

SERGE BOUCHARD

Il y a plusieurs années, aux États-Unis, comme il se doit, une jeune fille fut enterrée au volant de sa voiture. Il s'agissait de sa dernière volonté. Il fallait que son char soit sa tombe. Une grande fosse fut creusée, une grue fut louée et, comme la jeune fille le désirait, on procéda à l'inhumation de la belle dans sa Corvette. Son automobile représentant l'endroit où, selon elle, elle avait été le plus heureuse, il lui apparaissait normal de pourrir sur sa banquette, derrière son volant. Un bon conseiller, un véritable ami, n'importe qui en somme aurait bien pu lui expliquer qu'à notre arrivée au Ciel, Dieu donne à chacun une Corvette flambant neuve et que le fait d'emmener la sienne dans l'au-delà ne fait que compliquer la comptabilité céleste, en plus peut-être d'offusquer l'Hôte Suprême. Cependant, l'idée de se faire enterrer avec sa voiture n'est pas originale du tout. La jeune fille, sans le savoir probablement, perpétuait une très vieille tradition. En matière funéraire, il n'est rien que l'homme n'ait essayé, bien qu'il ait toujours tourné autour du même sujet. Des empereurs se sont fait enterrer avec quelques sujets, des maris avec leurs épouses. Épouses et sujets n'ayant pas eu le synchronisme de mourir en même temps que l'empereur, ils étaient enterrés vivants. Comme la Corvette de mademoiselle qui, au moment de devenir cercueil, devait avoir encore du millage dans le corps. Le drame du char qui roulerait encore mais que l'on abandonne aux rites de l'oubli.

Il y a plus. Reconnaissons à l'automobile sa place centrale dans la modernité. Finalement, la jeune fille n'était pas si bête. Lorsqu'on achète une nouvelle voiture, on se demande toujours si elle ne sera pas notre tombeau. Arrêtons de nous le demander et consacrons la coutume. Les voitures sont nombreuses, les propriétaires aussi. La loi devrait nous obliger à nous faire enterrer avec notre automobile. Ceux qui n'en ont pas pourraient en louer une. On loue bien des cercueils. La chose aurait son utilité. Dans les cours à scrap, nous nous ferions aplatir et mettre en boîte en même temps que la ferraille et ces coffres de métal seraient dignement inhumés par la suite dans d'authentiques cimetières. Nous ferions l'économie des cimetières d'autos et réduirions le gaspillage immobilier que représentent les immenses cimetières. La gestion des boîtes de métal que l'on enterre serait conforme à notre esprit pratique. L'une par-dessus l'autre, collées les unes aux autres, dans une sorte d'empilement symétrique qui convient tant à notre appétit de l'ordre. Ci-gît Bouchard, Volkswagen 86, en direction du nord, sur la route de l'éternité. Le mariage du cimetière humain avec le cimetière de voitures, voilà une autre brique ajoutée au monument de la raison instrumentale et de la logique maximaliste. Économie du rituel, rationalisation de la liturgie, efficacité pratique de la magie.

BERNARD ARCAND

L'athéisme est une croyance qui a du mal à s'imposer et qui demeure encore bien fragile. Prenez la frayeur qu'inspirent, même de nos jours, la plupart des cimetières. Peu de gens aiment s'y promener, seuls, un soir pluvieux d'automne. Rares sont les agents immobiliers qui vantent les mérites d'une résidence en bordure d'un cimetière. Dans le registre le plus banal, une scène cinématographique de cimetière, avec jolie veuve et grosses limousines, servira à lancer une intrigue complexe de vengeance ou de partage d'héritage. Dans un autre genre, le lieu fera naître l'inquiétude, la frayeur ou l'épouvante dont les marchands profitent depuis longtemps. De Vincent Price à Michael Jackson, des contes de la crypte hantée jusqu'à la menace d'un retour soudain de quelques tristes morts-vivants, la mode du malaise inspiré par le cimetière ne s'est jamais démentie.

C'est peut-être que le cimetière constitue une zone limitrophe. Entre la vie ordinaire et la vie éternelle. Entre le monde des vivants et les ténèbres lointaines du monde des morts. Il semble que ces zones frontières furent de tout temps des sources privilégiées d'inquiétude. Dans ces zones grises qui séparent nos catégories habituelles, il se passe des choses dérangeantes. L'exemple classique est celui de la chauve-souris, animal étonnant et merveilleux : mammifère, il vole, nocturne, le jour il dort suspendu… à l'envers. C'est une bibitte inquiétante, un animal qui ne répond pas vraiment au bon sens, une bête sans bon sens, et donc un candidat idéal pour l'imaginaire et la fabulation qui feront de la petite chauve-souris un terrible Dracula, vampire ambigu qui ne vit que de nuit et n'aime que le sang sans ail. Pour les mêmes raisons, le cimetière demeure le lieu incertain de l'entre-deux qui sépare le quotidien de l'éternel. Un endroit intermittent, ambigu, d'où justement sa puissance. Squelettes et fantômes, peut-être pas tout à fait morts, y troublent les vivants qui ne se sentent pas tout à fait bien.

Hélas, les anges et les démons de notre enfance ont à peu près tous disparu de la scène de l'épouvante et du bon film d'horreur. Les anges sont devenus mièvres et insignifiants, incapables de faire du mal aux punaises de sacristie, tandis que les démons, autrefois horribles suppôts de Satan, n'obtiennent pratiquement plus de rôles de méchants et ont l'air de bien pauvres diables. Restent les cimetières.

SERGE BOUCHARD

Les cimetières sont la signature de l'espèce. Par le biais de ces espaces, par le détour des sépultures et des architectures, par les techniques et les rites, par les messages et la mémoire, par l'entretien et la pérennité, d'une façon ou d'une autre, nous disons au silence que nous ne sommes pas rien. Les cimetières ont un naturel sacré, c'est-à-dire que le sacré y est tout à fait naturel. C'est tranquille. Le cimetière est une parenthèse de tranquillité. Le havre de paix par excellence est une fenêtre sur la beauté du monde, mais c'est aussi un cornet sur l'infini silence de l'immensité. Entretenir les morts est un acte d'humilité, c'est admettre son impuissance, reconnaître un mystère. Il n'est rien de plus beau, de plus touchant que de voir un être humain vivant recueilli sur la tombe d'un pareil. Que se passe-t-il dans sa tête, que dit-il, mais surtout, que n'arrive-t-il pas à dire ? Il ne comprend rien et cependant qui doutera qu'il ressent ? Là, plus qu'ailleurs, il sait qu'il ne sait pas et qu'il ne saura jamais. Nous ne sommes pas rien mais nous ne savons pas qui nous sommes. Qu'advient-il de l'être quand le corps se dissout ? « Où êtes-vous, où êtes-vous ? », voilà ce que nous nous répétons dans les allées des cimetières. Vous avez tant été, vous n'êtes tellement plus, voilà ce que nous ressentons en face de nos disparus. Nous n'avons rien pour répondre, rien que la noblesse de notre tristesse, la formidable reconnaissance de notre inutilité. C'est nous, les vivants, les survivants, qui sommes seuls, seuls à la dérive sur la surface tourmentée d'une réalité que nous n'arrivons pas à cartographier. Il est difficile de s'orienter au royaume de la mort. Il n'est pas de lunette d'approche, on est sans outil pour voir dans l'au-delà. Rapport à son destin, la conscience est funeste. Reste la voie de l'espérance. L'espérance est la vertu la plus grande qui soit pour les désespérés que nous sommes. Elle fait de nous des hommes. Et les cimetières sont des actes d'espérance, les plus beaux que nous puissions faire, compte tenu de notre petitesse et de notre impuissance. Espérons que les morts se portent bien, espérons que Scarron se repose vraiment, espérons le ciel, le paradis, espérons que la fin de nos jours soit plus encourageante que le temps de leur cours. Espérons que le froid de l'hiver ne morde que nos joues et que le temps qu'il fait ne gèle pas les morts.

Dans un cimetière, l'âme qui est le plus en peine, c'est bien celle de celui qui marche dans les allées. Sans espérance, le cimetière serait un simple dépotoir, un trou noir, une tache sombre sur le disque lumineux des villes. Ce ne serait rien. Sinon un espace de rangement, une sorte de débarras. Des oubliettes. Un espace perdu. À l'inverse, si nous reconnaissons au cimetière toute sa valeur d'espoir, il est permis de penser ce que l'on veut pour nous réchauffer le cœur. Le dialogue avec les morts a toujours été élémentaire et il le sera toujours : j'espère que tu vas bien, j'espère te revoir, j'espère que tout cela n'est pas une farce. Le cimetière est un vieux choix de l'espèce, un pari : croire au mystère vaut mieux que de pleurer pour rien.

BERNARD ARCAND

Monsieur Remi, auteur des nombreuses aventures de Tintin, a toujours été reconnu pour la précision et la justesse de son information. L'attention qu'il portait aux détails était, dit-on, aussi pointue que minutieuse. Par exemple, dans *Les Sept Boules de cristal,* il raconte une expédition européenne, dans ce cas-ci l'expédition Sanders-Hardmuth, qui réussit à piller un tombeau inca et à ramener à la maison la momie d'un noble défunt. Or il est tout à fait exact que, chez les Incas, les nobles, à leur mort, étaient enfermés dans des tombeaux au cœur des cavernes et que le corps enserré dans des bandelettes était placé dans une position assise, les genoux contre la poitrine, exactement comme la momie de Rascar Capac, « Celui-qui-déchaîne-le-feu-du-ciel ». Les Incas étaient convaincus que les vertueux iraient avec le Soleil dans un magnifique paradis qui ressemblait à la vie sur terre, en plus abondant, tandis que les méchants, les mauvais et les pourris, iraient plutôt sous terre, dans un lieu sombre et sinistre où ils ne connaîtraient que froidure et famine.

Tout cela est vérifiable et Hergé demeure toujours prudent sur le détail. Même la question morale élémentaire est sauve, quand un personnage anonyme demande : « Que dirions-nous si les Égyptiens ou les Péruviens venaient, chez nous, ouvrir les tombeaux de nos rois ? » Par contre, certains esprits chagrins reprocheraient à l'auteur d'avoir exagéré en laissant croire que les Incas fabriquaient des boules de cristal et qu'un gaz envoûtant pouvait être fabriqué à partir de la coca. Mais qui pourrait en vouloir à ce qui n'est après tout qu'une bande dessinée et une histoire fort bien tricotée ?

Cela dit, on pourrait reprocher à Hergé de n'avoir pas insisté davantage sur la dimension vraiment incroyable de son récit. Imaginez seulement que vous êtes Rascar Capac, « Celui-qui-déchaîne-le-feu-du-ciel », et que vous vous retrouvez, non pas au paradis avec Soleil, mais en Belgique vers 1948. Pensez à l'étonnement qui serait le vôtre. Vous aviez mené une bonne vie, la bonne vie de l'Inca noble, certain de partir droit au Ciel, et vous vous retrouvez bibelot dans le salon d'un américaniste, objet de curiosité au Musée d'histoire naturelle, parmi les bêtes et les plantes exotiques, ou pire, dans une vitrine du Musée de l'Homme.

Il n'existe assurément aucune déception pire que celle qu'apporte un cimetière de fausses promesses. C'est le plus durable des mensonges.

* * *

Des techniques perfectionnées de sondage de l'opinion des défunts confirmeraient qu'il n'est pas du tout nécessaire d'annoncer que le cimetière est près du fleuve. Surtout pas d'offrir une vue sur le fleuve. Inutile d'y planter des saules qui font semblant de pleurer. Mais peu importe, puisque ce lieu sert avant tout à refléter fidèlement les survivants.

Le cimetière annonce qui vous êtes et la société à laquelle vous appartenez. Les marginaux restent en marge. Les suicidés ont leur lot assigné, à côté des bébés non baptisés. L'argent acquis par Judas, pendu par le remords, servit à acheter un emplacement où enterrer les étrangers. Le jugement est moral, implacable, solide comme un monument funéraire où les distinctions sont gravées pour l'éternité.

Les cimetières rangent, classent et organisent : les pyramides sont rares, les champs interminables de petites croix blanches résument l'horreur de la vie militaire. Celui ou celle qui a prétendu que nous sommes tous égaux face à la mort n'avait de toute évidence jamais visité de cimetière.

SERGE BOUCHARD

J'ai souvent entendu dire que Montréal, parmi ses cimetières, possédait l'un des plus beaux du monde. Il s'agit bien sûr de celui de la Côte-des-Neiges. Il doit y avoir un fondement à la remarque puisque, dans les faits, il y a plus laid. J'en ai visité de très impressionnants dans bien des villes diverses et celui de la Côte-des-Neiges résiste aux comparaisons. La montagne y est peut-être pour quelque chose. Le site n'est pas piqué des vers. La lumière y est souvent superbe, les arbres ont la tête de l'emploi, il en est de très vieux, il en est de très rares, le terrain est immense, il y a là tant de cadavres enterrés que le visiteur se sent immanquablement écrasé sous le poids du nombre. Comme si les morts étaient chez eux et qu'ils faisaient sentir leur présence par-delà le silence. Les paysages d'hiver y sont inoubliables, ceux d'automne vous coupent le souffle, l'été le gazon est si vert que l'on s'installerait à dernière demeure pour encore mieux en profiter. En un mot, c'est beau à mourir. Ce cimetière-là a tant d'âmes sous sa garde qu'il a fini par en avoir une lui-même. Il répond donc tout à fait aux critères du symbolisme et du sacré. Nombreux sont les gens qui vont s'y ressourcer, s'y promener afin de reprendre contact avec une partie d'eux-mêmes qui, de nos jours, est méchamment maltraitée. Les uns reposent leur esprit en compagnie de ceux qui se reposent l'âme. Ce grand cimetière est devenu un lieu à fréquenter.

Il ne serait pas farfelu d'en faire la promotion.

L'Office de tourisme pourrait bien le proposer aux étrangers, sans que les morts s'en offusquent. Qui nous dit que les morts ne seraient pas heureux de donner un coup de pouce à la relance de la Ville ?

Si Montréal s'enorgueillit de posséder l'un des plus beaux cimetières du monde, la ville pourrait encore se vanter de posséder aussi le plus laid. Je parle bien sûr du cimetière de Pointe-aux-Trembles, jadis village, puis municipalité et maintenant quartier de la grande ville de Montréal. Pointe-aux-Trembles est une pointe d'une grande beauté. Le fleuve vous y fait des rives qui ne s'oublient pas. Au sortir d'un amont compliqué par mille et une îles et par de très grands lacs, le fleuve, finalement, s'enligne et se déploie. Mais le cimetière n'est justement pas sur la rive. De son cercueil, on ne voit pas l'eau. Vous vous doutez bien qu'il se situe plutôt au pied des raffineries, le long d'un boulevard, entre deux centres commerciaux. Les arbres y sont presque aussi morts que les morts. Ils sont rarissimes et maigrichons. Ce cimetière est un clos au milieu de nulle part. Pour se rendre du Canadian Tire au Dollarama, les passants le traversent sans rien remarquer. Il y a quelques années, des vandales sans cause y ont renversé de nombreuses pierres tombales. Personne n'en a fait grand cas. Les coupables sont dans la nature et aucune recherche n'a été entreprise pour les retrouver. Ils n'étaient pas coupables de grand-chose. Qui se soucie des pierres tombales de ce quartier ? Depuis, le bénévole de la fabrique contourne les pierres renversées au volant de sa tondeuse motorisée. Une pierre debout, une pierre couchée, qu'est-ce que cela peut bien changer ?

Mon père est enterré dans le cimetière de Pointe-aux-Trembles. Après un court séjour dans celui de la Côte-des-Neiges où, sous le coup de la perte, profondément désorientés, nous l'avions fait inhumer, il a fallu le ramener à sa vraie place, sur la vraie terre de son quartier. Dans le désordre de ses papiers personnels, après sa mort, nous avions en effet découvert cette dernière volonté. C'est dire combien mon père n'était pas au bout de ses tours qui nous faisaient tant rire. Par son choix en matière de cimetière, il est passé du plus beau au plus laid. Il préférait dormir au pied d'un Dunkin' Donuts plutôt que de s'emmerder à l'ombre de la tour de l'Université.

Où l'on voit que les cimetières, c'est comme le reste. Du plus humble au plus prétentieux, ils ont la valeur de ce que l'on met dedans. Pour moi, désormais, ce terrain perdu entre deux centres commerciaux est devenu le plus beau terrain du monde et dans ma tête, de maintenant jusqu'à l'éternité, il est béni, il est sacré.

Ce paysage vulgaire est tout ce qui me reste du rire de mon père.

* * *

Se faire refuser l'accès au cimetière, une fois mort, est une insulte suprême. Lorsque l'Autorité s'acharne sur le corps et que la sanction s'applique aux restes de l'humain, c'est que l'affaire est grave. L'exclusion post-mortem devient l'arme ultime. Ce sont en général les religions qui décrètent qu'on ne mélange pas les âmes. À chacun, non seulement ses rites, mais encore son style, ses règles et ses manières. Non seulement il faut gagner son ciel, mais encore faut-il gagner sa sépulture. Comme quoi le cimetière finit par être la copie conforme de la société, ce qui ne saurait nous surprendre. Du mausolée prétentieux à la fosse commune, nous passons par tous les types de propriétés. Il est des gens célèbres, des quartiers populaires, des terrains délaissés, d'autres trop bien entretenus. Il est des quartiers ethniques. Nous reproduisons là la seule chose que nous sachions faire : la démonstration de notre caractère fondamentalement borné. Les cimetières sont clôturés, les terrains sont arpentés, les tombes identifiées, chacun est à sa place, comme dans la vie, on se soucie de la qualité des voisins, et la porte est ouverte à tous les intégrismes religieux. On ne mélange pas les confessions, on ne mélange pas les genres. Ce qui peut conduire à la pire des exclusions : refuser son service à une âme en peine. Et la laisser pourrir devant le grand portail de son dernier repos.

BERNARD ARCAND

Le cimetière est une idée. Construction de l'esprit bâtie sur le mode du point et du contrepoint, le cimetière appartient à deux registres fort éloignés : il est à la fois matière d'éternité et matière à déchet, affaire spirituelle et matérielle.

L'écrivain Aldous Huxley était un grand maître du contrepoint. Dans un de ses romans, il raconte un concert où l'on joue la Suite en sol mineur pour flûte et orchestre de Jean-Sébastien Bach. Le rondeau évoque le chant solitaire d'une jeune fille qui pense à l'amour. La sarabande qui suit devient la méditation du poète sur la beauté du monde, une beauté que la musique communique sous forme d'unité parfaite, celle que l'intellect n'atteindra jamais et qu'aucune analyse ne peut saisir ; cette perfection dont l'être humain réussit parfois à se convaincre, quand il entend le chant d'une jeune femme ou d'un très beau matin, moment magique où l'on s'approche de la certitude. Mais n'est-ce qu'une illusion ? Ou la plus profonde des vérités ? Huxley ajoute : « Les musiciens continuèrent à frotter leurs crins de cheval résinés contre des intestins d'agneau tendus. Et la sarabande assura la certitude du poète. »

Il en est de même pour le cimetière. Cette façon d'aménager le territoire constitue le témoignage de la plus élémentaire religion. Les signes primaires du sacré sont inscrits dans le sol, car prendre le grand soin d'enterrer nos morts exige au moins la conviction minimale qu'ils ne sont pas encore au bout de leur histoire. Les vivants s'occupent des morts, cela apporte du sens à leur vie et affirme le côté sublime de leur existence. En contrepoint, un cimetière est aussi le lieu où se trouve rassemblé tout ce qui est hors d'usage, c'est la façon de se débarrasser des rebuts, vieux canots, chiens morts, pneus usés, autos accidentées et « pertes totales ». C'est en dessous du terre à terre. Cela résonne comme du crin de cheval mort frotté contre un intestin d'agneau décédé. Une musique sublime.

75

* * *

Malgré toutes les méchancetés dont s'est rendue coupable la conquête impérialiste de la planète entière par l'Occident, malgré le pillage honteux des richesses naturelles et culturelles de l'ensemble du globe, malgré le vol des ressources du tiers-monde, malgré tout le racisme et le mépris à l'endroit des autres, il reste néanmoins un point de tendresse dans cette machine infernale, un point faible dans l'armée du développement illimité de la modernité, un cran d'arrêt dans la marche du rouleau compresseur : le cimetière. Car, s'il est dans vos intentions de stopper la conquête de l'Ouest australien ou d'arrêter la construction d'une piste d'atterrissage en territoire inuit, ou si vous espérez détourner le trajet d'une route en Amazonie, il serait commode d'y découvrir un cimetière. Un cimetière en plein milieu du chemin de l'agresseur. Et de préférence, un vieux cimetière amérindien où sont enterrés de très vieux sages. C'est aujourd'hui votre meilleure chance d'émouvoir l'opinion. Car les Occidentaux n'aiment pas déranger les morts, qui les inquiètent. Les ossements ne sont donc pas si fragiles, on peut s'en servir comme digue ou comme rempart.

Ce respect du cimetière fournit l'occasion rêvée de lancer une vaste campagne d'enterrement stratégique. Vous aimez un coin de pays ? Un promontoire ? Un certain point de vue ? Vous aimeriez préserver un petit jardin tranquille dans lequel vous avez beaucoup travaillé ? Arrangez-vous pour y être enterré. Ainsi la nature sera protégée et vous pourrez dormir tranquille.

* * *

Depuis le temps, tout a sûrement été dit sur le cimetière comme lieu de transition, aire de passage, entre-deux, antichambre. André Breton voulait être transporté au cimetière par une voiture ou un camion de déménagement. Les moins doués et les plus langoureux parlent du cimetière comme du « vestiaire de la résurrection ». Les analytiques en parlent savamment comme d'une occasion de nous distinguer de l'animal qui n'enterre pas ses semblables et comme d'une porte vers le surnaturel et le divin. Le cimetière serait ainsi un double entre-deux : entre l'animal et l'humain mort mis en terre, entre cet humain et la vie éternelle. Bref, un poste frontière, un lieu de passage entre l'en-dessous, le Nous, et l'au-delà, entre la bête inhumaine et le Divin surnaturel, la grande porte de sortie vers une autre vie.

Ces beaux discours sur le macabre ne devraient cependant pas nous faire oublier que le cimetière a longtemps joué, également, le rôle de porte d'entrée. Car c'est souvent par le cimetière que l'on accède à la société. L'accouchement ne suffisant pas, il faut un supplément que procure le cimetière.

Demandez-le à ces urbains qui ont voulu quitter la ville pour s'installer dans un village de campagne et qui, après vingt ou trente ans, y sont toujours perçus comme des étrangers ; des gens sympathiques, certes, mais du monde qui n'est pas de chez nous. Chez nous, on y entre par le cimetière. Les familles qui n'ont personne, aucun parent dans le cimetière local ou, pire, ceux que l'on soupçonne de vouloir un jour retourner chez eux se faire enterrer, ces gens-là resteront toujours des étrangers. À l'inverse, les enfants du village qui ont quitté la région depuis des années pourront y revenir et s'y sentir chez eux, puisque neuf générations de leurs ancêtres reposent là, sous cette pierre tombale, incontestable et lourde de sens. Malgré les pierres, c'est au cimetière que poussent les racines durables. Il est donc normal que les citadins post-modernes, libres et sans attaches, ne sachent plus très bien où, pourquoi ni par qui être enterrés.

SERGE BOUCHARD

Je fus jadis enterré au pied de l'arbre auquel on m'avait pendu. La cérémonie fut aussi simple que l'exécution. Dans la terre dure et le sol sec, les bottes aux pieds. L'arbre était rabougri et solitaire, mes bourreaux ayant chevauché des heures avant de le trouver. À une journée de cheval de la ville légendaire de Santa Fé. Mais à mille milles de toute générosité. Mon corps fut placé dans une boîte toute simple faite en planches de pin. La pierre tombale était en bois aussi et les inscriptions étaient grossièrement gravées : ci-gît un moins que rien, dit le Borgne, alias le Maudit Chien. Né Dieu sait où et quand, mort ici, sans émotion ni repentir. Pendu pour avoir volé une pouliche aux chrétiens. Oui, dans une autre vie, je menais une vie solitaire dans les déserts du sud des États-Unis. Je volais des chevaux à la cavalerie mexicaine ou américaine et je les revendais aux Apaches. S'il m'arrivait de faire quelques dollars, ce qui était assez rare, je me rendais dans les bars de la région où, tel un étranger mystérieux et sans attaches, tel un homme dangereux et sans amis, je prenais une cuite au whisky, en retrait et sur mes gardes. On m'appelait le Borgne à cause de mes yeux, on m'appelait Le Chien à cause de mes yeux aussi. Fatigué, incompris, seul à m'entendre avec mes manigances, survivant à une blessure ancienne et traînant avec moi une si grosse peine, j'étais un hors-la-loi d'office. Bon à rien, un déjà mort qui s'occupe au vol et au commerce des chevaux, un dur à cuire, un qui cherche à mourir, voilà ce que j'étais, au siècle dernier, dans ma dernière vie avant celle-ci.

Aussi, lorsqu'ils me passèrent la corde au cou, je n'exprimai pas d'émotion. Le chef des soldats, un lieutenant je crois, me dit : « As-tu quelque chose à dire avant de mourir ? — Oui », répondis-je. Ce n'était pas facile car je n'avais pas dit un mot depuis des semaines, même s'il m'arrivait de tenir d'assez longs discours aux pierres et aux chevaux. « Je vous dis merci, car vous mettez un terme à une triste vie. Personne ne m'attend, je n'espère plus rien. Personne ne pleu-rera, ni le Bon Dieu, ni le Diable, ni vous, ni moi. En guise de der-nières volontés, je vous demande de tuer mon cheval quand vous m'aurez pendu. C'est un compagnon de route et il ne sera plus utile à personne dans la vie tandis qu'il pourrait peut-être me servir encore dans la mort. Qui sait? Enterrez-moi ici au pied de l'arbre. Mettez ma tête côté nord. Je crois que je m'en vais au nord, mainte-nant que je suis mort. Croyez-vous que le nord est moins dur à l'âme humaine…? » Le lieutenant devait en avoir assez entendu car les dernières paroles qui me vinrent aux oreilles furent : « C'en est assez, il est fou ! » Il parlait anglais, bien sûr. Cent ans plus tard, en 1967, je suis retourné en Arizona et au Nouveau-Mexique. Une force me poussait. Désormais Montréalais, j'avais un doute quant à mes véri-tables origines et j'avais souvent le sentiment d'avoir déjà vécu. Quelque part, en banlieue de Santa Fé, ce souvenir me fut confirmé. J'aurais retrouvé mes os si je m'étais donné la peine de creuser sous l'asphalte surchauffé du stationnement du centre commercial de Billington County.

Les cimetières les plus humbles sont voués à l'oubli. Mais il s'avère que les âmes reviennent toujours sur le site d'où elles sont parties, une fois libérées d'une de leurs nombreuses vies. Les âmes vagabondent peut-être, mais elles ne vont pas à l'aveugle. Elles ont des souvenirs et des sentiers, des places à voir, des paysages familiers. Elles vont d'un état à l'autre, de cimetière en cimetière afin de revoir ce qu'elles ont jadis été.

On sera surpris de mon penchant pour les westerns, la musique country et la poussière du sud-ouest. Ce qui est rabougri m'émeut. L'âme est plus forte que la mort, certes, mais elle ne comprendra jamais le côté tragique de la liberté. Ce qui, soit dit en passant, puisque nous ne faisons que passer, est la trame de tous les classiques du genre.

J'ai donc des os en terres apaches ; voleur de bétail et de vaches, qui me dira d'où je venais ? Sur la terre, chacun de nous possède plusieurs tombes et, quelque part dans le fond de nos têtes, nous en conservons le vague souvenir. Les âmes ne savent que partir.

■ Le commandant

SERGE BOUCHARD

Maître après Dieu, celui qui est aux commandes de quelque machine l'est finalement toujours. Le chauffeur tient votre vie entre ses mains. C'est d'ailleurs ce qui constitue fondamentalement l'engagement du conducteur, fût-il chauffeur de taxi, d'autobus, capitaine de bateau ou commandant d'avion. Dans chacune de ces professions, il y a ce caractère sacré de la responsabilité. Il m'est arrivé sérieusement de vouloir battre avec mes poings un chauffeur de taxi qui l'avait oublié. Cela dit, l'expression « maître après Dieu » est une expression qui possède un sens profond.

Voilà pourquoi le chauffeur privé du pape est le plus saint des hommes. Au moment où il conduit le souverain pontife dans les innombrables rues de son immense bergerie, il se trouve un instant entre Dieu et lui.

BERNARD ARCAND

Depuis plusieurs années déjà, on nous parle de ces ordinateurs qui, bientôt, contrôleront toutes les principales fonctions d'une habitation ordinaire et qui, au son d'une voix ou parce qu'ils auront été programmés, s'occuperont seuls d'ouvrir et de fermer portes et fenêtres, assureront l'éclairage et une climatisation impeccable, la sécurité absolue et la surveillance de l'ambiance. Nous sommes des primitifs, nous qui entrons à peine dans l'ère des grands systèmes intégrés de gestion de la domesticité.

On entend aussi dire, par ailleurs, que des ingénieurs japonais ont déjà mis au point un siège de toilette qui permet, chaque matin, de tracer un rapide bilan de santé de son utilisateur. Avec cet appareil merveilleux, quelques instants suffisent pour connaître l'état de la pression artérielle, la température du corps, ou pour signaler tout détail alarmant. Quoique demeurant encore relativement cher, ce siège-de-toilette-analyste-de-santé serait, dit-on, déjà en usage dans certaines des meilleures familles du Japon.

Or, comme on n'arrête pas le progrès, il est permis d'imaginer tout de suite que cet outil sera très prochainement intégré au système général de contrôle automatisé de la maison. Il semble même hautement prévisible que le siège des toilettes deviendra bientôt l'enclencheur premier de toutes les conséquences, c'est-à-dire le pivot de la gestion globale. À la suite de votre bilan de santé matinal, l'ordinateur central jugera bon de hausser légèrement le chauffage, d'enclencher l'extracteur à jus frais et de vous faire entendre de la musique baroque. Certains matins, il vous suggérera plutôt un café fort et de la musique funky. D'autres matins, la détection rapide d'un état de stress inquiétant imposera même que les fenêtres ne soient pas ouvertes et que soient maintenus le bruit des vagues et le fonctionnement de la couverture électrique.

Il est facile de prévoir que certains esprits s'inquiéteront de ce qui leur semblera bientôt constituer une perte d'autonomie et de contrôle au profit des techniques modernes de la gestion totale. Dans quelque débat prochain et malheureusement télévisé, on entendra dire que, désormais, c'est l'ordinateur qui nous commande. Il faudra alors rappeler que, au contraire, dans cette nouvelle organisation de nos univers domestiques, c'est le bilan de santé matinal, ce qu'on appelait autrefois l'humeur, qui déterminera tout le reste. Nos moindres pulsions deviendront des ordres. Jamais nous n'aurons été aussi parfaitement aux commandes de tout ce qui nous entoure. Devenus commandants suprêmes, pour la première fois maîtres chez nous ou rois du foyer, nous pourrons enfin oublier les tâches domestiques et nous consacrer entièrement à l'étude de nos humeurs.

■ Le crapaud

Serge Bouchard

Je plonge une autre fois dans l'univers de mon passé et j'y retrouve des crapauds à la pochetée. Nous jouions au hockey dans la rue et une balle bleu-blanc-rouge nous servait de rondelle. À cette époque pas si lointaine mais désormais fort éloignée en raison des progrès enregistrés dans le génie civil et public, les couvercles des puisards se distinguaient par la grande ouverture des fentes qui permettaient à l'eau de s'y engouffrer. Les ingénieurs d'alors songeaient à la course de l'eau, mais ils n'avaient guère de sensibilité pour les cyclistes ou même pour les handicapés. Mais ils oubliaient surtout les jeunes joueurs de hockey dont l'enthousiasme était trop souvent brisé par la chute de leur unique balle dans ce que nous appelions tout simplement le canal.

D'où ma spécialité. J'étais le seul dans le quartier à pouvoir récupérer ces balles perdues. Je descendais jusqu'au fond du trou d'homme, héroïque, admiré, et je compensais ma faiblesse au hockey par cet exploit particulier. À tous les coups, je trouvais un crapaud dans le fond, crapaud que je remontais à la surface en même temps que la balle, ce qui augmentait l'admiration de mon petit public. Mais la partie reprenait de plus belle, car les joueurs de hockey ne s'intéressent généralement pas au crapaud. Je restais donc seul avec lui et dix fois sur dix, je préférais sa compagnie.

Que de questions ne me suis-je posées au sujet du crapaud. Comment peut-on être aussi laid ? Comment et pourquoi arrive-t-on à vivre dans le fond d'un canal ? Par des voies souterraines ? Ou par le haut, en y tombant comme la pluie ? Pour les crapauds, ce puisard est-il un piège et un cachot ou bien un palace ? Cherchent-ils à sortir, tiennent-ils à rester ? Quelle est cette idée de s'asseoir, à la noirceur, respirant une fraîche puanteur, en apercevant la lumière au-dessus de sa tête ? Quelles sortes de relations entretiennent-ils avec les rats d'égouts ? Que savent-ils du vaste monde, les crapauds des puisards ? Comment se trouver une blonde dans un cercle aussi creux et aussi retiré ? Que faisaient ces crapauds avant l'invention des municipalités ? Que seraient les crapauds devenus s'ils s'étaient une seconde aperçus dans un miroir ?

De la sorte, je passais quelques heures à réfléchir. Bien sûr, le crapaud ne répondait jamais à mes questions. L'éloquence batracienne demeure une énigme pour l'homme.

Mais je cherche encore aujourd'hui ce livre, cette thèse scientifique qui aurait pour titre : « Le sale crapaud des villes : ses mœurs et ses coutumes, ses gales, son être et sa raison, les causes de sa reproduction, son amour des puisards et ses grandes ambitions ».

*   *   *

Je viens de lire un livre ancien, publié en 1861, dont le sujet est la métamorphose des animaux. L'auteur consacre un chapitre au crapaud ; il y raconte notamment une histoire aussi vraie que remarquable visant à démontrer que le crapaud peut se domestiquer.

Un gros crapaud vivait dans l'obscurité sous le balcon d'une maison isolée. Le voyant là depuis un an, le propriétaire de la maison entreprit de lui donner un peu de nourriture qu'il déposait sur le balcon. Le crapaud venait y manger. Cette nourriture était déposée là à heure fixe. Après une année de ce régime, le crapaud bondissait de lui-même à trois heures de l'après-midi de toutes les journées afin de réclamer sa pitance.

Mais ce n'est pas tout. Lentement, l'entraîneur l'entraîna à l'intérieur de la maison. Après vingt ans d'un semblable régime, les deux compères mangeaient ensemble sur la table de la cuisine. Et tous les jours que le Bon Dieu amenait, le crapaud sortait de son trou à midi, sautait sur le balcon, attendait qu'on lui ouvre la porte, bondissait à travers le salon et s'amenait dans la cuisine. Après avoir bouffé, il s'en retournait lentement. Cette amitié dura plus de vingt-cinq ans. C'est un visiteur qui, apercevant un crapaud dans le salon, et croyant bien faire en lui fracassant le crâne sur-le-champ, mit fin à l'aventure.

L'histoire ne dit pas ce qu'il advint du vieil homme qui avait consacré vingt-cinq ans de sa vie à l'élevage d'un crapaud auquel il s'était sûrement attaché.

L'histoire, d'ailleurs, ne dit jamais rien sur la solitude des hommes qui perdent tout sur un coup du destin.

■ Le dictionnaire

SERGE BOUCHARD

On a longtemps prétendu que la langue française avait un génie. D'aucuns ont associé ce génie à sa logique et à sa clarté conceptuelle. L'intellectuel français ne doute pas de la qualité supérieure de sa langue : le parlant français devrait pouvoir s'exprimer correctement et largement, sans contrainte. Cette conviction n'est pas sans conséquence depuis que l'on a pris ce génie pour du génie, classant les autres langues derrière. Erreur grossière, en vérité, qui dit que l'on pense mieux dans celle-ci que dans celles-là. À cet égard, relisez Sartre, tâtez de l'être et du néant. Vous découvrirez assez vite que Sartre prend les mots au sérieux, c'est-à-dire au pied de la lettre. Contre une philosophie allemande trop mollassonne à son goût, il célèbre la configuration cristalline des mots, croyant sûrement que la plupart des mots français représentent des victoires de l'intelligence universelle sur la confusion générale. Et Sartre de mettre de l'ordre dans tout ça. Libéré de sa gangue poétique et romantique, de sa fiente naturelle, en somme, le mot juste du penseur parisien s'arrogeait le statut de concept philosophique supérieur. C'est la manière de Voltaire. Or, il apparaît clairement que Voltaire n'aurait guère apprécié les idées de Lévi-Strauss, tout comme il aurait ridiculisé Camus. Car Voltaire n'avait rien à foutre des visions du monde et de la relativité ; c'était un béotien en ce qui concerne l'imaginaire. Relisez *L'Être et le Néant*. Pour le comprendre, il faut un dictionnaire. Et dites-moi si vous voyez une différence entre le chapitre 3 de ce pensum et la directive numéro 44 relative aux études d'impact prescrites comme préalable à un projet majeur d'aménagement et ayant trait au respect intégral des savoirs allochtones et autochtones dans les domaines cynégétique, halieutique et esthétique, sachant que l'on cherche à connaître la dose acceptable d'atténuation là où le promoteur ne peut pas faire autrement que d'impacter, et que cette mesure corrective sera administrée en tenant compte de la vulnérabilité relative des systèmes, c'est-à-dire selon un processus dit de suivi environnemental qui, à coup sûr, devrait sauver la vie de la plupart des écureuils roux qui peuplent le territoire. Parlez-moi de la phase euphorique d'un surmoi.

J'en conclus que ce qui attaque le cervelet des mammifères supérieurs, ce qui vous déroute un béluga, un épaulard ou un bon gars, c'est un trop-plein de mercure d'une part, et la lecture de *L'Être et le Néant* d'autre part. D'où l'expression : il en a perdu son *Robert*.

* * *

Procurez-vous le nouveau dictionnaire des langues sales. Vous saurez alors comment correctement médire, calomnier, bref, révéler des vérités. Il est encore possible de se spécialiser en achetant le dictionnaire des grandes langues, ces langues qui ne sont pas seulement bien pendues, mais qui sont sales en plus, ce qui permet aux vérités assassines de se répandre parmi le monde. Être ou avoir une grande langue, c'est pouvoir salir sur un très grand rayon. À la langue sale, à la grand-langue, vient s'ajouter la traditionnelle langue fourchue. Pas besoin de la définir, celle-là. Elle est sale, elle est généralement grande et comme son nom l'indique, elle est fourchue, ce qui nous rapproche de la langue du serpent.

Il est tant d'intentions, tant de situations, que la simple existence d'un dictionnaire nous rappelle à l'ordre des plus grandes dérisions. Car le dictionnaire prétend à la maîtrise du sens. Et le sens, cependant, échappe à cette tentative simpliste. Jankélévitch dit : « Ce que l'on conçoit bien ne s'exprime pas clairement ; la brachylogie, l'enthymème, l'allusion, la réticence et le silence mystique peuvent être plus expressifs et plus suggestifs que la loquacité… » Ce qui tombe sous le sens. On ne définit pas des mots qui, par définition, échappent à la dictée. Une société envahie par les dictionnaires est une société affaiblie sous le rapport de la pensée. Et je ne dirai rien de son imaginaire.

■ La différence

SERGE BOUCHARD

Georg Simmel, dans son essai sur la mode, écrivait que l'être fort et solide sait bien vivre en face de la vertigineuse particularité des êtres et des choses. Il ne s'ennuie jamais, celui pour qui chaque oiseau est différent, pour qui il n'y a pas deux moineaux pareils. Lorsque vous entreprenez de connaître personnellement tous les arbres d'une forêt donnée, cela vous garnit un agenda dans le temps de le dire. L'original n'est pas désorienté par l'originalité. Chaque caillou a son histoire. J'ai une pierre dans mon armoire, un galet rond du pays d'Albanel et de Mistassini. Cette roche est une mémoire. Je la consulte souvent, même si elle me répond toujours la même chose : les roches se font rouler par des forces obscures dont le dessein est de tout aplanir.

*   *   *

Il y a entre la redingote grise de Napoléon et le bonnet rouge de Cousteau un monde de différence ; c'est le monde qui sépare le vrai du faux. La redingote est vraie en ce sens qu'elle était portée par un véritable empereur durant ses véritables campagnes. C'est la redingote de la vraie réalité impériale et militaire d'une époque aujourd'hui révolue. Le bonnet rouge de Cousteau, le mariage de la fronde et de la flibuste, le monde marin qui est l'envers du monde, bref, la tuque du commandant pose, elle, tous les problèmes. Quel est son rôle dans la guerre des ratings ? C'est le signe spectaculaire d'une navigation qui fait des images superbes mais qui, par ailleurs, n'approchera jamais l'amorce du démarrage d'un voilier dont les respectables fantômes font maintenant naufrage aux tréfonds d'une tombe océane à l'intérieur de laquelle notre mauvais cinéma n'arrête pas de les faire se retourner. Entre le vrai et le faux, le pas de la différence est immense, surtout quand il n'y paraît pas.

*   *   *

Être ou ne pas être distingué, voilà bien sûr la question. Se fondre dans l'ensemble ou bien sortir du peloton ? L'univers s'interroge, c'est le vide qui répond. Or, que répond le vide, sinon rien ? Il n'y a rien dans le vide, ni procès, ni intention, ni procession. La parade est sans couleur, le spectacle sans distinction. Y a-t-il une différence entre le vide d'ici et le vide d'ailleurs, soit-il situé à trois milliards d'années-lumière ? Non, pas vraiment, et le premier astrophysicien venu vous le confirmera, l'univers est aussi vide que l'intérieur de l'âme des rats. Ce qui n'est pas rien.

La philosophie éternelle est donc battue par les deux termes de cette angoissante équation : vous êtes franchement unique donc carrément distinct, mais ne vous prenez surtout pas pour le nombril du monde, car votre distinction originale est d'une banalité colossale. Nous serons bientôt 10 milliards à prétendre à l'angoisse intime d'une conscience individuelle flagellée par le temps. La souffrance d'un seul homme sera toujours la somme de toutes les autres, elle sera toujours absurde, terrible, inacceptable. Statistiquement parlant, toutefois, elle est immensément normale. Durant les vingt années qui viennent, il est probable que le malheur frappera 80 % des êtres humains ; les autres peuvent toujours attendre.

BERNARD ARCAND

Il n'est pas nécessaire d'avoir un jour emprunté le chemin de Damas pour savoir que certains événements ont de graves conséquences, qu'ils engendrent la différence et qu'à leur suite la vie ne sera plus jamais la même. Mais il en va de même pour n'importe quel événement banal de la vie. Le temps fait sans relâche une différence : la vie est un mouvement perpétuel, tout instant nous change et demain ne sera jamais pareil. Chaque instant est forcément différent.

Par contre, certaines transformations ou changements nous paraissent plus remarquables. Par exemple, du point de vue de l'eau, quelques degrés peuvent facilement faire toute la différence. Une eau clapotante, qui a l'humilité de se faire sillonner par tous les paquebots du monde, profitera de quelques degrés de froid pour augmenter sa densité et devenir alors la redoutable glace qui aura la force et le culot de couler le *Titanic*. Ailleurs, une eau moins méchante profitera plutôt d'un réchauffement de quelques degrés pour échapper à l'humiliation des navires en s'évadant vers le ciel. Sous forme de glace, d'eau ou de vapeur, l'expérience de la vie de l'eau ne doit jamais plus être la même.

Mais cette affirmation banale peut aussi être fausse. Il se peut que la thèse de l'homéopathie soit juste et que la glace conserve la mémoire de ses états antérieurs. Peut-être que l'iceberg agit par esprit de vengeance et que la flaque d'eau dans laquelle vous sautez à pieds joints vous fera glisser et vous casser la jambe dans six mois.

L'argument paraît farfelu, mais c'est pourtant celui que s'obstinent à défendre les êtres humains depuis très longtemps. Car il leur serait intolérable de savoir que la vie est chaque jour nouvelle et différente. Trop de nouveauté, trop de quotidien imprévu deviendrait vite déroutant, car il faudrait alors chaque matin réinventer le monde et soi-même.

Il est donc essentiel d'engager une lutte contre la différence, de manière à affirmer et à bien faire comprendre que la permanence est réelle, que les choses durent et que la tradition est fiable. D'où notre intérêt pour l'habitude et la routine, le respect des coutumes et le conformisme orthodoxe. D'où la fonction salutaire du rituel qui chaque fois nous impose de refaire les mêmes gestes et de redire les mêmes paroles ; si l'on cherche à se convaincre de la permanence de notre monde, il ne doit pas y avoir trop, autant que possible, de différence entre la Noël de cette année et celle de l'an prochain. La sécurité n'est pas l'alliée naturelle de l'inusité, de l'inhabituel ou de l'inconnu. On se sécurise plutôt en niant et en effaçant les différences, ce qui incitera certains à placer un rouet ancien (qui ne servira plus) juste à côté du poste de télévision, ou une vieille charrue à bœuf sur un nouveau parterre de banlieue.

Parce qu'on veut éviter la déroute du changement et de l'incertitude perpétuels, on espère réussir à oublier le temps qui passe et la différence qu'il fait. On aplatit les généalogies : nos ancêtres deviennent nos frères et nos sœurs, nos enfants feront et seront comme nous. Tous, nous sommes solidaires, engagés dans une même œuvre et, malgré tout, il n'y a entre nous pas trop de différences. Et le temps ne passe pas.

■ Le dimanche

Serge Bouchard

En 1954, la Vierge m'est apparue. Cela se passait en la paroisse de Saint-Enfant Jésus, à Pointe-aux-Trembles. Que faisait la Vierge en ces quartiers ? Je ne saurais vous répondre. Il appert que la Mère de Dieu se fout des stéréotypes et des préjugés et qu'elle a tendance à se montrer là où elle veut. Quoi qu'il en soit, elle m'est apparue cinq ou six fois, rue Sainte-Anne, imaginez. Nous avons chaque fois longuement causé. J'étais un petit gars et ces rencontres m'ont vivement impressionné. « Si tu vas à la messe pendant cent jours d'affilée et si tu communies à chaque occasion, tu iras au ciel à coup sûr. — Alors, lui répondis-je, je pourrai oublier les dimanches et faire la grasse matinée ce jour-là durant toute ma vie ? — Oui, dit-elle, tu pourras faire comme tu le désires. Le dimanche est une ruse de Dieu, une façon de discipliner les cœurs et les âmes. Peu importe le dimanche à l'âme qui se contrôle. »

J'étais bien jeune pour soutenir une pareille conversation avec une aussi grande dame. « Pourquoi n'apparaissez-vous pas à un berger ordinaire en Europe, lui comprendrait », lui dis-je. Elle rétorqua :

« Mais je m'adresse au petit cul que je veux bien, mon enfant. Et tu comprends très bien ce que je suis en train de dire. Mon fils et mon beau-père compliquent la religion parce qu'ils n'ont pas confiance en l'humanité. Tout leur donne raison. Mais moi, qui suis une femme, j'ai le penchant de l'espérance, j'en ai le cœur aussi. Alors je te dis, si tu es bon, et je sais que tu es bon, ne te soucie pas des artifices. Oublie les uniformes, les habitudes, les trucs et les cossins. Il n'est pas besoin d'être un enfant de chœur pour être un saint ! »

Cela m'arrangeait drôlement, car je venais tout juste d'être expulsé de la confrérie des enfants de chœur pour cause de mauvais comportement. Fou rire durant la messe, clins d'œil à l'assistance, oubli des réponses, surplis fripé, je ne me souviens plus de ce qu'avait invoqué le curé pour prononcer mon excommunication. La Sainte Vierge, qui était une très belle femme, me confia d'autres secrets, à l'occasion de nos quelques rencontres : « Ne bois jamais d'alcool le dimanche, voilà un grand précepte. Le dimanche n'est pas fait pour boire de la bière. Qui boit le dimanche contamine son âme et devra se présenter au tribunal des ivrognes lors du Jugement dernier. Cela est mauvais et cela est très laid. Moi, qui suis une femme, je déteste les hommes qui se tiennent dans les bars, particulièrement le dimanche. Souviens-toi, les dimanches sobres sont importants. »

Je fis mes cent jours puis abandonnai toute pratique religieuse. Jamais je n'ai bu le dimanche, pour mon plus grand bien. Jamais non plus je n'ai revu Marie. Mais aujourd'hui, je comprends mieux. Elle répétait souvent : « Moi, qui suis une femme », et dans les faits c'en était bel et bien une. La Vierge apparaît là où elle veut, sous la forme qu'elle désire. En l'occurrence, elle avait choisi la rue Sainte-Anne dans la paroisse de Saint-Enfant Jésus. Elle était comme chez elle, me direz-vous.

En réalité, elle était la première barmaid d'un hôtel mal famé, angle Sainte-Anne et Notre-Dame. Que Montréal est sainte, que Montréal est féminine ! Angle Sainte-Anne et Notre-Dame, pendant de longues années, la Vierge a travaillé dans un hôtel pour saoulons. Maître barmaid sur la première ligne de la désespérance. À ces pauvres niais abandonnés de Dieu, elle apportait l'espoir, mais ils étaient trop vieux. Ils ne rêvaient que de la sauter, la Vierge. Moi, j'ai aimé cette femme, ce fut mon premier amour. Mais je ne pouvais ni la garder, ni partir avec elle. Non seulement étais-je un peu jeune mais, en plus, comment faire sa vie avec une apparition? Je devais me contenter de l'épier, le soir, quand elle sortait de l'hôtel : femme fatiguée, maganée, véritable apparition quand même.

À cause d'elle, je n'ai jamais fait la fausse pénitence des plus faux dimanches. Comme elle, je me tiens droit dans la défaite et je fonctionne à l'espérance. Le dimanche est une ruse de Dieu, disait-elle. Le véritable amour humain est un amour de semaine, un truc quotidien, une sorte d'accoutumance. Disons carrément les choses : les humains qui font leur malheur et celui des autres ont le repentir ponctuel et régulier. Ils s'endimanchent pour se laver. Les Sainte Vierge qui travaillent dans les bars sont sur le front d'une réalité qui ne ment pas. Elles voient l'homme comme il est. Comment voulez-vous que ces femmes acceptent que le dimanche soit seulement une pause hypocrite dans le filet de la bonté? L'hôtel et la boisson, disait la chanson, voilà la tragédie peut-être. « Tu peux boire comme tu veux, disait-elle, pourvu que ta boisson te rende tendre et amoureux, charitable et joyeux, pourvu en somme que tu boives la marque du bon Dieu. »

BERNARD ARCAND

« Au commencement Dieu créa le ciel et la terre ». Ensuite, il fit que la lumière soit et créa le premier jour. Puis il inventa le firmament, sépara la terre et les eaux, créa les astres, les végétaux, les animaux et finalement Adam et Ève. Le reste de l'histoire est bien connu. La création a été complétée en six jours et, tout le monde le sait, le lendemain, son travail terminé, Dieu se reposa. De là nous est venue cette notion de la semaine de six jours de travail suivis d'un dimanche de repos. Cependant, ce que la Bible ne souligne pas suffisamment, c'est que Dieu a entrepris son magistral travail créateur au premier de ces sept jours, c'est-à-dire le lundi matin. Il faut donc croire que la décision suprêmement cruciale d'entreprendre la création du monde fut prise la vieille, le dimanche précédant ce premier lundi matin.

La raison est simple comme un lieu commun : Dieu est un grand enfant qui s'ennuyait, seul, le dimanche.

■ La divination

SERGE BOUCHARD

Il y a de cela plusieurs années, je me promenais dans un champ de blé d'Inde à vache, dans le fin fond de la Roumanie, tout près de la frontière de l'Ukraine. Ce champ m'apparaissait immense et les petits sentiers terreux qui le traversaient exerçaient une forte attirance sur mon tempérament de promeneur impénitent. Le soleil se couchait. Au milieu de cette forêt de blé d'Inde, je fus aperçu par une jeune fille assise devant un feu de brindilles. En retrait du sentier, elle occupait une sorte de petite clairière résultant probablement de la mort précoce d'un petit groupe de plants de blé. Elle semblait appartenir à ce lieu mais il n'y avait rien autour d'elle hormis son faible feu. Peut-être vivait-elle aux alentours, je n'en sus jamais rien.

La jeune fille était une gitane parlant français avec un fort accent. La situation était intemporelle et même assez cocasse, moi qui me croyais absolument seul dans cet océan de blé, elle qui me voyait venir depuis un bon bout de temps.

Elle m'adressa la parole comme si de rien n'était, de la manière la plus naturelle du monde. « Monsieur, voulez-vous connaître votre avenir ? Pour un rien, pour ce que vous voudrez, je peux tout dire sur le sujet car je vois tout. Vous êtes un étranger et vous venez de loin. Voulez-vous savoir où mène votre route, je parle de la route de la vie ? »

Nous étions au mois de septembre de l'année 1972. Désarmé par des paroles aussi simples que profondes, je lui dis : « D'accord, voyons ce que tu sais. »

Ma réponse fut suivie d'un très long silence. Puis elle me prit les deux mains et me regarda bien droit dans les yeux, tout en continuant à ne rien dire. Le soleil venait de disparaître à l'horizon des têtes de blé et nous étions enveloppés d'une tranquille obscurité. Finalement, une faible lueur de flamme lui éclairant le visage, elle se mit tranquillement à me raconter ma vie future.

Il s'agit là d'une expérience peu commune et je ne recommande à personne de tout savoir sur ce qui doit lui advenir. Savoir où et quand, savoir qui et comment, c'est difficile, il faut le dire. Mais justement, la jeune gitane me fit faire le vœu du silence absolu à propos du contenu de ses visions. À la fin, étourdi, je me relevai et avant de partir je lui proposai quelque argent en retour de son service. Elle me répondit : « Tu peux garder tes billets de banque, tu en auras plus besoin que moi… »

BERNARD ARCAND

Les esprits faciles racontent que la divination est une occupation à la portée du premier venu. À les entendre, il suffirait de savoir jouer et profiter de la crédulité bonasse de la populace. Et tout ce que le métier exigerait, ce serait un minimum de bon sens, juste ce qu'il faut pour survoler une mer assombrie par le doute et l'angoisse. Comme le dit, dit-on, le dicton, le devin serait un borgne que ses fidèles suivent aveuglément.

La vérité est tout autre. Le métier de devin n'est pas si commode, il comporte des risques appréciables. Chaque fois que le devin prétend prédire les événements du lendemain ou ce qui se passe ailleurs, il ne peut rien au fait que demain vient vite et que l'on peut généralement aller voir ailleurs. La vérification est souvent aisée et tout devin court le risque de se tromper. En prédisant, il doit nécessairement s'avancer, prendre des risques, mettre sa réputation et sa carrière sur le billot. Tout le contraire de l'historien qui s'occupe de ce qui s'est déjà passé et qui, par la suite, en propose une lecture personnelle. Bien sûr, lire l'avenir exige une boule d'un cristal particulièrement pur et limpide, alors que le passé se laisse entrevoir même à travers des archives sombres et poussiéreuses.

Voilà pourquoi les devins durables, ceux et celles qui ont plusieurs années de métier, n'osent jamais prédire à la légère. Ces professionnels de la divination savent qu'il est essentiel de deviner mou. Ils savent prédire flou, jamais trop précis ni trop pointu. La technique est élémentaire mais cruciale, c'est en fait la seule véritable assurance de la profession. Le bon devin doit savoir annoncer que c'est « pour bientôt » ou « dans les jours qui viennent », mais sans préciser « mardi après-midi » ou « jeudi matin ». Il doit savoir révéler que « les choses iront mieux » tout en évitant d'ajouter que le client trouvera les 27 800 dollars qui lui manquent. Prédire un ennui de santé passager, mais ne jamais suggérer cinquante milligrammes de tétracycline. Laisser entendre que le bonheur est proche, sans spécifier qu'il s'appelle François ou Marie-Christine. Tout bon devin doit savoir assumer le ton vague qui laisse une pleine mesure à l'interprétation et assure qu'il aura toujours raison.

Il serait temps d'admettre que ce n'est pas une tâche facile. Car il est assurément plus délicat de prédire l'avenir que de donner des ordres ou de prodiguer des conseils. Sans leur dire ouvertement quoi faire, le devin sait respecter la capacité de ses clients d'interpréter ses annonces à leur pleine satisfaction. Le devin compétent, celui qui ne prévoit jamais l'incroyable, fait davantage appel à l'intelligence de ses auditeurs. Il leur fait confiance, il mise sur leur capacité à interpréter ses messages.

Voilà ce qui caractérise les amateurs de divination. Loin de former une classe de simples d'esprit naïfs et serviles, les gens qui consultent les devins doivent avant tout être perspicaces et intelligents. Le devin leur annonce trois fois rien et néanmoins, dans leur tête, la lumière se fait et tout s'éclaircit. Et souvent à une vitesse qui ferait rougir d'envie Maigret, Poirot ou Colombo.

SERGE BOUCHARD

La scapulimancie m'intéresse au plus haut point. Parmi toutes les pratiques divinatoires que l'homme a inventées, celle-là me semble la plus ancienne et la plus profonde. Les anciens Innus mettaient l'omoplate du caribou sur la braise dans l'espoir de pouvoir lire dans l'os le destin de leur communauté. Je crois au pouvoir de l'omoplate, j'ose espérer qu'il y a plus dans le dessin d'un os calciné que dans celui des feuilles de thé. L'épaule du cervidé porte la mémoire de chacun de ses pas. L'os plat enregistre les espaces parcourus, il incarne la ronde incessante des grandes migrations, les fuites et les marches forcées, le nouvel aller, le nouveau retour, le croissant du balancier, le cercle de notre propre tour. Si tu veux lire dans l'avenir, apprends à lire dans le passé. La vie, nous l'avons dans l'os.

Ce serait donc dans la mémoire que se trouve la clé du destin. Cette mémoire se concentre dans nos os les plus plats. Notre mémoire à nous n'est jamais insuffisante quand il s'agit de lancer nos programmes de lecture. L'ossature enregistre les données de l'espace, « ces jambes sont faites pour marcher », et le dessin de nos courses dit bien comment s'exerce la destinée. Dans la grande noirceur qui baigne la solitude infinie de nos soirées, le feu retient notre regard. Jetez-y un os plat de locomotion et vous le verrez noircir. Puis la surface se fendillera en autant de lignes illustrant des chemins. Ce sont les routes du destin. Mais qui saurait lire dans ce grand livre ouvert ? Notre nature est si sauvage et nos lectures si cultivées. Nous sommes ce que nous sommes et nous évitons soigneusement de nous envisager.

Saint-Hubert BBQ maintient le dernier contact avec la sagesse et la tradition du grand paléolithique. Nous sentons tous qu'une vérité très grave se cache dans les os du poulet. Mais nous restons muets devant les débris du repas, comme nous le sommes toujours devant les vieux manuscrits dont nous ne déchiffrons pas l'écriture. Il est vrai que poulet n'est pas perdrix et que la somme d'informations inscrite dans le squelette d'un coq rôti n'est pas pour vous remonter le niveau des connaissances humaines. C'est qu'il n'a pas vécu, le pauvre poulet, enfermé qu'il était dans son corridor de grande production. D'où son indéniable pâleur, sa fadeur, son manque de sens, son absence de goût. Reste que nous conservons le souvenir du « wish bone », nous sommes fascinés par ce vieil Y, symbole de la fourche. Oui, disons-le, la croisée des chemins est chose assez moderne. Il aura fallu multiplier les routes avant de finalement en tirer quelques croix. Quatre chemins sont nécessaires pour la raison des angles droits. Notre mémoire la plus ancienne se souvient du Y avant de retenir la croix. Nous avons, ancrée au fond de nous, l'angoisse de la fourche : prenons-nous la bonne voie ? À droite, tu te perds, à gauche, tu es sauf.

Mais comment savoir ? Sinon en lisant dans le livre des signes. Les os plats calcinés furent nos premières tables de la loi. C'était la loi du hasard et de la nécessité.

BERNARD ARCAND

Certaines choses ne sont jamais devinées. Et je ne parle pas des surprises que nul ne voyait venir. Citons l'exemple des saisons. La sagesse populaire, que certains prétendent infinie, permet de prédire si l'hiver sera court ou long, s'il sera dur ou doux. Il suffit de compter les pelures d'oignon, d'observer la quantité de noix mises en réserve par les hibernants, de mesurer la couche de graisse de l'ours ou de surveiller la marmotte qui jette un coup d'œil sur son ombre. Ces techniques amusantes, et bien d'autres encore, permettent de prédire le genre d'hiver que nous aurons.

Sans faute, chaque année, nous prédisons l'hiver. Jamais l'automne, rarement le printemps, quelquefois l'été. Nous voulons surtout connaître ce que l'hiver nous prépare.

La divination est une réponse aux questions qui nous préoccupent. Dans les temps anciens, les devins prédisaient la vie longue ou la maladie prochaine. Le thème devait être pris au sérieux à une époque où la vie était dure et la menace de mort, permanente. De nos jours, la divination s'intéresse davantage à l'amour et à la bonne fortune, thèmes qui semblent avoir remplacé la mortalité, réduite désormais au rang d'un secret dont personne ne veut plus discuter ou d'un banal calcul de fatalité statistique. Nous ne nous inquiétons plus de savoir si nous finirons en enfer. Ce qui nous préoccupe vraiment, c'est d'apprendre s'il y aura bientôt la fortune et l'amour et combien rigoureux sera l'hiver prochain. Nous sommes sans doute moins peureux qu'avant, mais beaucoup plus frileux.

SERGE BOUCHARD

C'est entreprendre un gros morceau que de s'attaquer au ciel. La clé de tout se trouve au-dessus de nos têtes. Je suis né à minuit deux, le 27 juillet 1947. Dans quel état se trouvait le ciel à la seconde où mon âme s'est pointée? Que faisait Jupiter dans l'angle du Berger et pourquoi cette nuit-là les étoiles ont-elles filé? Un météorite frappait un chien, en Palestine, le tuant sur le coup sous les yeux de son maître surpris. L'horloge marquait minuit deux à l'heure de la petite

Italie. Lorsque le médecin coupa le cordon qui me reliait à ma mère, le tonnerre se fit entendre et un orage mémorable s'abattit sur Montréal. On retrouva des centaines de loups morts, au Labrador. Ils avaient trop hurlé. La Lune, devenue folle, les avait brisés à force de les appeler. Des faits nombreux et étonnants se produisirent, tellement nombreux et à ce point étonnants que je les tiens pour secrets. Si je disais ce que je sais, vous me déclareriez fou, et je ne serais pas très avancé.

Cependant, vous vous en doutez bien, cette histoire est sans fin. Lors d'un colloque international où je tenais le rôle de savant que je suis, une femme m'interpella sur un ton excité. Elle m'attrapa au vol alors que je traversais une salle bondée de gens ; je ne la connaissais ni d'Ève ni d'Adam. Elle me pria d'accepter qu'elle regarde la paume de ma main droite. L'ayant fait, elle s'exclama : « Je le savais, je le savais, vous avez une ligne palmaire continue ! » Surpris d'apprendre ce fait mais ne sachant pas ce qu'était une ligne palmaire continue, je la regardai d'un air interrogatif et insistant. Elle se tourna vers ses amis et se mit à leur expliquer, à eux comme à moi, ce que signifiait cette extraordinaire découverte. « Sachez, Monsieur, que la ligne palmaire continue est une chose très rare chez les humains. Rarissime ! Regardez votre ligne palmaire, elle traverse votre main de part en part sans aucune rupture, sans s'interrompre ou se diviser. En fait, elle est parfaite et bien creusée. Elle est le signe d'un destin exceptionnel. Prenez-le comme vous voudrez, mais je suis émue de vous rencontrer. On ne rencontre jamais personne dans la vie dont la main droite est sillonnée par une ligne palmaire comme la vôtre. » Je continuai ma route et mes affaires en me demandant ce qu'elle voulait bien dire. Certains cyniques soutiendront que la dame avait d'autres intentions mais les cyniques n'entendent rien à la divination. Pour ma part, je préférai croire au sérieux du propos, d'autant que l'affaire du destin exceptionnel m'arrangeait un peu. Mieux vaut un destin exceptionnel qu'un destin ordinaire. Remarquez qu'il est rare qu'un diseur de bonne aventure récite l'annonce d'un destin plat et terriblement ordinaire. Par contre, la prédiction d'un destin exceptionnel vous relève le moral pour longtemps. Car alors, on attend. Tout peut arriver de contraire, de douloureux, de mal, on sera consolé, car l'exceptionnel s'en vient.

Depuis la reconnaissance de cette ligne dans ma main, je m'inquiète. D'abord, je me demande encore comment j'ai pu vivre si longtemps sans m'apercevoir par moi-même de la chose. Si je n'avais été interpellé par cette inconnue du colloque, j'aurais vécu dans l'ignorance de mon exception. Et puis, le doute persiste. Cette ligne palmaire ayant été mise au jour, voilà que je l'observe de temps à autre. Je lis dans ma propre main. Je remarque des détails mystérieux. Penchez-vous sur une ligne assez longtemps, vous finirez par lui trouver quelque chose. Ma ligne se distingue bel et bien par sa continuité mais elle est moins droite et moins creusée dans sa toute dernière partie. La fin de ma vie s'avérera peut-être fort compliquée. Les mots sont eux-mêmes compliqués. Quel est le sens véritable du mot exceptionnel? Nous pouvons être « exceptionnellement malheureux ». Je suis l'exception de quoi au juste? Ce n'est pas commode d'être l'exception de je ne sais quoi. Il y a tant de choses dont je ne veux pas être excepté.

Pour clarifier l'affaire, il me faudrait peut-être consulter. Mais alors, que me découvrira-t-on? L'inquiétude nous guide, l'angoisse nous conduit aux portes de ce type de démarche qui consiste à nous rassurer. C'est la peur qui nous pousse. J'ai peur de l'avenir, comme tout le monde. Mais j'ai encore plus peur de ce que le devin pourrait me dire. En un mot, rien ne pourra jamais me rassurer.

Je suis né sous un coup de tonnerre. Vais-je mourir dans un bruit d'enfer?

Quoi qu'il en soit, je commence à exécrer l'exception. J'aurais préféré des tourments ordinaires.

BERNARD ARCAND

Lors d'un récent colloque scientifique qui réunissait d'éminents spécialistes de la paléontologie et de l'évolution, on posa la question combien fondamentale de la datation précise des origines de l'être humain. Soit celle de l'instant précis où le singe cessa d'être un singe pour se transformer en Adam et Ève.

Selon les experts, l'une des pistes de réponse possible serait le moment où l'animal commence à s'inquiéter du lendemain. L'Homme avec un grand H serait devenu Homme avec un grand H dès qu'il a commencé à vouloir prévoir son avenir et à agir en conséquence. Au-delà des peurs ordinaires que tous les animaux éprouvent, au-delà des provisions de l'écureuil et de l'accumulation de graisse chez l'ours, l'être humain devise et calcule en fonction de l'avenir. Typiquement, il prévient, fait des plans, dresse des stratégies et organise de mieux en mieux ses lendemains.

Ce que ces experts nous disent, en somme, c'est que la divination est née dans les profondeurs de la nature humaine. Nous serions ce que nous sommes depuis que nous préparons l'avenir. En d'autres mots, selon les paléontologues, l'être humain serait fait pour l'inquiétude. Sans malheur, pas de progrès. Et notre inquiétude est tellement vieille, c'est si long trois millions d'années, qu'il ne faut pas se surprendre que nous ayons oublié depuis longtemps le plaisir simple et primitif de s'amuser follement sans penser au lendemain.

■ L'eau et la douche

BERNARD ARCAND

En fait, la douche n'est pas un endroit très dangereux. À moins d'appartenir à cette catégorie de gens qui font de mauvais rêves après avoir consommé trop de cinéma, bien rares sont ceux qui se font assassiner dans leur douche. Et on ne compte jamais le nombre d'individus morts dans la douche en fin de semaine. À cet égard, c'est plutôt la baignade qui est risquée.

Les personnes qui prennent des douches aiment à se tenir debout. On le voit tout de suite, c'est un instrument de droiture et de vigueur, un lieu intime où les jets sont puissants, les chairs raffermies et où il ne saurait être question de se la couler douce. La douche appartient à l'univers de la rigueur et de l'efficacité, de la vitesse et du respect de l'environnement.

Alors que le bain, comme chacun sait, est un lieu où l'on se glisse et où l'on se couche. Qu'il soit d'eau, de soleil, d'algues ou de boue, à la seule mention du mot « bain », nos yeux se ferment et on entrevoit la paresse et la langueur, la sensualité et la douceur d'un calme que l'on voudrait infini. Être dans le bain, c'est évidemment se compromettre, et on ne sort pas du bain si facilement. On peut y accoucher, on peut y naître ou, encore, y être vulnérable tel Marat, on peut y laisser sa vie, ou se l'enlever soi-même comme les Romains du temps jadis.

En ce qui concerne la sécurité, la vigueur et l'économie, tous vous diront que la douche est préférable. Et pourtant, sous un autre rapport, c'est plutôt le bain qu'il faudrait recommander.

Parce que la douche lave, rafraîchit, ravive, revigore et ravigote. L'effet est incontestable, certes, mais se limite à cela. Car à travers l'histoire de l'humanité, il semble que rien de grand ne soit jamais sorti de la douche, sinon ces gens qui se douchent, les yeux fermés et la bouche grande ouverte, se savonnent, se frottent et se grattent en chantant haut et faux une vieille aria d'opéra, un air de circonstance ou une marche militaire. Le plancher toujours glissant exige la prudence, et ce n'est pas le moment de se laisser aller à songer à autre chose.

Par contre, le bain fait rêver et éveille de bien bonnes idées. Et on devine facilement que, sans avoir nécessairement chaque fois crié

« eurêka », bien des archimèdes anonymes ont trouvé dans le bain les solutions aux plus lourds problèmes de leur existence. C'est dans l'eau calme d'un bain que l'on crée les points d'appui qui permettront de supporter le monde.

Il faut donc rester méfiant durant l'agitation et l'apparent dynamisme de la douche. Car c'est dans les eaux stagnantes que nous faisons les plus grands progrès et c'est surtout le bain qui laisse des traces.

*   *   *

Il y a des gens qui aiment l'eau. Dire simplement : « j'aime l'eau », c'est déjà dire beaucoup. Cette petite phrase est aussi courte que lourde de sens, elle est dense comme l'eau. Dire : « j'aime l'eau » en dit long sur notre condition liquide. Vivre au bord de l'eau rend l'être philosophe. Près de la mer, la marée et les vagues vous donneront le pas de la cadence cosmique, le plus vieux rythme du monde. Au bord d'un fleuve, vous serez pris au jeu du passage de l'eau, la matière du temps, absorbé par la poésie de l'irréversible. Et si c'est au bord d'un lac, vous logerez alors à la vacance de l'eau, dans la cuvette de sa retraite fermée, sur les lieux mêmes de son repos, là où elle est la plus douce. Dans tous les cas, l'eau donne à penser, mais de cette pensée sauvage qui, d'analogie en analogie, finit par vous emporter. Car l'eau emporte ; avec elle, il ne saurait être question d'autre chose que d'un retour aux sources. Voilà pourquoi se jeter à l'eau du haut d'un pont est à la fois l'acte le plus désespéré et le plus courageux qui soit. L'eau est tragique en ce sens qu'elle achève toujours ce qu'elle a commencé. Ce n'est pas pour rien que les êtres âgés aiment fixer l'eau, en particulier celle d'un fleuve. Ils se voient poissons, ils imaginent le fond, ils se voient emporter. Ils réalisent surtout que l'eau est le seul élément qui convienne au dernier passage. Leurs méditations les conduisent à cette sage certitude : mourir est un plongeon, cela n'a rien à voir avec une ascension.

■ L'emballage

SERGE BOUCHARD

L'emballage n'est pas étranger à l'ordre, au rangement absolu des choses au sein d'un monde enfin unifié. Une harmonie propre à la raison instrumentale y trouve son compte. Chaque chose est à sa place, bien identifiée, soupesée et enregistrée. Cela fait des rayons, des allées, des super et des hypermarchés. Sans la conserve, le papier, le carton, mais surtout sans le plastique pour envelopper la livre de viande ou la fourchette, elle-même en plastique, toute cette distribution serait impossible. Le marchand de détails soigne les détails, et l'emballage est son outil de base.

Georg Simmel insiste sur ce point qui relie l'esthétisme aux obsessions d'harmonie d'une société rationnelle. La beauté contemporaine est commerciale. L'emballage unifie le produit, il l'identifie. La forme décrit le contenu. Cubes, carrés, sacs et sachets, l'emballage est aussi un message, un message publicitaire. La beauté est aseptique, les produits sont hygiéniques, ils sont individualisés et cependant multipliés, les couleurs sont attrayantes, le bonheur est une affaire de symétrie. Cette symétrie nous offre une prise qui nous invite à prendre, c'est-à-dire à saisir. Il n'est pas de société de consommation sans industrie de l'emballage. Pour protéger, certes, mais surtout pour inventer la dimension esthétique de l'irrésistible tentation.

Voilà pourquoi une douce folie nous conduit à envelopper chaque bonbon à l'unité, chaque tranche de salami, chaque sachet de thé. Nous procédons à un découpage mécanique des portions en épicerie. Nous enveloppons chaque produit comme si chacun était l'unique et le dernier. En un mot, l'emballage individualise le produit tout en s'adressant à notre individualité. Cela n'est pas un moindre tour, cela demande de l'adresse. Tout est propre et bien rangé, les provisions ne viendront jamais à manquer. Dans notre panier à provisions règnent la loi et l'ordre, la véritable stabilité. D'ailleurs, vous pouvez facilement le vérifier. L'emballage, c'est notre familier, nos formes de références, un peu comme les véhicules automobiles. Lorsque nous sommes à l'étranger, les emballages des autres nous interrogent. Comme si, pour un instant, nous avions perdu la carte. Et c'est l'emballage qui donne la mesure de la différence culturelle.

BERNARD ARCAND

Les modes et les techniques d'emballage appartiennent originellement au vaste univers des moyens de transport. On enveloppe dans le but de transporter et chaque cargaison a ses caractéristiques propres : les appareils électroniques japonais doivent pouvoir résister aux typhons en haute mer, le bon vin ne voyage que dans des bouteilles aussi fragiles que lui, l'emballage discret de la cocaïne doit déjouer les meilleurs douaniers. Mais ni la nature du produit transporté ni les distances parcourues ne peuvent être tenues pour responsables de l'expansion récente des techniques modernes d'emballage. Il s'agit plutôt du résultat direct d'une multiplication des produits dans le commerce, mais surtout de la croissance phénoménale des acheteurs individuels.

Depuis que nous avons tendance à vivre en groupes restreints de quatre ou trois individus, en couples isolés ou même en solitaires, nos univers domestiques se sont remplis d'outils qui ne servent qu'aux six mois et d'instruments divers qui sont rarement utiles. À chacun son marteau, bien sûr, mais chacun doit en plus se procurer quinze clous de trois tailles différentes, neuf vis d'un certain type, douze d'un autre, chaque fois emballés en paquets minuscules. En même temps, tout ce qui ne peut se conserver longtemps doit donc être vendu et consommé en petites quantités. Alors qu'autrefois on achetait la farine en poche de cinquante livres et le tabac en boîtes métalliques de cinquante cigarettes, de nos jours les pamplemousses sont emballés par deux, le nombre de cubes de sucre diminue, le whisky s'achète en bouteilles miniatures et, comme les pilules deviennent chaque jour plus spécifiques, les flacons rapetissent forcément. Tout cela fait la joie et la bonne fortune des emballeurs qui profitent du fait que la masse grandissante des consommateurs est formée d'individus qui se veulent chacun, en gros, de plus en plus particuliers.

* * *

Comme disait André Agassi, « l'essentiel, c'est l'emballage ». De même, les couturiers demeurent avant tout des créateurs d'emballages et, quoique Hans Christian Andersen prétendît que l'empereur pouvait se montrer nu puisque son pouvoir suffisait à le vêtir et à le protéger, rares sont ceux qui peuvent se targuer d'une telle emprise sur la perception de leur entourage. Il paraît plus raisonnable de toujours conserver à l'esprit le rôle essentiel de l'emballage et de ne jamais perdre de vue que c'est enveloppée dans du plastique, propre et hygiénique, que la chair des animaux massacrés et dépecés devient présentable.

L'emballage demeurera toujours un outil de protection et de préservation. On emballe pour conserver : c'est une manière d'accorder au poisson le temps de se rendre à la maison. On sait que les aliments enfermés dans des sacs solides vont survivre à la froidure du congélateur et que les corps momifiés dureront des années. Surveiller et soigner l'emballage, c'est préparer l'avenir. Celui qui en maîtrise la science assure ses lendemains. D'ailleurs, de tout temps, ce fut notre meilleure assurance : autrefois, les puissants s'emballaient dans des pyramides ; hier, ils se congelaient dans des éprouvettes ; aujourd'hui, mûs par des préoccupations plus démocratiques et voulant accommoder le grand nombre, c'est la vie entière que nous espérons conserver en consacrant notre génie à la construction de biodômes. Il fallait y penser : pour sauver la forêt tropicale, il suffit de l'emballer. Le procédé paraît sans limites. Dans peu de temps, une génération enveloppera la planète entière dans un sac à fermeture hermétique qui flottera indéfiniment dans le congélateur cosmique. Comme si c'était de l'extérieur qu'il fallait se protéger.

SERGE BOUCHARD

J'ai fait jadis un long voyage à bord d'un gros camion qui transportait dans sa remorque fermée un chargement complet de « bâtons de popsicle ». La route était mauvaise en raison du dégel et nous sautions de bosse en bosse d'autant que, comme chacun le sait bien, les amortisseurs des camions ne valent pas ceux des belles voitures de tourisme. Chemin faisant, à la faveur d'une ouverture minuscule au bas de la porte arrière de la remorque, nous semions sans le savoir des bâtons à la pièce, comme le Petit Poucet laissant tomber des miettes de pain dans le dessein de retrouver sa route. À force d'être secouées, de nombreuses boîtes s'étaient ouvertes et des milliers de petits bâtons prenaient un à un le chemin de sortie. De la sorte, en suivant la piste des morceaux échappés, nous aurions pu « redécoudre » notre trajet et revenir à la source de notre voyage.

La symbolique de cette histoire a un caractère puissant, c'est une symbolique appréciée par tous les authentiques routiers. Si les « bâtons de popsicle » avaient été des pièces d'or et la remorque un coffre, imaginez la petite mort, la petite mort à petit feu. Sur la route de la vie, on ne revient jamais sur ses pas. Il n'y a pas de « reculons ». Ce qui est perdu est perdu. D'où la grande importance de bien assurer son voyage. Les routiers professionnels sont toujours fiers de « leur voyage » et c'est un drame que de le perdre en chemin, en tout ou en partie. Bien arrimer, attacher, « abrier », assurer son chargement est un principe du métier.

Le principe est sacré. Car la marchandise bien emballée ne risque pas de s'éparpiller, donc de se perdre. « Avoir un beau voyage », c'est avoir une belle vie. Perdre son beau voyage, c'est perdre cette vie. La mort, pour de nombreux auteurs, est un éparpillement, comme une enveloppe qui se déchire. Tandis que la vie serait plutôt une synthèse qui se tient, un ensemble, un paquet, d'ailleurs représenté par le corps dont on a souvent dit qu'il est l'enveloppe périssable d'une âme qui ne demande qu'à s'envoler. À ce titre, la vie est vraiment emballante et la mort est crevante.

Ce n'est quand même pas pour rien que nous emmaillotons les bébés. Il nous reste un fond d'instinct.

* * *

L'emballage fait partie intégrante du cadeau. Une surprise mal emballée est déjà une mauvaise surprise. Dès lors, le soin apporté au choix du papier est déterminant. Le papier est d'autant plus beau qu'il suggérera l'esprit du contenu : geste gratuit, produit inutile et joie. Ainsi vont les symboles de la fête, ils promettent beaucoup, en apparence. Il faut soigner les apparences, ne pas les prendre à la légère lorsqu'on entre en période de fête. Lorsque vous déléguez aux rubans et aux papiers la responsabilité d'emballer l'extraordinaire, l'inattendu et la rupture, lorsqu'un simple papier se trouve à remplir l'interstice entre la joie du moment et l'interminable ennui des intervalles, alors vous avez pénétré dans ce que nous devrions appeler les mystères de toutes les enveloppes. Le symbole de l'enveloppe, l'emballage coloré, tout doit être étanche et subtilement au point quand on crée à partir de presque rien l'image d'un cadeau, vertige absolu qui nous fait tant plaisir. L'habit fait le moine, tout est dans la manière, tout est dans l'emballage. Un cadeau enveloppé à la sauvette avec n'importe quel papier annonce une fête bâclée. À l'inverse, un emballage-cadeau choisi avec le plus grand soin, un emballage qui se tient parfaitement bien — agencement des couleurs, symétrie des motifs, répartition des plis — promet un beau cadeau, une surprise à l'intérieur. Pour une fois, à votre fête, en beauté et en couleurs, le monde s'équilibre entre le visage et le cœur.

N'oublions pas toutefois que l'emballage-cadeau, qui joue sur les plaisirs de l'œil, doit son efficacité à l'existence d'un autre type d'emballage, celui de l'intervalle, le sac de tous les jours, les enveloppes de la quotidienneté. D'où l'expression populaire au demeurant fort juste : la vie n'est pas un cadeau. Cet autre versant du monde entretient avec le premier le genre de rapport qu'a l'habit du dimanche avec le linge de la semaine. Lorsque l'emballage n'est déjà plus un cadeau, parce que la fête est bien finie, il devient un sac brun, un plastique transparent, un papier plat et gris. Sac à lunch, papier journal, papier brun ciré. Emballage anonyme qui ne sert qu'à emballer. Boîte non identifiée. Et c'est justement cette grisaille que la société commerciale de consommation veut effacer. La fête tous les jours, la joie de deviner, de consommer, la recherche de l'instant continu. Au centre commercial, il n'y a plus de temps de l'intervalle : après Noël, voilà la Saint-Valentin, Pâques, la fête de la Mère, celle du Père, celle du Travail, des Travailleurs, la Nationale, la Provinciale, la mienne, la vôtre, tout est prétexte à pavoiser et à rendre exceptionnel l'usuel. Les cadeaux, c'est excellent pour le commerce. D'où les couleurs sur les boîtes de céréales, les incroyables motifs sur les emballages de tout et de rien. La promesse est toujours brisée, le contenu décevant, tout cela est un échec, mais nous avons une propension inébranlable à succomber aux contenants. Jamais je n'ai retrouvé dans mon pot de confiture la fraise superbe qui en orne l'étiquette. Tous les matins, les yeux hagards, je fixe tristement le mystère de ma déception.

D'où cette difficile constatation. Le monde moderne est littéralement emballé, au moins autant qu'il est emballant. Mais, et c'est d'une grande cruauté, il ne tient jamais ses promesses. La tricherie est profonde. Très profonde. Jamais le contenu n'arrive à la cheville du contenant. Voilà pourquoi, autour de nous, tout semble si joyeux et si gai, au sein d'un monde sur-enveloppé où les gens ont en général perdu le sens de la fête à force d'ouvrir des boîtes vides, à force de déballer des paradis truqués. Lorsque les instants sont tristes, les intervalles deviennent insupportables.

BERNARD ARCAND

Il est vrai que les enfants s'emballent trop facilement et il est probable que cela soit imputable au fait que la plupart n'ont pas encore assimilé les raffinements du grand art de l'emballage. Il suffit pour s'en convaincre de les voir, un matin d'anniversaire ou un soir de Noël, arracher avec trop de vigueur les papiers colorés qui, à leurs yeux, ne font que retarder indûment la découverte du cadeau. Ils ne savent pas encore que, dans la vie, le plaisir ne vient pas nécessairement du cadeau, mais parfois davantage de son emballage, dont il faut savoir faire durer le plaisir. Roland Barthes disait avec admiration que, dans un spectacle de strip-tease, ce n'est pas la nudité qui fascine, mais la lenteur du déshabillage.

Pour éviter de se retrouver dans un monde de tout-nus ou de sans-culottes, il faut soigner ses emballages. Savoir maîtriser l'art de les défaire ou d'en remettre selon les élans et les replis de la séduction bien tempérée. Apprécier combien l'emballage est une occasion de faire preuve d'élégance et de politesse, tout le contraire du commun et du vulgaire. Apprendre, en somme, à imiter le modèle de l'oignon, celui dont on enlève progressivement les pelures pour se rendre compte, enfin, que c'est d'envie qu'il nous fait pleurer.

■ Les enfants

BERNARD ARCAND

Les enfants sont une insulte à la civilisation. Une insulte et un affront de tous les instants. Les enfants ne savent pas vivre. Par exemple, ils sont de toute évidence incapables d'apprécier le beau : montrez-leur un tableau de grand maître ou un paysage grandiose, les enfants réagissent en disant : « Ouais, ouais, puis ? » Et ils continuent à jouer avec un vulgaire élastique. Non seulement les enfants ne connaissent pas les bonnes manières et ne savent pas manger proprement à table, mais ils n'ont aucune appréciation de la cuisine. Leurs préférences vont toujours aux nourritures les plus sauvages : le miel ou la viande grillée et, si possible, avec du ketchup sanglant. Et ce qui est pire, les enfants pensent avoir le droit d'entendre la vérité sortir de leur bouche. Ils n'ont rien compris à la vie civilisée, toujours pleine de délicatesse, de discrétion, de maquillage et de simulacre. Les enfants rient des infirmes, disent que les vieux sont vieux, ils pointent le doigt vers les gros nez, les bedaines pendantes et toutes les laideurs qui passent. Les enfants n'ont pas encore appris à faire semblant.

On dirait qu'ils se prennent vraiment pour les animaux qu'ils imitent avec tant de plaisir. Et on ne peut même pas prétendre qu'ils sont mal élevés. C'est toute leur éducation qui est à faire. Et il faudra les corriger parce qu'ils ont l'air souvent très mal partis. Prenons comme exemple la plus ordinaire des garderies qui offre des cas de débauche que ne renierait pas le bordel le plus inventif. Polymorphes sexuels, les enfants montrent toutes les tendances, en plus de prendre un malin plaisir à gêner les adultes en parlant tout haut de sexe, de fesses, de pipi et de caca. La plupart des adultes vont rougir et se convaincre encore davantage que les enfants sont effectivement des brutes grossières qui s'amusent de choses vulgaires alors que les beaux sentiments les dépassent largement. Accuser un enfant d'être amoureux, c'est la vengeance de l'adulte. C'est là que l'enfant deviendra à son tour gêné et honteux. Il semble bien que la courtoisie, comme l'amour, soient des vocations tardives.

SERGE BOUCHARD

Les enfants nous font mourir, c'est bien connu. Du seul fait qu'ils existent, ils nous poussent dans le dos ; du seul fait qu'ils grandissent, ils nous rappellent à l'ordre du passage. Une génération pousse l'autre et rien n'empêche un enfant de pousser.

Quiconque a eu la charge d'un ou de plusieurs enfants sait trop bien à quel point cette charge transforme irréversiblement sa femme et son homme. Vous qui aimiez tant dormir, sachez que le sommeil n'existe plus. Vous qui aimiez le silence, sachez que vos oreilles seront mises à rude épreuve. Le cri du nourrisson est le résultat de plusieurs années de recherche dans le domaine du signal d'alarme. Vous qui n'aimiez pas vous mettre les mains dans la merde, vous ne ferez que ça, au moins pour quelque temps, et pour un petit bout d'être qui a l'intestin d'un géant. Sans parler de la pure aliénation de la routine : pas de relâche pour les éleveurs. Il faut sourire, nourrir, laver, protéger, abriter, abrier, pourvoir au confort total de ce parfait incompétent, et cette aliénation est dite naturelle, donc en principe incontestable, dans le domaine de la science comme dans celui du droit.

L'enfant est une charge, c'est ce que nous dit la loi. Ce que la loi ne nous dit pas, c'est que ces charges sont explosives. Personne n'a jamais traversé le champ miné de la reproduction sans y laisser un morceau de lui-même. Ces petites puces sont des poids lourds rapport à leur besoin d'amour. La seule façon de s'en sortir, c'est de payer quelqu'un que l'enfant fait mourir à notre place. Les riches ont depuis longtemps établi cela. Nourrices, tuteurs, gouvernantes, précepteurs, prématernelles, maternelles, pensions, écoles, collèges ; les riches ont établi ou fait la preuve que les enfants qui dérangent le moins sont les enfants que nous ne fréquentons pas.

Plus nombreux que l'on pense sont ceux qui, dans l'hypocrisie de leur intimité domestique, font tout pour les tenir à distance, utilisant toutes les ruses de la consommation électronique et vidéographique pour repousser les enfants en marge de la vie courante, là où ils ne risquent pas de nous déranger. L'enfant postmoderne est un enfant de l'obscurité. Un petit bouddha qui fixe l'écran de son ordinateur ou celui de son téléviseur, ne dérangeant personne au fond, du moment qu'il a sa pitance. Il apprend très vite à vivre seul sans prendre la peine d'exister, car il faut savoir qu'en plus nous prétendons les éduquer. Être confiné dans sa chambre en guise de récompense, il fallait y penser!

*   *   *

Les enfants sont des anges, dites-vous? Ce n'est pas là une bonne nouvelle. Jamais on n'a pu déterminer le sexe des anges. Certains anges d'ailleurs ont chuté et sont devenus démons. Sans parler du fait que les anges représentent une énigme pour l'esprit pratique. Comment faire l'éducation d'un ange? Si les enfants sont véritablement des anges, il se trouve alors que, pour les élever, nous devons leur couper les ailes.

■ L'enseignement

SERGE BOUCHARD

Si vous croyez que l'éducation ne sert à rien, essayez l'ignorance. La transmission du savoir est l'arme pricipale de l'humain dans son combat pour la survie. Notre espèce est sur ce point parfaitement unique sur terre. Notre succès se mesure à la qualité des savoirs qui se passent d'une génération à l'autre. Apprendre, c'est la condition de notre condition. Nous devons tout apprendre, nous apprenons jusqu'à notre mort. En effet, à cause de notre cerveau extraordinaire, nous avons un sérieux problème avec la mort. Au contraire de tous les autres animaux, nous savons que nous mourrons. Mais, contrairement aux autres animaux, nous ne savons pas mourir.

Le guépard court sans avoir suivi de cours, le poisson nage naturellement, l'oiseau ne met pas vingt ans à perfectionner son vol, mais nous, que faisons-nous ? Physiquement, nous sommes des animaux insignifiants. Dieu nous a faits insignifiants. Nu, l'homme est faible et ridicule. Les bébés chevreuils se tiennent debout sur leurs pattes quasiment en venant au monde. L'épaulard est si fort et si agile dans toutes les mers du monde que nous restons bouche bée devant les cabrioles de ce géant. Le vol, la dextérité, la vue, la force et la vitesse de l'aigle pêcheur nous font rêver. Il y a de quoi être jaloux. D'ailleurs, nous sommes profondément jaloux de la nature.

Car, comme il le fut remarqué à moult occasions, nous sortons du ventre de notre mère vingt ans trop tôt. Cela prend au minimum vingt ans pour faire de nous des êtres capables de nous tenir debout. Et encore. Nous sommes si complexes que nombreux sont les individus qui ne parviennent jamais à devenir ce qu'ils sont. Cela, Blaise Pascal l'a bien noté. Mais quelle est donc cette espèce animale qui investit presque un quart de siècle dans la formation de ses individus ? L'éducation n'est pas un luxe ou un choix : c'est une donnée d'espèce. De notre savoir dépend notre destin.

Quoi de plus bête en effet qu'un guépard qui ne sait pas courir, qu'un aigle qui ne sait pas voler, qu'un épaulard qui ne sait pas nager. Il n'est rien de pire qu'un être qui ne sait pas être.

* * *

Émettre est chose assez facile, quand on y pense. Transmettre est beaucoup plus difficile. Qui dit transmission dit articulation et gradation dans les rapports. La transmission est une multiplication. L'être humain est un communicateur tellement complexe que nous n'avons pas percé son mystère à ce jour. Ce qui nous semble mécanique à première vue, ce qui se prête aux analogies simplistes de l'électronique représente en réalité les limites naïves de notre compréhension. Nous ne sommes pas des émetteurs, nous ne sommes pas des récepteurs et les savoirs ne sont pas des messages. Un cours n'est pas une émission. Le cerveau de l'élève n'est pas ce réceptacle que l'on doit remplir, pour reprendre la vieille image du vieux Montaigne. Non, la communication est un principe de transmission qui est certainement très éloigné de ces modèles d'explication. La rencontre de deux intelligences est la réaction la plus subtile qui soit dans l'histoire de la vie.

Or il se trouve que le métier d'enseignant se trouve au cœur de cette affaire. Le professeur communique dans le sens de transmettre. Il éveille, il allume, il accompagne, il vérifie, il sent, il fait en sorte que l'assemblée des étudiants prenne et apprenne ce qu'il y a à prendre et à apprendre. Nous pouvons émettre à l'infini sans attendre de réponse. Mais nous ne pouvons pas transmettre dans le vide. Car transmettre dans le vide est un défaut de transmission. Cependant, rassurons-nous : nous sommes des êtres intelligents. Nous savons tous ce qu'est un bon professeur, même si nous ne savons pas vraiment comment il s'y prend pour transmettre avec tant d'efficacité le savoir qu'il possède. En ces matières, la compétence se constate plus qu'elle ne s'analyse.

Dans un autre monde, on parlerait de vocation.

Bernard Arcand

Il n'est pas nécessaire d'être un génie pour devenir enseignant. Et s'il est recommandé d'avoir une bonne santé, il n'est cependant pas requis d'être particulièrement grand ou costaud. Ce n'est pas non plus une exigence du métier que d'être beau, élégant ou sexy. Les vraies qualités essentielles de l'enseignant compétent sont d'une autre nature.

D'abord, il est fondamental que l'enseignant se montre juste envers ses élèves. Face à une classe d'enfants, il ne doit jamais accorder de traitement de faveur, il ne doit jamais utiliser deux mesures pour deux poids et il doit résister à la tentation de se faire un petit chouchou. Deuxièmement, les enfants doivent pouvoir se fier à leur professeur, ce qui exige de leur inspirer pleine confiance. Ainsi, le bon enseignant demeure fidèle et constant, il reflète la sainte paix intérieure. Enfin, le bon enseignant doit comprendre les petits êtres humains qui lui sont confiés et surtout savoir pardonner les erreurs et les gaffes de ces jeunes gens engagés dans un délicat processus d'apprentissage rempli d'embûches.

En somme, au-delà de la compétence et de la vocation, le bon enseignant doit se montrer infiniment juste, saint et miséricordieux. Cela ne vous rappelle-t-il pas quelque chose ou quelqu'un? Souvenez-vous de la page 4 du *Catéchisme des provinces ecclésiastiques de Québec*, Montréal et Ottawa (approuvé le 20 avril 1888, édition de 1944). Au chapitre deuxième, article 17, vous y trouverez la célèbre description du Tout-Puissant comme infiniment juste, infiniment saint et infiniment miséricordieux parce que infiniment parfait. C'est simple, voilà tout ce qu'il faut pour être un bon enseignant. Pas besoin d'être un génie, il suffit d'être parfait. On leur demande la perfection et c'est amplement suffisant. C'est clair et absolument divin.

Mais si tout cela vous paraît excessif ou décourageant, rassurez-vous, car il existe une solution immédiate : pour être bon enseignant, il suffit, exactement comme le Tout-Puissant, d'être profondément croyant. C'est-à-dire qu'il faut faire infiniment confiance et ne pas hésiter à prendre un risque infini.

Serge Bouchard

Il fut une époque où nous faisions un lien entre l'architecture d'un édifice et sa fonction. Nous vivions alors dans des cultures qui sacralisaient le lieu d'une action en la liant audit lieu. Il en va des écoles comme des temples. Pour prendre la mesure de notre culture, il suffit de regarder son architecture. Mon point de vue sur ce sujet est parfaitement rétrograde. Je suis frappé par la laideur de nos écoles modernes. Le phénomène dure depuis plus de cinquante ans et il se trouve que j'ai moi-même plus de cinquante ans. Rien ne m'aura été épargné.

J'ai commencé ma première année à l'école Saint-Enfant-Jésus de Pointe-aux-Trembles. L'événement comptait puisque l'école était neuve et qu'elle accueillait ses premiers élèves. Les tableaux étaient verts, ce qui représentait la nouveauté moderne. Il nous semblait que la craie suivait le train du changement : elle semblait moins poussié-reuse, plus blanche, plus mince, plus lisse. Mais pour le reste, notre école neuve montrait la forme d'une simple boîte carrée, aux briques d'un beige tirant sur le très drabe, le tout entouré d'une grande cour d'asphalte forcément neuve, gris foncé, noir propre. Je ne dis rien de la belle clôture Frost qui m'aura pour toujours donné une vision gris métallique et grillagée du monde. De cette école, j'aurai vu la nais-sance et la mort. Elle a eu une durée de vie de vingt-cinq ans. Aujour-d'hui, la bâtisse joue le rôle de résidence pour les vieux. Mon école a vieilli prématurément. N'en soyons pas surpris ; à l'origine déjà, elle ne ressemblait à rien. Elle aurait pu se prêter à tout, être un garage, un entrepôt, une usinette ou un mouroir.

Nous avons tous des souvenirs de cette formidable décadence. Depuis 1950, la laideur le dispute à l'insignifiance dans l'ordre du bâti. D'ailleurs, tout se ressemble, le bureau de poste, la caserne des pompiers, les banques, les édifices gouvernementaux, les maisons de rapport, les prisons, les bungalows. Ce n'est pas un hasard si ce sont les églises qui ont poussé le plus loin dans l'horreur. Elles étaient les plus belles, il fallait qu'elles deviennent les plus laides. Les écoles ont suivi dans la foulée. Mais soulignons ceci : une école qui ne ressemble pas à une école n'est pas d'avance. Il faut bien que bâtisse ait une âme. Si l'école était aussi sacrée qu'on le dit, cela se saurait, cela se verrait dans la qualité de ses murs. Toutefois, nous n'avons plus le culte des choses, c'est le cas de le dire. Le matériau l'emporte sur le contenu. Les murs sont des enveloppes et les enveloppes sont budgétaires. Nous avons une architecture qui nous ressemble. Les constructions sans âme sont peu propices à la construction de l'âme.

J'ai dans la tête certaines églises modernes où même l'idée de Dieu ne passe pas. Lui, qui est partout, déserte malgré tout certains endroits. Pour l'école, c'est pareil ; il est des constructions où l'idée de nous construire ne nous viendrait pas à l'esprit.

BERNARD ARCAND

Tout le monde sait qu'il y a beaucoup de choses à apprendre à l'école et que malgré leurs protestations, les jeunes n'en ont certainement pas trop de toutes ces années pour réussir à maîtriser le français et les mathématiques, l'histoire et la géographie, les langues étrangères et les sciences naturelles. Il y a en plus l'éducation physique, les sciences morales et les arts plus ou moins abstraits ou populaires, sans oublier qu'à l'extérieur des salles de cours, les jeunes profitent de la formation qu'apportent les activités parascolaires : les joies et les peines de la rédaction d'un journal, la participation aux sports d'équipe, l'organisation d'un spectacle de fin d'année. Dans tous ces cas, les jeunes parfont l'apprentissage de la discipline, de la rigueur et de la politesse. Ils doivent être à l'heure, savoir prendre leur place, faire leurs devoirs, écouter attentivement et sans déranger, apprendre à se taire, bref, tout ce qu'il faut pour se transformer par la suite en admirables citoyens. Tout cela est bien connu.

On pourrait ajouter que le milieu scolaire demeure l'endroit privilégié où l'enfant construit sa personnalité propre et son identité sociale. C'est le plus souvent à l'école que l'enfant se cherche en faisant l'expérience de ses relations avec les autres : Est-il le dernier à être choisi au sein de l'équipe de ballon-chasseur ? A-t-il du succès lors de l'élection du représentant de classe ? Est-ce que les autres rient quand il leur fait une grimace ? Se moque-t-on de lui à la récréation ? Voilà autant de questions essentielles dont les réponses enseigneront peu à peu à l'enfant qui il est. Est-il populaire, aimable, admiré ? Modérément marginal, différent ou handicapé ? Un peu trop gros, un peu trop laid, boutonneux ou niaiseux ? Rien de tout cela n'est simple ni facile pour personne. L'écolier affronte l'apprentissage de la vie en société. Cela aussi, on le sait très bien.

Par contre, il est une autre dimension dont on ne parle pas suffisamment : l'école se charge aussi d'enseigner aux jeunes que la vie est parfois dure, injuste, ingrate et brutale. Au-delà des matières reconnues et sanctionnées par le ministère, il est essentiel que les élèves comprennent tout de suite que le destin existe vraiment, qu'il se montre souvent intraitable et qu'ils n'y pourront à peu près rien. Car une fois entendus les beaux discours sur l'effort et la réussite méritoire, les promesses de récompenses méritées, ils doivent apprendre à survivre à l'injustice brutale et aveugle qui les attend à l'extérieur. Il s'agit d'une tâche délicate qui ne peut être mentionnée dans les prospectus officiels ni dans les discours de la rentrée gentils et optimistes. Néanmoins, c'est une tâche dont l'école s'acquitte admirablement.

Citons l'exemple de monsieur Ouellet, le titulaire réputé que tous les jeunes craignent. Responsable d'une classe de quatrième, le nom de monsieur Ouellet s'entend déjà dans les conversations des élèves qui n'ont pas encore terminé leur troisième. Le personnage habite leurs cauchemars durant tout l'été. Car ils savent qu'il y aura cinq classes de quatrième et tous souhaitent que le mauvais sort ne les envoie pas comme de misérables condamnés dans la classe de l'horrible monsieur Ouellet, celui qui est toujours triste et fatigué, celui qui ne rigole pas avec la discipline et qui, apparemment, ne sourit jamais. Quand viendra septembre, dans la cour de l'école ou au gymnase, ou par le biais d'une lettre discrète remise à chacun, vingt pour cent des nouveaux élèves de quatrième apprendront brutalement que les esprits malins de la direction scolaire les ont confiés à monsieur Ouellet pour l'année. Mauvais sort, malchance, *bad luck,* quel que soit le terme choisi, il faudra désormais composer avec la cruauté maudite du destin.

Le mode d'apprentissage est rude mais nécessaire. Certains enfants en sortiront grandis. D'autres traverseront toute l'année malheureux comme la pluie. D'autres encore risqueront le découragement et le décrochage. L'épreuve est cruelle, certes, et l'on peut comprendre les parents qui se plaignent de la répartition des classes et du mauvais sort qui afflige leur enfant. Mais peut-être faudrait-il se préoccuper davantage des autres, ces quatre-vingts pour cent d'élèves de quatrième qui se croient bénis des dieux parce que le sort les a mis à l'abri de monsieur Ouellet. Ils se considèrent chanceux, ils croient que leur bonne conduite leur a évité le pire des châtiments et que, après tout, il y a une justice. Attention, ces enfants sont mal préparés et la vie leur réserve des surprises.

■ Les étoiles

SERGE BOUCHARD

À quoi servent les étoiles ? La conscience humaine les a remarquées depuis son premier éveil. Il a bien fallu les apercevoir et leur faire une place dans notre tête. Un être, quelque part et pour la première fois, a forcément dû se demander : qu'est-ce que c'est ? Un être quelque part les a, pour la première fois, réellement fixées. Je crois même, sans en poser formellement l'hypothèse, que c'est en regardant les étoiles que la conscience s'est éveillée. D'où ce saut formidable et inexpliqué de la matière à la pensée. Oui, je pense que jadis, il y a de cela une centaine de milliers d'années, mais il serait ridicule de donner une date précise, un hominien bien constitué, un inconscient sur le bord de se mettre à réfléchir, bref, un animal bizarre et atypique s'est arrêté au sommet d'un buton, quelque part en Afrique de l'Est. Pour un moment, il a fait abstraction de son environnement immédiat, il a oublié les siens, ses pareils, son goût, son manger, ses penchants, ses réflexes, sa fatigue et les courses à faire, les gestes à répéter. Il s'est probablement accroupi, cuisses sur les mollets, comme on ne sait plus le faire, il a levé la tête et s'est mis à fixer le ciel par une nuit sans lune et sans nuage, dit autrement, par une nuit noire. Sans qu'il le sache, puisqu'il ne pouvait pas le savoir, notre sujet s'est mis à voir. L'illumination a besoin d'obscurité. D'un seul coup, dans cette tête, la première réflexion du premier homme s'est mise en forme. Ce fut probablement un choc, une vision fantastique, une image fascinante. Imaginez, l'étoile fut la première idée. Je suis sûr qu'il en eut la migraine, celui-là même qui devenait un homme. Cette nuit-là, sur un buton en Afrique, l'humanité venait au monde. Cela s'appelle une mutation. Mais une mutation génétique qui engendre la conscience est une mutation plus que remarquable, plus que colossale, plus qu'extraordinaire. C'est une mutation inexplicable qui, pour longtemps encore, demeurera inexpliquée. Car il en faudrait de la jarnigoine pour commenter le passage de la matière à son esprit. Il est probable que pour mieux le savoir, un niveau supérieur de conscience serait nécessaire, c'est-à-dire, si je ne m'abuse, une autre nuit, sur un autre buton, dans une autre Afrique. Sur la Terre, pour le moment, tout n'est que reflet. Nous disposons d'un éclairage. Nous ne disposons que d'un éclairage. Côté brillance du cerveau, il appert que nous procéderons par saut. Une première étincelle nous a, jadis, illuminés. Une seconde étincelle, un jour, Dieu sait quand et le Diable s'en doute, nous illuminera encore et réussira peut-être à réellement nous allumer. Autrement dit, nous sommes à présent assez bien éclairés, nous les êtres humains, mais nous ne sommes pas encore très brillants. Cela viendra, cela viendra. Nous ne sommes qu'un premier essai. De méchants philosophes pourraient même prétendre que nous sommes avortés. Quand les vrais hommes viendront au monde, peut-être faudra-t-il nous jeter? Comme nous avons nous-mêmes jeté Neandertal.

À quoi servent les étoiles? Elles servent justement à cela. Elles nous guident, elles nous situent, elles nous attirent, elles nous sollicitent, elles sont là pour nous faire grandir. Respectez les méditatifs, les atypiques, les inutiles, ceux et celles qui s'arrêtent et qui ne font plus rien qui fait le quotidien et l'important du commun des mortels. Respectez ceux qui recherchent l'altitude moyenne des butons anonymes, qui passent des nuits à ne pas dormir, qui passent des heures à fixer les étoiles, et qui espèrent désespérément le « flash » qui les fera voir autrement les choses. L'avenir est au firmament, l'avenir est aux étoiles. Nous muterons, c'est bien certain, il y a d'autres sauts et d'autres étincelles devant nous. Et pour cela, la tête tournée vers les régions du ciel, il faut se rendre sans relâche disponible au scintillement des choses.

Bernard Arcand

Les étoiles servent parfois de récompense. Les élèves attentifs voient leur enseignante coller une belle étoile dans la marge de leur cahier de devoirs, les généraux se mesurent par le nombre de leurs étoiles, les athlètes espèrent être appelés au match des étoiles, même les étoiles du spectacle espèrent une invitation à la nuit des étoiles. De telles récompenses doivent être méritées. Dans les univers de la compétition religieuse, militaire ou sportive, l'attribution d'une étoile vient couronner l'effort louable et le comportement admirable.

Sauf que, de nos jours, la récompense n'est plus si facile à définir. Nous appartenons à l'ère du respect prudent de la différence et nous hésitons à imposer aux autres ce que nous voudrions que les autres nous fassent, convaincus que ces autres ont probablement des goûts fort différents. Les récompenses doivent maintenant être ajustées aux particularités individuelles. Par exemple, la notion d'un paradis unique, uniforme et universellement séduisant, représente une proposition assez peu réaliste, sinon un bel exemple d'imposition autoritaire inadmissible. Nous approchons du tournant historique où il faudra bien admettre que les uns espèrent un paradis dans lequel, vêtus de longues robes blanches, ils formeront chorale pour chanter les louanges du Père éternel, tandis que d'autres préféreraient une salle de billard où ils écouteront de la musique country pour l'éternité. Avec toutes les variations de l'éventail des nombreux possibles, le monde moderne, se voulant tolérant de la diversité, est devenu très compliqué.

Or, il semble qu'à cette question de la variété infinie, il existe une réponse toute trouvée. D'abord, il faut rappeler que les nombreux individus qui affirment avoir un jour frôlé la mort, ceux qui disent être passés à un demi-cheveu de ne plus revenir et avoir vécu une expérience limitrophe, tous ces témoins racontent leur expérience dans des termes étonnement similaires : en particulier, tous mentionnent une lumière intense vers laquelle ils se sentaient attirés ; certains parlent d'un tunnel, avec une lumière très vive au bout. Serait-ce un interrogatoire serré aux mains de saint Pierre ? Ou le reflet des flammes de la géhenne ? En tout cas, c'est brillant.

Nous commençons à peine à étudier sérieusement ces phénomènes. D'un jour à l'autre, la thanatologie nous apprendra que cette lumière spectaculaire que chacun perçoit n'est en fait qu'une étoile. Notre étoile particulière. Car il existe dans l'Univers une étoile spécifique destinée à chacun de nous. Nous possédons tous une bonne étoile à laquelle il faut se fier, car c'est vers elle que nous irons un jour, parfaitement seuls et totalement heureux. Oubliez les chorales célestes et les voyages collectifs organisés vers Sirius, le seul vrai paradis sera privé et peuplé uniquement de plantes et d'animaux que nous aimons, de nos divertissements favoris et de tout ce qui saura répondre à nos moindres désirs. Chaque détail sera ciselé à la mesure de nos plus délicates envies et pour qui insiste sur la compagnie, il n'y aura sur cette étoile que des êtres parfaits, beaux, agréables, sexy, amusants, sympathiques, plaisants et stimulants. Plus question d'embêter les élus avec du chant choral ou de la musique country, le paradis postmoderne doit promettre la paix éternelle.

Voilà qui expliquerait pourquoi les étoiles sont innombrables. Elles doivent satisfaire tellement de monde : tous les morts anciens, et maintenant les modernes qui se réjouissent plus que jamais de ne jamais plus devoir partager leur éternité avec une masse anonyme d'inconnus grossiers.

SERGE BOUCHARD

L'Univers est rempli de débris. Il est encombré de cadavres et de restes. Car les étoiles meurent, elles explosent, elles implosent, elles s'épuisent, elles se cannibalisent les unes les autres, elles évoluent dans un monde dont la violence dépasse l'entendement. Pourtant, vu d'ici, le ciel de nuit nous semble bien tranquille. Les étoiles nous font plutôt rêver. On s'imagine volontiers en train de passer d'une étoile à l'autre, on se voit dans l'espace, voyageurs vertigineux, libérés de nos entraves lourdes et solaires, un jour dans une galaxie, le lendemain dans une autre, recensant un tas de mondes divers, orbitant autour d'une multitude de corps célestes, nourrissant notre appétit boulimique de curiosités, renvoyant à la Terre des messages fantastiques sur l'état des choses dans le champ des étoiles visitées. Cela s'appelle de la fiction, c'est-à-dire de l'invention. Nous avons inventé cette façon de voir le monde et nous l'avons ramenée aux dimensions de ce qui nous appartient. Nous voudrions retrouver la Terre un peu partout, question de pouvoir nous convaincre que nous ne sommes pas seuls dans cette immense affaire. Car si nous l'étions, seuls, seuls êtres vivants et conscients dans l'Univers, perdus sur un grain de poussière en bordure d'une galaxie très ordinaire, nous pourrions bien en prendre ombrage, nous pourrions bien être saisis d'un frisson fondamental, et ressentir la véritable morsure du froid cosmique. La fiction divertit, distrait et, à la fin, elle réchauffe et rassure. Cependant, et ce cependant ressemble à l'infini, il apparaît que les espaces interstellaires sont plutôt hostiles. L'Univers n'est pas une place sûre ni un endroit tranquille. Nous n'y verrions que du feu, s'il fallait nous approcher des étoiles étrangères. Balayés par des vents divers, de turbulences en turbulences, bombardés par des gaz et des poussières empoisonnés, nous aurions l'impression de plonger en enfer. L'Univers est une explosion qui continue à exploser. Soyons prudents, ne faisons pas de vagues, ne nous faisons pas remarquer, faisons comme si nous n'étions pas là. S'il fallait que la violence intrinsèque de l'Univers vienne se répercuter sur notre Terre minuscule, je crois qu'on s'ennuierait de notre mère. Nous sommes peut-être la seule oasis qui existe au sein d'une immense catastrophe. Et nous rêvons de sortir du havre pour aller explorer les tempêtes. Mais qu'y a-t-il là-bas? Sinon un tas de naines mortes, une myriade de géantes déréglées, des milliards de faux signaux lancés par des astres depuis longtemps transformés, devenus monstres, devenus carcasses éparpillées. Le maelström des marins superstitieux n'était que nid de poule au regard de ces trous noirs qui bouffent de la galaxie.

La vérité est dans l'alpha, elle est dans l'oméga. Entre les deux, trente milliards d'années d'explosions nucléaires, de morts d'étoiles, de collisions et de matières, des milliards de milliards de morceaux divers qui se dispersent sur quarante couches d'Univers, et, perdue au milieu de nulle part, invisible, une planète bleue, une boule respirable, un micromilieu inaperçu, un grain de paix.

Autrement dit, aux yeux de l'Univers, la Terre n'existe pas. Elle est bien trop petite. La nuit, nous devrions éteindre, pour qu'aucun malheur naturel ne nous remarque. La nuit, il nous faudrait éteindre et nous fermer la gueule. Imposons le silence, le véritable couvre-feu. Soyons aussi terrestres que casaniers. Déclarons-nous heureux d'avoir une journée d'oxygène plutôt qu'une pluie de feu, d'avoir de l'eau en masse plutôt que de l'ammoniaque en partage! Au sujet des étoiles, arrêtons là nos histoires et devant la toute-puissance de l'Univers archiviolent, labourons nos vieux champs, courbons le dos, plions l'échine et fermons-nous les yeux. En un mot, faisons ce que nous sommes faits pour faire, prions. Pour que le ciel ne nous tombe pas sur la tête. C'est les Gaulois qui avaient raison!

*   *   *

Il y a des étoiles dans les larmes. C'est l'infini de notre peine qui vient ainsi reluire sur le bord de nos yeux. Un bébé qui pleure montre sa vraie nature. Nous sommes tous les enfants des étoiles. Et avant que la vie ne nous gâte, c'est-à-dire ne nous encroûte, nous réfléchissons encore de la poussière d'étoile. La vie ne nous a pas encore complètement lavés. Nous ne sommes pas encore secs. Il est bien vrai que dans l'œil des bébés, il y a de ces reflets dont la beauté est irréelle. Les mères, qui l'observent depuis toujours, n'ont jamais su vraiment l'expliquer. Pourquoi expliquer l'évidence ? Où sont les êtres avant de venir au monde, sinon quelque part dans le ciel ? Les étoiles représentent notre passé, elles représentent notre avenir. Mélangées dans le ciel de nuit, certaines étoiles sont les âmes de nos disparus, d'autres sont les âmes à venir. Dans les limbes et rendues jusque-là, les âmes n'en font plus de cas. Devoir être ou bien avoir été, c'est pareil. Nos larmes sont le trait d'union entre ceci et cela et il n'y a pas à se surprendre le moins du monde de voir dans celles-ci le reflet de nos vraies origines. Il y a des étoiles dans nos larmes parce que nous venons des étoiles et que nous y retournons. Quand les larmes sont pures, quand la peine est sincère, quand notre cri prend sa racine dans le fond de notre cœur, il est difficile de cacher son identité. Si je t'aime « gros comme le ciel », « gros comme le ciel » je souffrirai.

La voûte céleste, que nous avons au-dessus de nos têtes depuis toujours, n'existe pas. C'est à vrai dire une réalité virtuelle. Nous nous croyons immensément malins parce que nous commençons à manipuler de l'image virtuelle et nous en faisons le point crucial de notre grande modernité, alors même que la virtualité est la loi universelle la plus ancienne qui soit. Un peu comme si les savants nous annonçaient une grande découverte : la nature existe et, qui plus est, la nature humaine aussi.

Le ciel rempli d'étoiles est la preuve de la virtualité, la preuve de la nécessaire condition de l'imaginaire. Quand on regarde en l'air, l'image est virtuelle, aucun corps céleste n'est en l'état, nous sommes en face d'une construction de l'esprit. La nature profonde de l'Univers, en raison de la relativité du temps, en raison de l'immensité du cosmos, répond tout à fait à notre façon de penser.

Il est impossible d'être concret et terre à terre lorsqu'on envisage l'Univers. Cette lumière, ces ondes et ces particules, que nous captons et percevons, proviennent toutes de points différents qu'elles ont depuis longtemps quittés. Nos clichés sont des instantanés d'un incroyable différentiel. La carte finale est plus un amas d'archives et de traces qu'une photo de la réalité. Après tout, quinze milliards d'années d'histoire de la matière nous sautent dans la face. Regarder le ciel, c'est regarder en arrière. Chaque point lumineux a son histoire spécifique, il a sa place relative dans le temps et dans l'espace.

Tout cela n'est plus, depuis longtemps. Chaque étoile a sa façon à elle de ne plus être. Voilà pourquoi l'observation du ciel fait des astrophysiciens des historiens de la matière. Ils cherchent à expliquer ce qui s'est passé afin d'en tirer quelques lois. Mais l'actuel leur est interdit. Le véritable ciel rempli de vraies étoiles concrètes telles qu'elles sont en train d'être nous est à jamais voilé. Nous travaillons toujours dans le virtuel. Nous travaillons depuis toujours dans ce registre et ce n'est pas demain la veille que les choses vont changer, quoi qu'en disent les Lumières. Nous avons l'irréel en héritage. Pensons-y deux secondes avant de vilipender l'imaginaire et de le repousser aux ordures de notre conception du monde. L'astrophysique, cette science remarquable, ne serait rien sans lui. En son domaine, la poésie ne fait jamais offense à sa preuve. Ce monde que nous ne pouvons voir, nous devons bien l'imaginer. Et ce n'est pas parce que le ciel étoilé n'existe pas qu'on s'empêchera de le contempler.

BERNARD ARCAND

Il n'y a jamais eu de religion supérieure. L'anthropologie sociale, qui s'est pourtant beaucoup intéressée au sujet et qui a tracé l'inventaire patient de centaines de religions à travers le monde, n'a jamais réussi à démontrer s'il valait mieux vénérer tel ou tel Dieu, ou craindre une variété particulière de Diable plutôt qu'une autre. Si l'on croit savoir qu'une certaine dose de bonne religion peut faire du bien et que les humains sont naturellement disposés à croire en un ensemble d'idées qui donnent au monde une cohérence minimale, il n'est toutefois pas scientifiquement justifié de conclure que le taoïsme est meilleur que l'hindouisme, qui serait supérieur à l'islam, lui-même au-dessus de la religion maori, et ainsi de suite.

On ne pourrait pas poursuivre ce genre de comparaison sérieusement. Et c'est justement pourquoi cette farce avait été mise en scène par les animateurs de l'ancien *Goon Show,* programme de la radio britannique qui réunissait autrefois des amuseurs aussi illuminés que Peter Sellers et Spike Milligan. Ces joyeux drôles avaient organisé une évaluation des religions humaines sur le modèle du « Consommateur averti », en traçant avec minutie la liste des avantages et des coûts de chaque religion connue. Ils mesuraient pour évaluation, entre autres, la quantité d'efforts requis, le nombre de messes auxquelles il fallait assister, le poids de la culpabilité, l'étroitesse de la rectitude, les indulgences à acquérir, les dîmes à payer, le caractère plus ou moins pénible des divers purgatoires et la sévérité de l'enfer, ainsi que tout ce qu'il fallait faire avant d'accéder à la récompense du paradis, lequel était lui-même évalué selon la qualité de la nourriture, le confort des vêtements, la douceur de la musique, et le reste. Chaque religion pouvait recevoir des étoiles, comme dans le premier *Guide Michelin* venu. La conclusion, toute britannique, affirmait que, pour le même prix, le meilleur choix du consommateur demeurait l'Église anglicane, pas trop menaçante et qui exigeait finalement très peu d'ascétisme pour une éternité paradisiaque un peu plate mais tout à fait acceptable. L'émission fit scandale et la reine, chef de l'Église anglicane, *was not amused.*

Distribuer des étoiles aux religions du monde est un exercice délicieusement farfelu. Cependant, malgré tous les travaux missionnaires, la notion de religions comparées paraît tout aussi tordue. Même les croyances les plus simples et les plus raisonnables, par exemple l'idée de remercier le Soleil qui se lève dans les Andes et vient réchauffer lentement les corps et consoler les âmes après une nuit très fraîche, même ce genre de religion manifestement concrète et sensible ne s'impose pas d'emblée par simple nature. Les sociétés andines ont opté pour la vénération du Dieu Soleil, leurs voisins proches ont souvent fait d'autres choix. Tout demeure, comme on dit, affaire de perspective. Et il n'y a peut-être jamais eu autant de diversité que dans nos contemplations de la voûte céleste : les Pléiades, la Grande Ourse, Orion, l'étoile Polaire, chacune sera déclarée, ici ou là, importante ou secondaire, vivante et divine, mâle ou femelle, animale ou mythique, bienveillante ou agressive. L'esprit allume et l'imagination scintille. Ainsi, la Voie lactée, qui court dans l'axe est-ouest comme le Soleil et la Lune et qui est couramment perçue comme un sentier ou une route, sera, dans telle ou telle société, comprise comme la couture centrale du ciel qu'il faut surveiller pour tout signe de fatigue ou comme le chemin des animaux tués à la chasse et qui doivent parcourir la voûte céleste avant de reprendre vie et de revenir sur Terre pour la suite du monde et de la chasse. Ailleurs, la même Voie lactée est le chemin des morts créé par l'incinération des corps qui fait monter au ciel une fumée blanchâtre où attendent les esprits décédés jusqu'au moment de revenir sur terre fertiliser une femme et se réincarner. Il s'agit pourtant de la même lueur nocturne, que certains décriront tout bêtement comme « laiteuse » et que d'autres prendront comme thème de science-fiction, des mêmes étoiles, des mêmes agglomérats, qui peuvent être lus à l'endroit, à l'envers, de gauche à droite ou en constellations, selon les inquiétudes et les intérêts du moment.

Voici un autre exemple. Les aurores boréales étaient vues par certains habitants des régions nordiques comme le reflet de la danse de feu des fantômes, conception sans doute un peu dérangeante. Quant aux anciens Germaniques, ils y voyaient plutôt le reflet de la splendeur des boucliers des Walkyries. De nos jours, les modernes s'exclameraient probablement : « C'est bien beau, bien impressionnant, les aurores boréales. » Les plus curieux feraient appel au dictionnaire, où il trouveraient l'inscription suivante : « bombardement des molécules de la haute atmosphère par les rayonnements corpusculaires du Soleil. » C'est apparemment tout ce que les auteurs ont trouvé, une formule qui stimule l'imagination. Faudrait leur décerner une étoile !

SERGE BOUCHARD

Il y a un ciel jusque dans le fond des océans. Obscurité des grandes profondeurs. La nuit est permanente, tout n'est que froideur et noirceur. Comme un cosmos liquide. D'où, pensez-vous, viennent les étoiles de mer ? Sinon de ce ciel à l'envers, à partir duquel les étoiles remontent plutôt que de tomber. Il y a un ciel dans le fond des océans. Les étoiles, à force de se réfléchir dans la mer, ont fini par la pénétrer. Tout le monde sait que la vie est le fruit du mariage entre l'eau et les étoiles. Nous venons des étoiles, nous venons de la mer. Et nous vibrons aux deux comme des enfants en face du merveilleux et du mystère. Ce soir, la mer est d'huile, les astres sont lumineux, l'air est doux et pacifique, la paix est propice à l'enfantement du monde. Quand les étoiles tombent à l'eau, il y a matière à fertilité. Les étoiles de mer, qui échouent à la surface et sur les plages, sont des messagères : voyez comme l'Univers sait faire autre chose que du mal et de la violence, il lui arrive aussi d'ensemencer de la beauté.

BERNARD ARCAND

Georges Méliès, l'un des grands-pères du cinéma centenaire, était un magicien qui réussissait de véritables miracles sur pellicule. Il avait tout de suite compris qu'à l'instar des étoiles, le cinéma serait affaire de scintillement, de clignotement et de clin d'œil, de pulsion et d'impulsion. Dans des salles obscures où l'on venait rêver, Méliès organisait des voyages à la Lune et sa compagnie de production s'appelait Star Films. Depuis cent ans, la magie continue de jouer et le cinéma, que l'on prétend affaire d'argent et de talent, demeure un culte religieux largement centré sur les étoiles. L'industrie s'appuie sur le star-system, la vénération de la vedette, qui souvent détermine à la fois la production et la distribution. Jouer dans un film, c'est presque déjà devenir une star, comme le disait Ringo, lui-même Starr, chantant « Vous me verrez bientôt au cinéma, je deviendrai une grande star, puis-je emprunter votre auto ? » Tous les cahiers du cinéma du monde, comme le faisait l'astronomie ancienne, cherchent comment distinguer les étoiles fixes et durables des étoiles errantes, mobiles et filantes. Il est essentiel, dit-on, de savoir reconnaître les joyaux éternels comme le Star of India ou le Star of Africa dans l'univers vulgaire de la pacotille brillante pour œil mal averti. Les investisseurs recherchent les étoiles naissantes, d'autres vouent une véritable dévotion aux starlettes. Les cinéphiles sont des dévots. Nuit des étoiles, soirée des étoiles, match des étoiles, guerre des étoiles, firmament de vedettes, tout cela scintille, brille, les divertit et les étonne. Simple question de pulsion et d'impulsion, dirait Méliès. Ce qui démontre que le rêve demeure notre vœu le plus cher, notre ambition privilégiée et notre plus grand talent.

▪ Être en forme

BERNARD ARCAND

Une grande chaîne de magasins très connue vient de nous avertir que nous sommes actuellement dans le mois de la culture physique et que c'est donc le bon moment pour acheter les appareils qui nous permettront de faire des exercices réguliers, de quinze à trente minutes par jour, lesquels, proclame la publicité, nous procureront un sentiment de bien-être et d'accomplissement. Parmi ces instruments de la grande forme commerciale illustrés dans le dépliant publicitaire, on trouve les inévitables bicyclettes stationnaires qui possèdent maintenant un mécanisme de réglage motorisé, programmable selon nos besoins particuliers ; elles sont offertes avec une cassette vidéo d'accompagnement gratuite qui nous apprend à pédaler comme il faut. On trouve aussi des simulateurs de ski et des exerciseurs de marche à inclinaison réglable et à vitesse variable. Mais l'instrument le plus remarquable demeure probablement le simulateur d'escalier : un appareil qui a tout l'air de deux pédales sur lesquelles il faut poser alternativement chaque pied et qui est équipé d'un compteur électronique mesurant la hauteur à laquelle l'usager serait « supposément » parvenu. Un tel simulateur d'escalier était offert, durant les soldes du mois de la culture physique, au prix de 409,99 $, taxes en sus.

Or, chez un marchand de bois ou chez un ébéniste, pour 409,99 $, on peut facilement se procurer un véritable petit escalier : avec deux limons, quelques bonnes marches et peut-être même une rampe bon marché. Un authentique escalier qui pourrait servir à autre chose qu'au conditionnement physique. Un escalier qui pourrait être utilisé pour monter et qui mènerait quelque part.

Mais c'est justement là le problème. Les habitats modernes offrent de moins en moins d'espace où placer un escalier : dans la plupart des appartements urbains, on ne monte plus à l'étage, et les escaliers qui nous entourent appartiennent au domaine public, c'est-à-dire qu'ils sont soit à l'extérieur et donc trop froids, soit situés dans des endroits publics gênants pour quiconque désirerait passer une demi-heure à monter et à descendre deux ou trois marches. D'où le marché du simulateur d'escalier, appareil discret et portatif, mais qui prend son sens avant tout comme symptôme d'un état général de congestion.

SERGE BOUCHARD

Elles sont nombreuses, aujourd'hui, les firmes qui exigent de leurs cadres qu'ils soient tout à fait sveltes. C'est ce qu'on appelle un profil obligatoire. Nous voulions de belles femmes, nous voulions de beaux hommes. Chacun et chacune doit correspondre à l'image corporative. Jeunesse, énergie, équilibre, vitamines. Les entreprises dégraissent à qui mieux mieux. C'est que la symbolique du gras, du gros, de la graisse, de la fumée, de la toux et que sais-je encore qui regarde le café est une symbolique générale qui a comme qui dirait perdu des plumes. L'heure est à la pureté. Plus question d'être heureux à l'idée de boire un bon Coca-Cola durant la pause café. À bas la détente nicotine. La direction d'aujourd'hui est sans excitant. Elle performe le rituel de la purification. L'air pur donne des idées claires. Les bonnes idées sont des idées claires, peut-être même ces idées sont-elles pures, et rien ne s'arrête dans ce cercle qui est tout sauf vicieux.

Les grands principes de la santé moderne sont pour le moins paradoxaux. Nous voulons vivre très longtemps, mais nous ne voulons surtout pas vieillir. Ce qui revient à vouloir à tout prix aller au ciel sans cependant mourir. L'espérance de vie a remplacé l'espérance tout court. Et les visages n'ont plus droit de cité. Il va de soi que nul ne reconnaît plus les impressions de la vie, les traces de la vie, les rides et les marques, la noble usure en somme. Aurait-il fallu que, sur la fin de sa carrière qui fut inexplicablement longue, Churchill coure le mille ? Afin de discuter avec Clinton en Reebok ? De deviser sur les vertus de la résistance et du courage, de la force fondamentale ? Car Churchill était fort, et sa force était au moins aussi considérable que sa méforme. Il était bien trop gros pour être aujourd'hui recruté par une firme modèle. De surcroît, il buvait. Or, voyez-vous Churchill déclarant à Yalta qu'il serait interdit de fumer pendant la réunion ?

Les vieux et les vieilles avaient leurs théories et leurs nombreuses pratiques. Brassez un œuf cru dans un café très fort, ajoutez trois onces de cognac et buvez. C'est le déjeuner de l'éternité. Comme si la mort était une honte, comme si s'en approcher en prenant de l'âge était une calamité, comme si le passage du temps disqualifiait les êtres, comme si la vieillesse était laide, nous nous sommes encarcanés dans une théorie infantile sur le bonheur des mannequins. C'est la femme mécanique de Villiers de l'Isle-Adam. Elle était belle, elle restera toujours belle dans une sorte d'instantané dont chacun sait que la beauté, voire la raison et l'intelligence, est sans rapport avec la notion même de vérité. Car la vie magane. Après un certain âge, il n'est pas bon d'être trop bien conservé. Si vous n'avez jamais servi, il est normal que vous soyez comme neuf. Ce qui ne vous empêchera pas d'être totalement démodé.

Parlant de mode justement, voilà qu'on fait dans le mieux-vivre, et nous plaçons notre corps et nos organes, notre complexion et notre équilibre mental au-dessus de toutes les autres considérations. Si bien que, dans les foyers de demain, les vieux auront tous l'air d'avoir trente ans, ce seront tous des égoïstes qui se vanteront de n'avoir jamais été, de n'être jamais devenus.

BERNARD ARCAND

Il faudrait apprendre à se méfier davantage des gens qui ont l'air en forme ou qui, du moins, sont couramment déclarés tels par une société qui distingue plutôt mal l'effort, la force et la résistance durable. Les grands athlètes ne sont pas nécessairement en forme. Les joueurs de football comme les héros de la Lutte Grand Prix sont des cardiaques qui s'ignorent. Les trapézistes de cirque se préparent de douloureux rhumatismes. Les vedettes d'autres sports spectaculaires deviennent très souvent dépressives, alcooliques ou cocaïnomanes et anabolisées. Et les professeurs d'aérobique ne savent plus où donner de la tête. Bref, la forme n'est pas forcément où l'on pense.

Ailleurs dans la société, d'innombrables inconnus ordinaires sont à l'image des danseurs de ballet, c'est-à-dire remarquablement en forme, mais sans que ça paraisse. Tout leur semble facile, il leur faut montrer ou laisser paraître seulement la grâce, sans effort. Et quand ils s'écrasent de fatigue sous la douleur, cela ne peut être qu'en coulisses.

Dans quelle forme était Michel-Ange pour réussir à sculpter de ses mains un bloc de marbre ? Qui a déjà vu un écrivain peiner sans arrêt pendant cinq heures et se retrouver à la fin tout en sueur ? Qui apprécie l'endurance requise pour faire un grand ménage ? Ou pour se rendre au bout d'un concerto pour piano avec orchestre ? Pour être caissière d'un supermarché sans avoir le droit de s'asseoir ? Pour occuper les enfants d'une maternelle toute une journée, toute une semaine, toute une année ? Qui connaît le poids d'une caméra portée sur l'épaule durant une longue journée de tournage ? Ou les contorsions requises par la collecte des ordures ? Les efforts nécessaires pour éteindre un incendie, réussir une chirurgie, abattre un arbre ou refaire une toiture ?

On pourrait allonger la liste pour ajouter encore un bon mot sur les facteurs, les physiothérapeutes, les monteurs de ligne et les plongeurs de la sûreté nationale. Tous ces gens parfaitement ordinaires travaillent, comme les danseurs de ballet, avec grâce et apparemment sans effort. Et on arriverait finalement à se convaincre que la notion de mise en forme par conditionnement physique est l'invention démentielle d'un comptable sans grand intérêt, habitant d'un condo dans le centre-ville, passager d'ascenseur et grand amateur de téléromans.

■ Les experts

SERGE BOUCHARD

De nos jours, il est une société anonyme qui émet régulièrement des messages relatifs à la bonne conduite de nos vies*. Cette société est tellement anonyme que personne ne pourrait dire où elle loge, quels en sont les membres éminents et d'où elle tire ses crédits. Pourtant, elle est importante puisqu'elle occupe nos conversations quotidiennes et que d'aucuns se conforment à ses recommandations. Elle n'a pas de raison sociale, cela va sans dire. C'est une société secrète à souhait. À défaut de nom, nous sommes tous obligés de nous référer à cette ultime référence en la désignant par la troisième personne du pluriel : « ils », ce qui rend encore plus secrète et mystérieuse sa constitution. « ILS », les êtres pensants et supérieurs, le plus souvent suivi du verbe « dire ». « ILS » disent ceci, « ILS » disent cela.

« ILS » disent que les taux d'intérêt vont remonter. « ILS » disent que quatre pneus d'hiver valent mieux que deux. « ILS » disent que boire quatre verres d'eau par jour est bénéfique pour la santé. « ILS » disent de ne pas arroser sa pelouse en plein soleil. « ILS » disent que faire l'amour fatigue le cœur. « ILS » disent que jogger sur l'asphalte est mauvais pour la colonne. « ILS » disent que six heures de sommeil suffisent. « ILS » disent qu'il faut réserver six mois à l'avance ses places au soleil, mais que le soleil donne le cancer. « ILS » disent que manger de la viande rend agressif, que manger du brocoli rend intelligent. « ILS » disent que nous vivons de plus en plus vieux, que les jeunes sont malheureux. « ILS » disent qu'il est bon de parler à ses enfants, que son réservoir d'essence doit être plein par grand froid,

---

*Idée originale de Jean-Jacques Simard.

qu'on ne doit pas brancher son automobile plus de trois heures avant de la faire démarrer, que les cartes de crédit doivent être utilisées avec modération, qu'il est bon d'aller au théâtre. « ILS » disent encore que tel film est pourri, que tel autre est parfait. « ILS » sont partout en réalité sans jamais être formellement identifiés.

Ce sont des experts, cela nous le savons. Ils savent ce que nous devons manger, ce que nous devons faire. Ils sont inépuisables et leurs avis portent sur tous les sujets, allant comme ça du fondamental au banal. « ILS » disent de ne pas voyager en métro, quand on est seul et d'apparence fragile ou vulnérable, le soir après minuit. « ILS » disent de ne pas manger de porc frais avec des concombres avant d'aller se coucher. De ne pas laisser son courrier s'accumuler à l'extérieur quand on est en voyage. « ILS » disent de ne pas sortir quand il fait trop froid. D'aller vers le Costa Rica plutôt que vers Acapulco, de manger des pâtes avant de soulever des haltères, de consulter son avocat avant de poursuivre son notaire, et cela continue jusqu'après notre mort. Les maisons funéraires sont d'une telle qualité, en effet, qu'elles offrent un service après-vente. « ILS » disent que c'est normal de tout préarranger.

Tout cela, bien sûr, est un des nombreux signes de notre temps. Ce signe-là est trompeur en ce qu'il est trompeur. Pendant qu'« ILS » savent tout et conseillent insidieusement le monde entier en ses détails particuliers, il faut admettre que, devant eux, nous abdiquons comme des moutons. Il suffit qu'« ILS » disent quelque chose pour que nous nous mettions à les écouter. Plus « ILS » en savent et plus « ILS » en disent, moins nous sommes responsables. À la fin, nous n'aurons plus rien à dire et, comme de raison, « ILS » sauront interpréter notre silence.

*   *   *

Peu importe ce qu'ils disent du moment qu'ils causent. Le langage de l'expert est comme le charabia sacré du chaman algonquin qui entrait dans la tente tremblante afin de converser avec les esprits des animaux. Allez savoir ce qu'ils se disent, ces gens-là. Seuls les esprits et le chaman se comprennent ; quant aux spectateurs, ils s'étonnent et attendent qu'on leur traduise.

Le chaman sort généralement épuisé de cette rencontre d'un quatrième type. Il est médium. À ce titre, il devra traduire au commun tout ce qu'il vient d'apprendre au cours du dialogue avec des êtres qui ne sont pas faciles rapport à la communication. Mais là s'arrête la comparaison entre l'expert moderne et le chaman d'autrefois. L'expert ne traduit pas. Il impose son jargon. Ce qui fait un écran de plus venant masquer sa dérision. Le chaman, lui, devait rendre des comptes. Pas l'expert. Où l'on verra que le jus de merde devient du lixiviat, que l'étranger devient un allochtone, qu'un citoyen devient un bénéficiaire s'il se la boucle ou un intervenant s'il s'exprime, et qu'une bande de crottés devient un milieu criminogène.

Et cela même si l'interface se trouve en dysfonction relative au niveau fonctionnel, lors même que l'objectif se stabilise dans l'opérationnel, ce qui ne devrait effrayer personne compte tenu de la structure transversale et synergisée du processus envisagé.

■ Les explorateurs

BERNARD ARCAND

Pourquoi faut-il que les explorateurs soient nécessairement « grands » ? Ne peut-on pas être tout « petit » et quand même explorateur ? Car chacun doit bien savoir que, dans les faits, nous sommes tous, grands et petits, et depuis toujours, des explorateurs. Dès que nous avons cherché à tourner la tête pour voir ce qui se cachait au bout de la table à langer, depuis que nous avons essayé de goûter tout ce qui traînait par terre, nous n'avons jamais cessé de nous intéresser aux rumeurs de la vie, aux racontars de nos voisins, ou du moins aux secrets des gens riches et célèbres. Nous explorons les caprices des vedettes, tout comme nous aimons deviner les intentions de la police. Nous avons été faits « senteux », il faut bien l'admettre, et la plupart d'entre nous explorons souvent sans réserve ni relâche les secrets du voisinage et les détails du quotidien.

Alors, où faut-il situer la frontière au-delà de laquelle l'explorateur devient « grand » ? Pourquoi est-il nécessaire de raconter le Mozambique, l'Amazonie, le Népal ou la Laponie ? Si nous étions résidents de Kigali ou de Katmandou, nés à Karachi ou à Tombouctou, pourrions-nous y attirer des foules en montrant des diapositives de Rimouski ou de Rivière-du-Loup, en enseignant les techniques du pelletage de la gadoue, l'importance de changer ses pneus pour l'hiver ou le rituel du renouvellement de sa carte d'assurance-maladie ? Pis encore, est-il pensable que nos discours du trône, nos doctorats *honoris causa* et nos soirées de gala n'intéressent nullement les explorateurs intergalactiques ? Que le SuperBowl soit moins intéressant que le goût du Gatorade servi sur le banc des joueurs ? Que Vivaldi soit moins révélateur que l'idée de produire des sons grâce aux cordes de violon fabriquées avec des nerfs d'animaux massacrés ?

SERGE BOUCHARD

L'explorateur contemporain est un technicien et un *businessman*. Il sait que le secret de la réussite réside dans les moyens, il sait aussi qu'il existe un marché composé de un milliard de pantouflards. Si Christophe Colomb avait disposé d'un cruiser équipé de deux moteurs de 450 chevaux chacun, c'est avec joie qu'il aurait brûlé la Pinta et la Niña et la Santa María. Il aurait congédié son équipage et se serait lancé vers l'inconnu en solitaire, dans un vrombissement comme jamais les plages européennes n'en auraient entendu. Il n'aurait pas rêvé de l'Eldorado et se serait peu soucié de devenir le gouverneur d'un pays chimérique. Car il aurait compté, pour devenir quelqu'un, sur les revenus d'exploitation cinématographique de sa traversée. En deux jours à peu près, il aurait rallié les côtes du Nouveau Monde, plus soucieux de freiner à temps que de toucher terre au plus vite. Et les Indiens, au lieu de devenir les acteurs tragiques d'une catastrophe annoncée, en auraient été quittes pour être les figurants secondaires de cette évolution technique. D'ailleurs, Colomb lui-même aurait eu un problème avec la promotion de sa notoriété. Dans ce genre de choses, en effet, c'est l'objet technique que l'on idolâtre à la fin, et le pilote s'estompe dans la mémoire des générations. Si son super-bateau en forme de cigare s'était appelé Cat Diesel Power, comme cela arrive souvent, nous nous souviendrions du voyage fantastique du Cat Diesel Power en Amérique, de la première traversée sans escale d'un 900 chevaux roulant à plein régime. On se souviendrait du bateau, des ingénieurs-concepteurs, bref, de la machine qui aurait été à l'origine de la découverte d'un continent.

Il s'en dégage une sorte de loi : plus le moyen est dérisoire et désespérant, plus l'explorateur est grand pour la postérité. En revanche, la puissance du moyen rapetisse l'exploit dans sa dimension humaine, dans la mesure où les moyens l'emportent. Cela se vérifie. Nous nous souvenons très bien de Lindbergh qui a traversé l'Atlantique sur les ailes d'un maringouin. Par contre, bien peu de jeunes savent les noms des premiers hommes qui ont marché sur la Lune. Ou le nom des pilotes d'essai de l'avion invisible qui testent actuellement les capacités de cet aéronef en forme de chauve-souris en essayant notamment de faire trois fois le tour du monde en trois jours, et cela sans être vus.

Et si nous avions fait grand cas du bateau de Colomb, l'Amérique s'appellerait Diesel Power, ce qui lui conviendrait tout à fait.

BERNARD ARCAND

Je rêve du jour où je recevrai enfin la visite d'un explorateur. Un Papou ou une Balinaise qui voudront photographier ma cuisine et discuter de mes habitudes vestimentaires. J'imagine que des voyageurs aussi curieux viendront vers moi avec un esprit largement ouvert, qui serait donc réceptif à mes moindres propos. J'aspire à ce jour où je pourrai enfin me décrire comme je m'aime, devant des gens qui n'en savent rien et qui ne disposent pas d'éléments de comparaison. Mais c'est sans doute un rêve et je me trompe, car le Papou noterait d'abord que je ne fais pas l'élevage du cochon et la Balinaise verrait tout de suite que je danse plutôt mal.

SERGE BOUCHARD

Il y a de cela quelques années, je séjournais à Gabès dans le sud de la Tunisie. J'y étais pour l'amour et l'eau fraîche, c'est-à-dire pour aucune raison. Il s'agissait de vivre une passion, de découvrir le monde, de voir ailleurs si nous nous y trouvions. De là, nous avons décidé de nous rendre à Tozeur, une oasis située à l'autre bout de ce petit pays. Pour ce faire, il fallait traverser le Grand Erg oriental et le chott El Djebel, désert salé et complètement inhabité. Il n'y avait pas de route entre Gabès et Tozeur, seulement une piste empruntée par de rares camionnettes, des chameaux et des ânes. Le réservoir rempli d'essence, nos gourdes pleines, sans compter les fruits et le fromage, nous nous sommes lancés sur la piste comme on fait une balade en été, le dimanche. J'ai beau me torturer l'esprit et ressasser le souvenir, ce trajet reste dans ma mémoire comme une des plus belles promenades qui se puissent faire. Il faisait bien 40 degrés, nous étions les seuls facteurs d'ombre. Nous étions considérablement seuls et heureux. Comment ne pas l'être ? Nous suivions de fort belles traces de pneus, nous allions sans obstacles en direction d'un horizon sans fin, c'était le mouvement de la vie et de la liberté.

À mi-chemin, j'ai aperçu une sorte de caravane qui arrivait en sens inverse. Ce n'était pas des marchands d'esclaves. Il s'agissait plutôt d'une expédition d'explorateurs allemands qui filmaient pour la télévision un documentaire sur les insurmontables difficultés et les dangers terribles qui guettent les voyageurs dans le Grand Erg oriental. Ma blonde et moi cherchions la difficulté en question et je suis bien certain de ne jamais l'avoir vraiment rencontrée, si j'oublie la conversation avec ces Allemands enthousiastes qui parlaient assez mal l'anglais. Leur documentaire a certainement connu du succès, et bien des Allemands sont convaincus aujourd'hui que le chott El Djebel est un enfer fréquenté seulement par de courageux reporters. Il est bien certain qu'ils n'ont jamais parlé de nous, nous les amoureux qui traversions le désert pour y pique-niquer. C'eût été déplacé. Comme quoi, la *terra incognita* est un concept qui se cultive bien plus que les terres cultivées.

J'ai souvent repensé à cette anecdote particulière qui m'a fait comprendre comment se fabriquent les images du sauvage. J'y ai repensé d'autant plus qu'au cours des années suivantes, il m'est fréquemment arrivé de me retrouver sur la route glacée de la baie James, par moins 40 degrés, compagnon à bord d'un camion surchargé dont deux ou trois roues refusaient de tourner parce qu'elles étaient carrément gelées, sur une route isolée où seuls nos phares jetaient un semblant de clarté dans cet hiver abandonné par la lumière, et menacés que nous étions à chaque instant de perdre la maîtrise et de disparaître dans des fossés où nul n'a envie de tomber. Jamais je n'ai vu de vrais documentaires sur cette routine des routiers. Comme quoi, sur la difficulté héroïque d'être, notre objectif est embrouillé. La véritable *terra incognita* ne semble jamais se trouver dans l'angle de nos caméras.

BERNARD ARCAND

Le grand univers de l'exploration a beaucoup changé. Les explorateurs ne sont plus les mêmes et le monde, de toute évidence, se transforme. S'il fallait trouver un bon exemple de cette évolution, il suffirait de suivre la carrière du célèbre Tintin, reporter, justicier, amateur d'aventure et, bien sûr, grand explorateur. Nous avons tous lu comment, en début de carrière, le jeune Tintin, petit Blanc belge, parcourt un Congo imaginaire où il passe son temps à massacrer allègrement les animaux, la nature africaine et à peu près tous les droits de la personne. Par la suite, Tintin voyage en Amérique du Nord, en Inde et en Chine, en Amérique du Sud, au pays de l'or noir, en Écosse mystérieuse et dans des Balkans plus inquiétants encore. Chaque aventure l'entraîne dans des univers merveilleux peuplés de stéréotypes étincelants.

Par la suite, cependant, on dirait que peu à peu l'éternel Tintin vieillit malgré tout et que ses aventures se compliquent. Les objets de ses explorations deviennent plus complexes, et l'exotisme prend la forme de la Lune, du yéti ou d'un extraterrestre. Mais finalement, la carrière de Tintin se termine sur trois albums qui résument assez bien l'état général de l'exploration moderne. Premièrement, il y a ce Vol 714 pour Sydney, qui montre que l'envers du monde, le point de la planète pourtant le plus éloigné de Liège, ne suffit plus : même l'Océanie lointaine nous est devenue trop familière, et la seule façon ici de justifier la notion d'exploration pour quelques extraterrestres un peu flous mais sûrement très exotiques. Puis, il y a Tintin chez les Picaros qui nous fait pénétrer au plus profond d'une jungle sud-américaine, caricature typique de l'éloignement par excellence, mais seulement pour dire qu'elle n'a justement plus rien d'exotique puisque cette jungle hier encore sauvage est désormais tous les jours explorée par des autocars de touristes et des vendeurs d'assurances. Enfin, il y a l'album remarquable des *Bijoux de la Castafiore* où nos héros ne quittent même plus le domaine de Moulinsart. Une aventure à la maison, en somme, dont la seule note d'exotisme est apportée par une bande de gitans dont Tintin insiste pour affirmer la très profonde humanité et l'absolue non-différence. Dans *Les Bijoux de la Castafiore*, l'exploration engendrée pour les besoins de l'aventure demeure un cheminement tout intérieur : le capitaine serait amoureux, dit-on, tandis que le pianiste inoffensif cacherait un joueur maladif.

C'est ainsi que les aventures de Tintin parcourent le cycle complet de l'exploration moderne. Depuis les débuts de l'expansion coloniale européenne jusqu'à l'époque la plus actuelle ; depuis le bon vieux temps, quand l'étranger commençait à sa porte, jusqu'au moment où l'on se convainc qu'il ne reste d'exotique et de stimulant que les mystères obscurs de l'âme humaine.

■ La fidélité

SERGE BOUCHARD

Vous aurez remarqué que l'anthropologie de l'amour est un champ de recherche largement inexploré. La littérature, elle, se penche sur l'amour. Nous pourrions même dire qu'elle tombe tête la première dans ce puits sans fond. Mais la science est timide. Car sur la scène de l'amour les êtres humains sont « tels que tels », le spécialiste ne peut pas les réduire. Chaque amour est inénarrable, et la science est désarmée devant l'indicible.

L'amour, le vrai, est cannibale et destructeur. En vérité, il tue. Posséder l'autre, c'est le faire mourir. Être possédé, c'est mourir aussi. Les vrais amants se détournent du monde. Ils s'enferment pour mourir. Brasier de la passion, braises de la longue association de deux inséparables, dans tous les cas, l'amour véritable est une entrée au Carmel.

Mais il y a des mais. Et de nombreux mais. Serions-nous déçus d'apprendre que Roméo, sous le balcon, feignait de chanter pour Juliette au troisième, alors qu'en son cœur il projetait son chant vers le quatrième où, derrière les volets clos, une Paulette enregistrait pour son bonheur les poèmes heureux qui ne s'adressaient qu'à elle, elle qui le savait et qui n'en disait rien, sachant que, devant un monde en manque, Roméo devait de toute façon jouer son rôle ? Il trompait Juliette par fidélité à Paulette, et en amour la célébrité se gagne à la condition de ne rien dire sur la confusion des paliers.

Il y a plus. Même au cimetière, comme on le sait bien, les amants ne seront pas séparés dans une fosse privée ou banalisés dans une fosse commune. Non, on les met à l'écart, enterrés côte à côte alors que la racine de Tristan vient chercher celle d'Iseult, dans une sorte de défi lancé à la violence de nos destinées. Mais imaginez la racine de Tristan en train de lentement dévier vers une tombe voisine, tubercule hypocrite qui s'en va vers une quelconque Héloïse, laissant Iseult à elle-même. Imaginez Iseult cherchant à se nouer d'amour avec Abélard, lui-même aussi intéressé que désespéré.

Nous comprenons alors pourquoi les cimetières sont de si beaux espaces verts. Les racines n'arrêtent pas d'y courailler.

*　*　*

Il y aurait ainsi un lien entre l'infidélité et la consommation. Vous aurez remarqué que le consommateur le plus féroce est justement celui qui ne s'attache à rien et qui se désintéresse et se départit de tous ses acquis aussitôt qu'un nouveau produit entre dans son champ de vision. Il ne peut pas résister à la tentation. Or, la société de consommation est effectivement une affaire de tentation. Si tu succombes, tu déboules, passant de la chaloupe en aluminium au *cruiser* de 600 chevaux-vapeur dans le temps de le dire. Il y a là une inflation des gestes et des objets. La société de consommation est ainsi en elle-même un tournoi de l'infidélité, et c'est précisément cette infidélité promue qui est à la source du progrès. Apparaît alors le mode de vie de l'infidèle, celui pour qui toutes les choses se remplacent, surtout quand elles prennent de l'âge. Commerce entraînant et joyeux qui te fait échanger, remplacer, désirer, négocier des merveilles, merveilles qui viennent prendre la place de morceaux de toi-même devenus sans attrait. C'est par exemple le grille-pain que l'on remplace, non pas parce qu'il ne fonctionne plus, mais parce qu'on a vu un grille-pain plus attirant. Qui a dit que nous en arriverions un jour à désirer un grille-pain, au risque évident d'être infidèle au sien ? C'est la morale de la consommation qui n'arrête pas de donner de l'attrait aux objets, si bien que même l'usuel et le fonctionnel sont devenus sexy. Trahir son grille-pain n'est pas rien. L'infidèle aime la forme, il n'aime pas les *toasts*.

■ La fin du mâle

SERGE BOUCHARD

La perdrix a une vie tranquille, pour ne pas dire monotone. Elle fait toujours la même chose, elle se tient aux mêmes endroits, dans les sous-bois. Une journée est pareille à l'autre. De mémoire de perdrix, il n'y a rien à signaler à propos de rien. Cependant, au temps des amours, voilà que le mâle rejoint la femelle en quelque clairière reculée. Elle, elle attend et observe, dans la position d'une juge qui se prépare à évaluer. Le mâle, lui, se lance dans une performance aussi ridicule que bizarre. Cet oiseau si routinier, ce spécialiste de l'ennui et du temps gris, exécute à ce moment-là une danse dont les figures dépassent l'imagination. Il impressionne la femelle en faisant des cabrioles, des sauts, en retombant sur les ailes et sur le dos. Il montre toutes ses plumes et il chante et il crie. Pendant quelques jours, il se crève en folies, au risque de se casser le cou. Il pense qu'il séduit.

Apparemment, les femelles apprécient.

Les biologistes prétendent que, sans cette cérémonie, il n'y aurait plus dans nos bois de petites perdrix. Car, outre cet important rituel d'amour et de séduction, il n'est rien de bien important dans la vie d'un mâle perdrix. Fais le beau, mon ami, et attends le verdict de celle qui fait mine de ne pas regarder.

Peut-être y a-t-il mieux à faire. Chez les rationnels, ces animaux à deux pattes et sans plumes, on peut reprendre tout à zéro et réécrire les règles de procréation et de séduction. Le mâle a fait ses dernières danses. Il a chanté ses derniers chants. Nous n'en sommes plus à ces animales pulsions. Platon était dans l'erreur la plus totale. Oui, la civilisation raffine et rend subtil. Pourquoi faire simple quand on peut faire compliqué? Mais le raffinement, n'en déplaise aux anciens Grecs, est affaire féminine. La seule façon de dégrossir le mâle, c'est de l'efféminer. L'homosexuelle philosophie des mâles athéniens a tenté par tous les moyens d'usurper à la femme ses plus grandes qualités. Les barbares savaient mieux, beaucoup mieux. Ils anticipaient le futur lointain. Leur premier grand dieu fut une déesse. Qu'ils craignaient. Ils se doutaient un peu que, une fois certaines choses réglées, un monde viendrait où la force ne vaudrait plus rien, où le village serait civilisé au point où l'homme n'aurait plus de réelle utilité. C'est à ce moment-là que nos cabrioles deviennent vraiment ridicules.

Pascal, encore Pascal, à la suite de Montaigne, encore Montaigne, se moquait de Platon qui décrivait l'homme comme un animal à deux pattes sans plumes, comme nous l'avons dit plus haut.

Avec raison. Notre histoire est bien plus compliquée. Nous ne sommes pas des perdrix. La femme n'est pas une poule. Mais peut-on être un homme sans être un petit coq ?

BERNARD ARCAND

Les mâles vont bientôt disparaître, et sans dire un mot. Car, même s'ils font parfois du bruit, les vrais mâles ne parlent que rarement. Ils disent peu, ne s'expriment pas souvent par bavardage. Leur silence ne vient pas du fait qu'ils auraient appris à se taire, on dirait plutôt que c'est un choix, un peu à la manière de ces enfants qui, vers l'âge de quinze mois, semblent décider de tout investir soit dans la parole, soit dans leurs premiers pas. Les mâles ont opté pour le geste, et les grands mâles parlent donc peu. Nicole Loraux disait que la virilité « se lit à corps ouvert, comme si les blessures du guerrier plaidaient pour la qualité du citoyen ». Inutile d'en rajouter. Dans *High Noon*, Gary Cooper n'était pas très volubile. Les samouraïs perdent peu de temps à placoter. La bouche de Clint Eastwood fait rouler les cigarettes et les cure-dents plus souvent que les mots, et le vrai mâle ne dit jamais où ça lui fait mal. Quand le cinéma français de catégorie A a voulu imiter le cinéma américain de catégorie B, il a fallu du temps, mais les cinéastes ont finalement compris qu'il fallait faire taire Alain Delon (dans *Le Samouraï*) et que Lino Ventura était encore plus impressionnant muet. Les mâles sportifs répondent en grognant aux tortueuses questions des petits commentateurs myopes, nerveux ou bedonnants. Voyez aussi tous ces débats publics où les mâles sont couramment accusés de tous les maux : le plus souvent, ils n'y disent rien et ne répondent presque jamais. Bref, c'est le silence des taureaux. Puis les mâles demeurent un mystère et, justement, on en parle peu.

Autrefois, les mâles qui parlaient n'étaient pas nécessairement de vrais mâles. Ils portaient des robes noires, des « chiennes » blanches, des toges sénatoriales ou des capes monarchiques. Les autres, ceux qui portaient l'épée, ne disaient rien, car celui qui parle révèle sa position et se rend vulnérable.

De toutes parts, on dit qu'aujourd'hui « les temps changent », « les conditions se sont modifiées », « la situation n'est plus la même », « le contexte a évolué », et cent autres clichés du même genre. Il se peut que cela soit vrai et qu'ainsi les mâles s'en aillent bientôt, sans faire de bruit et sans dire un mot, comme c'est leur habitude. On le saura tout de suite, ça fera beaucoup jaser.

* * *

Il n'y a pas si longtemps, l'éducation des jeunes filles leur inculquait nécessairement une certaine méfiance envers les garçons. En plus de cultiver ce qui était défini comme les belles qualités et les grandes vertus typiquement féminines, c'est-à-dire la douceur, la bonté, la charité, la modestie et l'obéissance, les bons manuels de formation laissaient comprendre qu'il fallait se méfier des garçons. Par exemple, cet extrait d'un manuel scolaire, publié en 1946, à l'intention des jeunes filles : « Aidez vos compagnons dans leurs luttes. Évitez toute attitude langoureuse, tout vêtement immodeste, toute parole aguichante. Sachez qu'une bête immonde sommeille chez les plus vertueux, prête à bondir à la moindre provocation. » Voilà l'image typique du mâle comme « bête immonde », la menace permanente dont toute jeune fille devrait certainement se méfier.

Heureusement, certains suggèrent que, depuis, les temps ont changé. L'éducation a maintenant été réformée, les anciens manuels sont devenus objets de curiosité perverse, et les mentalités ont beaucoup évolué. Les jeunes filles n'apprennent plus comme hier à devenir de grandes saintes ou de belles nitouches, couramment passives, dociles et serviables. De nos jours, on leur enseigne à se prendre en main et à faire leur chemin sans attendre un prince charmant ou tolérer un mari méchant. Un poète a même prétendu que l'avenir leur appartenait. Évidemment, on ne peut en être certain, puisque prévoir l'avenir demeure toujours hasardeux, mais ce qui est sûr, c'est que les hommes appartiennent au passé.

Pour s'expliquer là-dessus, il faut d'abord redire que le modèle stéréotypé qu'enseignaient les vieux manuels représente, à travers le monde, une façon très courante de définir le masculin et le féminin. Sans nécessairement que toutes les cultures humaines tiennent là-dessus un seul et même langage, on doit toutefois noter qu'un nombre considérable de sociétés (trop nombreuses pour que l'on puisse croire à une coïncidence) s'entendent pour affirmer qu'en matière de sexe, comme en général dans la vie, les hommes prennent les initiatives, font les premiers pas, manifestent des envies et des pulsions plus fortes, en raison desquelles ils perdent parfois le contrôle au point de devenir agressifs et dangereux. En contrepartie, ces mêmes sociétés soutiennent que les femmes sont plutôt réceptives, passives, accueillantes ou violées. Sur la base d'un tel contraste fondamental furent inventés ici et là des systèmes sociaux et des régimes matrimoniaux, des codes de loi, des rapports à l'argent et des modes d'accès au sacré. C'est l'ensemble des rapports entre hommes et femmes qui s'est trouvé ainsi planifié. Et sur cette base, des drames ont été écrits autant que des comédies, d'innombrables ancêtres anonymes ont inventé des dictons, des proverbes, des slogans, des pensées du jour, des titres d'émissions et, bien sûr, un répertoire illimité de blagues grivoises.

Le grand anthropologue Robert Murphy a discuté un jour de ces questions dans les pages du très honorable journal de l'Académie des sciences de New York. Après avoir redit la popularité planétaire de ce contraste stéréotypé entre l'homme initiateur et la femme plus réservée, entre lui qui a toujours envie et elle qui a souvent mal à la tête, Murphy suggère que, contrairement à ce que tout le monde répète, il s'agit là d'un remarquable écran de pensée culturel et d'une invention typiquement masculine, qui sert avant tout à cacher la vraie nature des choses. En d'autres termes, l'opinion courante ne serait qu'un énorme mensonge. Comme si la culture avait senti le besoin d'inverser à tout prix l'ordre naturel des relations entre les sexes. En réalité, les femmes, c'est du moins ce que disaient Masters et Johnson, jouiraient naturellement d'une capacité de gratification et de plaisir qui souvent dépasse celle des mâles, en matière à la fois de durée et de fréquence, alors que les mâles ne sont pas toujours physiquement disponibles et que certains passent même une triste partie de leur vie à se préoccuper de leur impuissance. On comprend dès lors l'avantage de faire croire qu'il en est tout autrement et de prétendre que l'homme n'est pas rare et qu'il reste même constamment aux aguets. C'est que, tout bêtement, les mâles se protègent. Parce que, s'il fallait que cet ordre soit un jour inversé (Murphy dirait : si l'ordre de la nature était vraiment respecté), et que les femmes obtiennent enfin les moyens d'exprimer leur toute-puissance et leur véritable capacité, les mâles n'auraient aucune chance de suivre leur rythme et ne pourraient probablement survivre que quelques heures. Des heures fort agréables, à coup sûr, mais leurs dernières.

SERGE BOUCHARD

On ne réforme pas un genre. Le meilleur des hommes ne peut donner que ce qu'il a. N'en jetez plus, la cour est pleine. Il en a dit, des bêtises. Il le sait. Il en a fait. Il le sait aussi. Il en fera encore. Sa force ne lui sert plus à rien. On ne défend plus son village contre les missiles. Inutile de se bomber le torse pour faire face à Revenu Québec. Sa parade devient ridicule. Le mâle se cherche de l'ouvrage. À quoi peut bien servir cette sorte d'irresponsabilité foncière qui lui tenait lieu de courage ? Ne cherchez pas à l'éduquer, il est à cet égard irrécupérable. Afin qu'il ne devienne pas encore plus amer et désagréable, inutilement violent, parlez-lui doucement, dites-lui qu'il a besoin de repos et, pour bien parler son langage, dites-lui que vous le retirez temporairement du match, du tournoi, afin qu'il reprenne des forces. N'allez surtout pas, par abus de franchise, lui signifier qu'il ne reviendra jamais en piste et que son temps est révolu. Il y a deux manières d'amadouer un guerrier sur le retour : lui parler de sa mère, ce qui le calme et le fait pleurer, ou lui fracasser le crâne par l'arrière, ce qui le calme aussi et le rend inoffensif, le temps de l'attacher. Le guerrier au repos a besoin de tendresse et d'amour : pour cela il est prêt à tuer.

*   *   *

À l'instar de la grande majorité des écrivains français du XIXe siècle, Villiers de l'Isle-Adam n'avait pas une haute opinion des femmes. À vrai dire, ces hommes n'y allaient pas de main morte. Déçus par ces petites sottes ou ces grosses bourgeoises, par ces bonnes à tout faire ou par ces bonnes à rien, dans le sens de filles de joie, ces écrivains rangeaient les femmes dans la catégorie de ce qu'il fallait mépriser absolument, définitivement : le peuple, les sauvages, les folles.

Vous retrouverez cette opinion chez les romantiques, les réalistes, les symbolistes, les anarchistes ou les classiques. Pourtant, à l'instar de Villiers de l'Isle-Adam, ils ont tous produit des ouvrages où l'homme vit avec une femme un amour absolu, considérable, énorme et nécessairement tragique. Autant ils méprisaient la femme réelle, dans leurs idées et dans leur vie, autant ils inventaient sur le papier des femmes imaginaires qui convenaient à leurs attentes.

Villiers de l'Isle-Adam, grand ami de Mallarmé et de Verlaine qui partageaient ses vues sur presque tout, a écrit un livre qui en dit assez long là-dessus. Ce Jules Verne des aristocrates imagina un scientifique créant une femme de toutes pièces, une Ève mécanique, une Ève du futur. Parfaitement belle, savante, docile, voilà une femme qui ne vieillit pas, que l'on peut ranger à dessein, que l'on peut sortir pour la montrer, une que l'on finit par aimer à s'y méprendre.

Nous ne sommes plus au XIXe siècle, du moins le prétend-on. Et Villiers de l'Isle-Adam est mort depuis longtemps, d'ailleurs assez jeune à cause de sa faible constitution. Mais, au balancier de nos extrêmes, rien ne nous interdit de reprendre du service. Il serait à propos d'écrire un Adam du futur, un homme électrico-mécanique conçu par le cerveau d'une femme. Un beau bonhomme, grand et fort, et cependant mince et doux. Un qui ne rote ni ne pète. Brillant, savant, mais qui ne parle que si elle le lui demande. Un qui sache se battre pour sa dulcinée, mais qui fasse montre de sa puissance seulement lorsque la femme le lui ordonne. Un tendre guerrier, un chevalier poète, un batailleur romantique, qui a du goût, un éternel soupirant, absolument fidèle, résolument loyal, un que le monde vous envie. Il chante, écrit des poèmes, joue du piano, conduit une formule 1, sait se servir d'une arme, a une belle voix et de beaux yeux. Il est chaleur, sécurité, passion, il danse comme un dieu, il fait la cuisine, répare les robinets, fabrique des meubles, il aime voyager, sortir. De plus, il est drôle. Jamais fatiguée, d'humeur égale, la machine s'entretient d'elle-même.

Que l'homme, le vrai, aille se rhabiller, qu'il aille se faire voir ailleurs. Qu'il aille rejoindre la plèbe, les sauvages et les folles. L'Adam et l'Ève du futur finiront par se rejoindre aux salons de la supériorité, là où l'on méprise le bas de toutes les gammes.

Parions que, dans les ruelles sombres du futur, un femme méprisée, imparfaite, séduira un beau soir un homme déchu et rejeté et qu'ensemble ils se feront un vrai party. En se moquant des machines qui, dans leur tour d'ivoire, n'arrêteront pas de se court-circuiter, battues par l'ennui, par leur programmation et par la complexité croissante de leurs amours perfectionnées.

Dans l'imperfection de leurs orgasmes, nos imparfaits se rappelleront le temps passé, jadis, quand les sexes éprouvaient des « difficultés de communication », à cause, notamment, de la folie de leur passion. Peut-être parleront-ils du bon vieux temps, alors qu'il était encore possible d'avoir une « relation ».

BERNARD ARCAND

Nous traversons une période un peu houleuse de transition incertaine. Autrefois, il y avait chaque année des concours de beauté féminine pour déterminer qui méritait d'être reconnue et couronnée Miss Monde ou Miss Univers. Il y avait aussi, séparément, des compétitions annuelles de muscles servant à désigner Monsieur Olympe ou Monsieur Univers. Bref, le monde entier était divisible en Miss et en Monsieurs. De nos jours, le contraste semble moins net et la télévision montre à l'occasion des femmes culturistes fort musclées qui n'ont plus qu'un pénis à envier à leurs collègues masculins. Par contre, et il vaut la peine de le noter, la société tarde encore à instaurer des concours de beauté masculine où les mâles auraient à répondre en maillot de bain aux questions qui permettent d'évaluer leur personnalité d'après les discours qu'ils tiennent sur les pays qu'ils aimeraient visiter et les drames humains qu'ils souhaiteraient soulager.

Les femmes ont désormais accès à la force brute, alors que les hommes sont moins poussés vers la poursuite de la beauté abrutie. Comme s'il était plus admirable d'être fort, comme si le terrain traditionnel des vertus de l'ancienne masculinité n'avait rien perdu de sa noblesse. Et, il fallait s'y attendre, les femmes qui s'y sentent à l'aise s'y montrent très habiles. Pas surprenant, donc, que tout le monde cherche du travail et que plus personne ne veuille faire la vaisselle.

■ Le gaspillage

SERGE BOUCHARD

J'ai connu un chasseur, jadis. Je ne parle pas de trophée, de sport et de loisir, je parle de vie et de survie, de façon d'être, d'histoire et de culture. Il s'appelait Michel et c'était un Innu du Labrador. Souvent, il lui arrivait de me parler de la famine. Il le faisait avec d'autant plus d'émotion qu'il avait connu une fois dans sa vie une famine d'hiver qui avait failli le tuer, lui et les membres de sa famille. Son père, ses oncles, chacun revenait bredouille de la chasse comme si le caribou s'était envolé. Les femmes ne trouvaient ni perdrix ni lièvres. Le poisson évitait les filets tendus sous une grande épaisseur de glace. Il n'y avait rien à manger. Le cycle infernal de l'affaiblissement s'amorçait que déjà il s'accélérait. Le froid devient vite insupportable à qui l'affronte l'estomac vide. La pensée est floue, le jugement incertain. Le moindre effort demande une énergie que personne n'a plus. Michel parlait de son histoire comme d'un cauchemar qu'il aurait fait la veille. Le souvenir de la douleur d'une faim véritable en est un, semble-t-il, qui s'imprime pour toujours dans la mémoire du corps.

J'ai souvent mangé en compagnie de Michel, dans le bois ou chez lui au village de Mingan-Ekuantshiu. L'on pouvait voir à sa manière d'aborder les repas qu'il avait des sentiments bien à lui, des émotions solides et répétées. Cela se trouvait dans ses gestes, ses yeux, sa concentration, jusque dans sa manipulation de la nourriture. Michel n'avait rien oublié et le précieux de chaque bouchée allait manifestement se faire sentir jusqu'à sa dernière cène à lui. Jamais le proverbe universel n'avait été aussi vrai : le manger, c'est sacré. Lui savait le sens de la cérémonie et il n'avait rien à apprendre du missionnaire catholique à propos de la communion.

Cependant, Michel en tirait de plus anciennes conclusions. Mange cette viande d'ours que les ours t'ont donnée et loue la grandeur de l'ours à chaque bouchée avalée. La terre ne te doit rien et ne t'a rien promis. Sois poli avec elle. Sache l'apprécier. La nourriture offensée déserte la gamelle. Si le caribou n'est pas au rendez-vous, s'il n'est pas au lieu dit de son offrande, c'est que quelqu'un l'a offensé. Quelqu'un dans le groupe a commis la faute de lui manquer de respect. Plus qu'une absurdité, le gaspillage est un péché originel.

* * *

Le gaspillage, c'est le détournement de son destin. Elle existera toujours, cette perte irréparable de ce qui aurait pu être, le talent gaspillé, la beauté disparue, la fortune envolée, l'énergie consommée pour rien. Dans un monde idéal où tout serait à sa place, au maximum de son sens profond, rien ne serait perdu : le poète écrirait des poèmes, l'organisateur organiserait, le patineur patinerait. Mais nous divertissons tout, de la course des rivières jusqu'aux raisons de vivre. Le gros gaspillage vient du fait que nous ne savons plus très bien à quoi servent les choses. Le tournevis est un levier, le marteau une plume, la terre des pieds carrés, les arbres des copeaux et l'écran un bordel universel.

L'autre jour, je rencontrai mon éditeur au centre-ville de Montréal. Je revenais de Windigo par des pistes de neige et ma Honda Accord ressemblait à une boule de sloche. Nous avons parlé de prochains livres, de vente et de contrats, d'argent comme il se doit, conversation courante dans le monde des lettres.

Mon éditeur arrivait de Paris et il allait y repartir. À la fin de notre dîner, il remonta dans son Dodge Durango « full equipped », comme on dit. Mon éditeur possède un véhicule on ne peut plus convenable pour traverser les grands déserts de l'Australie. Mais il s'en sert pour se déplacer dans les centres-villes de sa vie. Ces pneus ne s'useront jamais. Ce camion sera toujours propre. Son téléphone mains libres n'appellera jamais au secours. Ses banquettes chauffantes ne réchaufferont jamais un fessier authentiquement congelé. Sa traction assistée ne sera pas mise aux épreuves de janvier. Sa suspension renforcée rouillera dans sa parfaite inutilité. Quel gaspillage ! Mais qu'à cela ne tienne.

Et moi de repartir dans ma boule de sloche, en direction de Cabonga, au volant de mon urbaine Honda.

Il est des mises au point qui se perdent.

*   *   *

Que n'a-t-on raconté au sujet de la forêt canadienne ? Inépuisable, disait-on. Le pays était si grand que jamais nous n'aurions pu envisager d'en abattre tous les arbres. Et pourtant, voyez comme nous passons le millénaire. Le pays s'est immensément rapetissé, il a perdu de sa grandeur. Plus les machines sont grosses et plus l'homme est petit. Les opérateurs sont des nains pareils à des fourmis dont les pinces d'acier ne se fatiguent ni ne s'émoussent. L'efficacité de la technique est effarante. L'armée coupe de jour, l'armée coupe de nuit. Elle avance dans les grands froids comme dans les grandes chaleurs. Les remorques sont devenues des cages immenses et les tracteurs ne seront jamais assez gros. Sous le ciel étoilé, les moulins illuminés ont des appétits démesurés et les montagnes de bois qui se dressent tout autour ne suffisent jamais à calmer leur ardeur. Le cours du bois est bon, les cours à bois sont pleines. Cela s'appelle de l'économie régionale, il faut payer les camions, les bungalows, les actionnaires. Dans les circonstances, il nous faut accorder une confiance quasiment aveugle aux exploitants. Voilà que l'on suppute, voilà que l'on calcule. Restera-t-il du bois debout dans cinquante ans ? Sûrement, mais à quoi ressemblera-t-il, ce nouveau bois du nouvel âge ? Car le visage de la forêt change, nous ne voyons pas les paysages que nos ancêtres ont véritablement contemplés. La forêt vierge laurentienne a perdu plusieurs fois sa virginité. On ne saura plus bientôt jusqu'où une belle épinette blanche peut aller dans l'échelle de la longévité puisque les arbres ne meurent pour ainsi dire jamais de leur belle mort. Le pays rapetisse, mais les arbres aussi. On reboise, on nettoie, on gère, on récolte. On corrige la nature. La forêt reçoit une bonne correction. On ne saura plus bientôt à quoi ressemble une épinette noire, car la forêt boréale n'aura jamais le cœur de recommencer à pousser. Quand tu mets cent vingt-cinq ans à devenir maigre et petit dans une terre où toutes les choses ont des allures d'éternité, la tentation est grande de disparaître pour de bon. L'épinette noire, que les autres arbres honorent pour sa résilience et son ancienneté, pour son honneur et son humilité, résiste mal à la modernité. Elle n'est pas dans le cercle de l'actuelle productivité. Nous effaçons des paysages paléolithiques uniques au monde pour en faire des copeaux. La taïga est un musée où s'expose le temps. Nous prenons ces tableaux inestimables pour en faire des panneaux et des murs.

Se pourrait-il que nous exagérions? Nous bousculons des rêves, des gnomes et des esprits, nous effaçons des lignes uniques à l'horizon, nous transformons l'atmosphère des lieux, nous sommes un peu obsessifs. La matière ligneuse de l'un est l'arbre tutélaire de l'autre. Sommes-nous en train de dilapider un trésor plus fragile que nous l'avions cru? S'il fallait que l'assurance de notre génie forestier s'avère une illusion coûteuse, s'il fallait devoir nous expliquer à nous-mêmes, dans un futur proche, comment nous n'avons pas vu venir le danger et comment, en un siècle, nous avons rasé pour toujours ce qui pour être s'était donné un sol d'éternité.

J'entends d'ici ce sermon de la montagne nue du futur: pardonnons-nous car nous ne savions pas ce que nous faisions.

Dans mes nombreux voyages routiers, je ne vois que cela depuis quelques années: des convois d'arbres morts qui défilent entre deux rangées d'arbres vivants et angoissés. Les camions de bois sont les corbillards des arbres. De grands pans de terre sont aujourd'hui en deuil. Les fleurs de la repousse sont franchement mortuaires.

BERNARD ARCAND

En quoi nous, les humains, sommes-nous distincts des animaux? Quelques grands traités de philosophie et de psychologie fondamentales ont été consacrés à cette question. Certains ont répondu que la différence significative venait de la parole, de la communication, du rire, du suicide, de la conscience d'un avenir ou encore de quelques autres talents typiquement humains. À cette liste de ce qui fait de nous des êtres uniques, il faudrait ajouter le gaspillage.

Se peut-il que certains animaux gaspillent? Des écureuils qui amasseraient plus de noix que ce qu'ils sont capables de manger en hiver? Des lions qui en laisseraient pour les charognards et les vautours? Des colibris qui battraient de l'aile juste un petit peu trop vite? Un paresseux qui perdrait vraiment la majeure partie de son temps? Des milliards de mouches qui se déplaceraient tout à fait inutilement? Des chats qui tueraient des oiseaux sans les manger? Des chevreuils qui boufferaient les jeunes pousses et les empêcheraient de grandir? Des pandas qui exploiteraient le bambou excessivement? Des caribous qui se reproduiraient tellement que le lichen ne pourrait plus suivre le rythme?

Voilà autant de projets de recherches pour jeunes amateurs des sciences de la nature. Quels que soient leurs résultats, la différence demeurera considérable : le gaspillage humain se situe sur une tout autre échelle. On a beau admettre que les animaux communiquent entre eux, aucune autre espèce que l'humaine n'a organisé l'équivalent du placotage chez le dépanneur pour jaser de météo, de taxes ou de sport. Les singes ont beau rire de bon cœur, ils n'en ont quand même pas fait une industrie de plusieurs millions de dollars. Or c'est la même chose pour le gaspillage : il n'y a aucune commune mesure entre les quelques excès apparents de certains animaux et la capacité quasi illimitée de l'être humain pour détruire les ressources de la planète.

Pis encore, en affirmant cela, il faut conserver un ton poli et modéré, parce que l'être humain en est très fier. Sa capacité de gaspiller les ressources constitue une preuve éclatante de sa puissance. C'est justement ce qui transforme toute inquiétude face à l'avenir en insulte, comme s'il s'agissait d'un manque injustifiable de confiance en soi. Les humains aiment croire qu'il leur sera toujours possible de trouver autre chose, de nouvelles solutions. Au siècle dernier, les villes devaient étouffer sous le crottin de cheval. Cent ans plus tard, elles étouffent dans le monoxyde de carbone. Dans cent ans, ce sera pire encore. Rien n'y fait, nous saurons découvrir les solutions à ces nouveaux défis.

On arrive ainsi à mettre le doigt sur l'une des grandes distinctions fondamentales entre l'humain et l'animal. Plus important que l'intelligence, la parole, le rire et la conscience, c'est le fait que l'être humain se pense bon. Et l'on dira plus tard que c'était justement ce qui le rendait si dangereux.

■ Le gazon

SERGE BOUCHARD

Le vert du gazon appartient aux univers bucoliques des âges anciens de la raison. Je pense à l'*Histoire naturelle* de Buffon. J'aurais à résumer sa description que cela donnerait à peu près ceci :

La nature sauvage est une nature, en son principe, ébouriffée. Sans discipline, les plantes ont une croissance désordonnée. Le gazon fait la preuve que nous, les êtres supérieurs, avons pacifié une nature en bataille, que nous avons mis de l'ordre dans ce qui autrement est un fouillis propice à la promiscuité, à la misère et à la déraison. La vierge broussaille est un monde peuplé de fantômes et de loups-garous. La fardoche attire le brouillard et la brume. Le moindre insecte y devient menaçant et les gens cultivés n'ont aucune chance sur ce terrain barbare dont même Dieu n'a pas eu le temps de s'occuper. Tout ce qui est sauvage est en quelque sorte un brouillon. En d'autres termes, le gigantesque effort de civilisation se résume à cet objectif unique : pouvoir déjeuner sur l'herbe sans crainte de vous y enfoncer, sans déchirer votre crinoline, sans même avoir à défendre la propriété de votre sandwich au pâté contre la convoitise d'un grizzly mal léché. L'être qui jadis chassait l'aurochs et l'éléphant n'a plus rien à combattre aujourd'hui, sinon les colonies de fourmis. Certains philosophes réactionnaires y verraient un danger pour la forme.

■ Le golf

BERNARD ARCAND

La littérature française offre quelques descriptions saisissantes de situations où des pauvres, debout dans la rue, regardent manger les riches à travers la vitrine d'un restaurant. Des mendiants maigres qui observent les bourgeois bien au chaud qui s'empiffrent. Et le regard des pauvres gens serait, nous dit-on, comparable à celui que l'on porte sur un aquarium et qui, à la longue, peut faire naître chez n'importe quel miséreux un appétit certain pour la chair de poisson.

De nos jours, les écarts de fortune n'ont peut-être pas diminué, mais les restaurants semblent plus discrets, ou peut-être est-ce la police qui est moins tolérante envers le vagabondage. Quoi qu'il en soit, l'image du contraste gastronomique entre bourgeois cochons et prolétaires affamés est devenue quelque peu usée ou en tout cas moins frappante.

Mieux vaudrait chercher ailleurs des images plus modernes. Or, il suffit d'être un peu attentif pour en trouver facilement une quand, aux mois de mai, juin, septembre ou octobre, en vous rendant au travail ou en en revenant, vous voyez le long d'une autoroute des individus qui jouent au golf. Précisément aux mois de mai, juin, septembre et octobre, c'est-à-dire à ces moments de l'année où normalement personne n'est en vacances. Et vous remarquerez facilement que ces golfeurs sont parfaitement visibles, surtout le long des autoroutes fréquentées par des camionneurs fatigués, des voyageurs de commerce en perpétuel déplacement, des adeptes des réunions de travail éloignées, des criminels en fuite et des policiers en fonction.

Qui sont donc tous ces gens qui, tandis que le reste du monde travaille, ne trouvent rien de moins agréable à faire que de jouer paisiblement au golf ? S'agit-il dans tous les cas de retraités heureux ou d'héritiers chanceux ? Ceux qui parcourent les terrains de golf les jours ouvrables sont-ils nécessairement des athlètes professionnels en congé, des artistes en vacances, des professeurs de cégep, des chercheurs universitaires, ou des travailleurs de nuit insomniaques ? Sommes-nous chaque fois témoins d'un rassemblement de gagnants à la loterie ? Il faudra faire enquête. Mais en attendant, on pourrait croire que nous assistons actuellement à l'émergence d'une nouvelle classe du loisir, d'un genre tout à fait nouveau et que ne pouvait prévoir Thorstein Veblen, une classe sociale qui ne cherche plus à faire la démonstration ostentatoire de sa bonne fortune en se donnant en spectacle à la vitrine des meilleurs restaurants, mais bien des riches nouveau genre qui n'ont plus besoin de la consommation de Mercedes Benz ou de voiliers océaniques, des gens qui se satisfont de fouler du gazon durant les heures de travail, des hommes et des femmes souvent encore jeunes et, comme on dit parfois, avec beaucoup de « potentiel », qui auraient simplement décidé de se retirer du monde et de tout quitter pour se consacrer corps et âme à la pratique du golf.

Si vous les regardez de près, quand sur la route vous arrêtez votre véhicule pour les observer avec des jumelles, vous noterez tout de suite sur leur visage une expression qui n'a rien de la satisfaction et de l'arrogance des bourgeois d'autrefois. Vous y verrez davantage l'air à la fois serein et concentré des personnes qui semblent habiter un univers de « conscience altérée ». On jurerait qu'elles restent totalement imperméables aux bruits de l'autoroute. Et souvent, ces golfeurs qui choisissent le bâton approprié nous paraissent animés d'une douce paix intérieure : alors qu'autour d'eux, tout n'est que confusion, précipitation et vitesse excessive, du terrain de golf émane un calme quasi mystique. Comme si tous ces golfeurs avaient été touchés par une grâce quelconque, ou qu'ils avaient compris quelque chose qui nous échappe encore.

SERGE BOUCHARD

Une société malade du golf est ou bien une société immensément prospère ou bien une société en faillite. La multiplication des terrains de golf devrait intéresser les analystes. Le parcours le plus difficile que je connaisse n'est pas le Pebble Beach en Californie, ce serait bien plutôt le surprenant Country Club de Matagami. Là, une balle bien frappée est ralentie par les mouches noires. Elle retombe dans l'allée avec au moins une face ensanglantée. Mais la passion du golf ne connaît pas de limites. Si l'on pouvait jouer dans la neige ou encore dans la rue, le sport serait encore plus populaire.

* * *

Le jeu de golf est un jeu de tricheurs. Bien sûr, personne ne l'admettra, mais cette complaisance fait partie de la « game », comme on dit. Qui n'a pas dans sa vie de golfeur oublié un coup parmi les quelques-uns, toujours trop nombreux, qu'il vient de frapper ? Entre les trous, quand vient le temps de calculer et d'enregistrer les scores, chaque golfeur murmure et fait semblant de reconstituer le trou qu'il vient de jouer. C'est à ce moment précis que vient la tentation de la tricherie. Tout se résume alors à n'être pas trop grossier dans sa déclaration. Les golfeurs, en effet, ont des règles strictes sur le sujet. Il est permis de tricher dans les limites de la confidentialité. Les mauvais partenaires sont ceux qui ne savent pas comment ni quand tricher. Qui n'a pas, dans l'intimité d'un recoin boisé où l'herbe est un peu longue et l'angle franchement mauvais, à l'abri des regards, poussé sa balle du pied afin d'améliorer ses chances ? Qui n'a pas balbutié au pointeur un score amélioré en se gardant la possibilité de se rétracter s'il est découvert, en invoquant une simple erreur de calcul ? Voilà pourquoi le golf est un sport si populaire et si représentatif de notre société. Il est bien représentatif de notre façon collective de nous comporter.

Bernard Arcand

Un trou à normale trois typique peut être aménagé à flanc de montagne, avec diverses espèces d'arbres formant deux boisés en bordure de l'allée, avec pour obstacle un ravin et un ruisseau qui doivent être traversés par un pont suspendu, et puis, en bout de parcours, quelques trappes de sable protégeant le vert. Toutefois, le joueur compétent frappera sa balle sur le tertre de départ et elle s'élèvera dans le ciel pour y décrire un arc et retomber sur le vert à quelques mètres de la coupe. De fait, le seul espace de jeu vraiment utilisé n'est qu'un mince cylindre d'air joignant le point de départ et le point d'arrivée. Tout le reste, les arbres, le ruisseau et le pont suspendu, font largement figure d'accessoires et n'entrent jamais vraiment en jeu. Mais ce sont évidemment ces éléments de mise en scène, ces détails du décor, qui font le charme du golf. Cela montre que les gens ont bien raison de voir là une métaphore de la vie ordinaire.

■ La grippe

SERGE BOUCHARD

J'ai un ami kabyle qui vit au Canada depuis une quinzaine d'années. C'est un homme remarquable, qui mérite toutes les belles amitiés dont il fait l'objet. À propos de la grippe toutefois, mon ami constitue le plus beau des sujets. Il me pardonnera de n'avoir pu l'éviter. Premièrement, sur une période de quinze ans, mon ami a dû combattre quarante-cinq grippes. Sa façon d'en parler est savoureuse : ce n'est pas lui qui attrape toutes ces grippes. Ce sont les grippes qui l'attrapent, lui, et lui en particulier. Le monde est rempli de grippes diverses qui le surveillent et attendent le moment propice pour lui tomber dessus. Mon ami est ainsi la victime désignée d'un terrible complot viral. Il a beau naviguer entre le mouchoir et les comprimés, il a beau essayer tous les traitements préventifs, la grippe est la plus forte et elle l'attend au premier détour. Être le chouchou d'un virus, cela peut facilement empoisonner une vie. Si un sur mille doit l'attraper, soyez-en sûrs, ce sera lui ! Rien ne saurait expliquer une semblable vulnérabilité. Mon ami est trop pur, mon ami est trop bon. La grippe n'a pas peur de lui. La grippe l'aime. Elle sait que chez lui, elle ne risque rien. Car il est sans défense et il a depuis longtemps jeté l'éponge. C'est le vecteur rêvé, celui dont rêvent toutes les grippes bien élevées. Bien sûr, notre relation souffre depuis que mon ami n'a pu s'empêcher de remarquer l'injuste différence entre lui et moi.

Car tout comme lui, je suis un cas, mais un cas inverse. Pour une raison inconnue, la grippe m'ignore. Dans le brouillard de ma mémoire, je me souviens vaguement d'avoir été grippé aux environs de l'année 1963, une seule fois. Depuis, la grippe préfère les autres, le monde entier, mais elle ne montre aucun intérêt pour mon humble personne. Pourtant, je passe l'hiver la falle à l'air, je m'habille peu, ou pas, certainement mal. Le moderne que je suis est mélangé dans le climat. Je ne me déshabille pas l'été, je ne m'habille pas l'hiver, je ne prête aucune attention au temps qu'il fait puisque j'évolue dans le microclimat de ma voiture et que le seul air pur que je respire est celui des stationnements extérieurs. Pour le reste, j'inhale l'air recyclé des bureaux et des tours, des avions, voire de ma maison où un supposé filtreur électronique me protège contre je ne sais quoi. Mais il ne fonctionne plus depuis longtemps et mes conduits d'air sont certainement encrassés au-delà du raisonnable ; ils sont bloqués par une mousse primitive favorable au développement de bactéries aussi fondamentales que perverses.

Or la grippe ne m'attrape pas, et je ne l'attrape pas de mon côté, comme si nos routes ne se croisaient jamais. Quand « la grippe est forte cette année », moi, je traverse l'année en voyant tomber les victimes autour de moi sans que jamais une balle me frôle. Vous comprendrez l'envie sinon la rage de mon ami kabyle. Il me regarde tel un Martien.

Il s'interroge sur mon humanité.

Mais cet ami, vous l'ai-je dit, est un savant, un intellectuel, un homme d'une grande culture. Pour lui, le monde doit s'expliquer. Il se dit que lui, il est un prince, un seigneur, un demi-dieu. Tout le monde sait que les princes ne sont pas très bien équipés pour faire face à la vraie vie. C'est donc avec courage et résignation qu'il franchit des champs de bactéries qu'à une autre époque son statut lui aurait évité de traverser. Son environnement normal est celui d'un sérail, c'est-à-dire d'un vase clos. Tandis que moi, toujours selon son explication, je ne suis qu'un ours vulgaire et mal léché. Les ours n'ont pas de gros problèmes existentiels, on le sait. Ils se rient des abeilles qui protègent leurs ruches. Ils sont heureux au sec, ils sont heureux mouillés. Ils sont heureux de respirer, de se promener et de se faire du bien. Pour se faire du bien, justement, ils se donnent bien du mal. Les ours sont vulnérables à l'arthrite et aux maux de dents. Mais jamais on n'a vu un ours ralenti par la grippe. Les seules fois qu'ils toussent, c'est quand ils ont trop fumé. Le prix de la culture est parfois bien élevé qui vous confine à vos salons aseptiques, où vous êtes condamné à expliquer en vase clos et en comité savant la perte de tous vos boucliers.

BERNARD ARCAND

La grippe est un mal connu et très ordinaire, assez désagréable mais en même temps plutôt banal. C'est, en plus, une affliction empiriquement incontestable puisque nous avons tous, un jour, ressenti quelques frissons, une hausse soudaine de température, le mal de tête, quelques douleurs sourdes et diffuses dans les muscles, un affaiblissement tonal, la langue pâteuse, les paupières lourdes et brûlantes, un ralentissement général d'énergie et de volonté d'entreprise, une perte notable de libido. Durant quelques jours, la chair se sent vraiment faible et les os donnent l'impression d'une irréparable usure. Le malade souhaite seulement dormir toute la journée, et la nuit, son sommeil est agité. Bref, tous ces symptômes nous sont familiers et nous savons parfaitement ce que le mot « grippé » veut dire.

Heureusement, dans la plupart des cas, il suffira de souffrir quelques jours pour que le malaise disparaisse. C'est alors le retour à un état plus normal, la santé ordinaire reprend le dessus et tout redevient comme avant. Sauf que l'expérience de la grippe nous aura de nouveau rappelé l'existence d'une menace sournoise, quoique invisible : la maladie aura démontré qu'ils avaient tout à fait raison, ceux qui répétaient qu'il y avait de la grippe dans l'air et qui affirmaient, sans pouvoir le pointer du doigt, qu'il fallait se méfier du virus de cette année. Le convalescent confirme que la grippe peut frapper à tout moment sans avertissement.

La grippe arrive de nulle part, sinon des profondeurs de l'exotisme mystérieux. On la dit « asiatique » ou « espagnole ». Elle frappe comme le Seigneur qui promettait de venir comme un voleur. Il est ridicule de prétendre que la victime a attrapé la grippe, seul l'inverse est vrai et, quand la grippe attrape sa victime, c'est le plus souvent dans des moments imprévus et des circonstances incertaines. La grippe est toujours mauvaise. Elle assaille sa victime sans pitié, comme dans le verbe « agripper », c'est-à-dire désespérément, avec l'énergie du désespoir et les griffes de la dernière chance. Virulente, elle agrippe ses victimes sans avertir, comme Agrippine.

En somme, la grippe est à la fois familière et surprenante. Régulière, répétitive, annuelle, saisonnière, prévisible, on ne sait jamais quand ni qui, au juste, elle va frapper. Il y aurait là matière à confirmer toute une théorie générale du danger permanent mais imperceptible. La grippe pourrait fournir une preuve immédiate de la justesse des thèses fondées sur la conviction qu'il existe là-bas, quelque part, une menace sourde, réelle, quoique quasi surnaturelle, un vaste complot universel, invisible, insaisissable, mais omniprésent. L'exemple de la grippe pourrait également rassurer les tenants du destin incontestable et les partisans du karma programmé dont nous sommes encore fort mal informés et trop peu conscients. Pour certains, la grippe confirme nos pires certitudes et prouve simplement que nous avons raison de vivre inquiets.

Réjouissez-vous, donc, créditistes du monde entier, convaincus que la vie moderne ne s'explique qu'en appréciant à quel point nous sommes tous les victimes de la conspiration de banquiers crapuleux. Régalez-vous, disciples de la thèse de la conjuration communiste, séparatiste, monarchiste, féministe, opus-déiste, islamiste ou francmaçonne. Reprenez confiance, partisans de la thèse d'une sinistre manigance planétaire de la CIA alliée au Vatican et aux services secrets bulgares. Ne lâchez pas les armes, amateurs de réarmement moral ou d'un Temple Solaire helvétique ou guyanais. Ne perdez pas courage, Rastafaris à la poursuite nostalgique du défunt Sélassié,

Bérets blancs en marche vers demain et autres millénaristes patients. Réconfortez-vous, Raëliens onanistes et tous les disciples d'extraterrestres malins. Considérez-vous comme pleinement sanctionnés, fermes partisans de l'œil de Dieu ou pleutres craintifs de Satan et de ses affreuses pompes. Rassurez-vous, fanatiques de la pollution terminale, convaincus que l'eau courante est porteuse de dangers aussi invisibles qu'inavouables. La grippe vous appuie et donne à tous raison. Elle démontre, familièrement et incontestablement, l'existence de forces invisibles sournoises et inquiétantes. Car on ne conteste pas la grippe! Mais cette preuve de l'existence d'une force surhumaine semble en inquiéter certains, tandis que d'autres trouvent l'idée rassurante.

Serge Bouchard

L'épidémiologie historique est une grande science. À ce que l'on sache, l'Europe du xvie siècle était relativement malpropre. La population s'était développée trop rapidement pour les infrastructures dont les villes disposaient. Histoire de merde et de déchets que nul n'arrivait à bien traiter. Histoire encore d'un immense foyer de maladies diverses se présentant sous la forme de foudroyantes épidémies. La peste bubonique, la grande faucheuse noire, il n'est de plaies que l'Europe n'ait à cet égard su éviter. Lorsqu'une engeance se déclarait, une grande ville pouvait perdre jusqu'à la moitié de sa population. Il en est résulté des idées et des représentations, ainsi que des systèmes immunitaires assez particuliers. Côté idée, se développa l'idéologie générale de l'asepsie et de l'épuration. À la fin du xixe siècle par exemple, toute l'œuvre de Zola représente la somme de cette réflexion en vase clos. Bouillon de culture, microbes des bas-fonds, cela grouille dans les caves de la basse condition. L'air est vicié, l'immoralité est malpropre, la promiscuité est malsaine, tout est question d'élévation. S'en sortir, c'est s'élever et s'élever nous rend propres.

Cette vision du monde social, cette représentation de la nature, ce dessein du monde résultaient d'une longue expérience collective assez éprouvante sous le rapport de la santé publique. L'Europe s'était vue si sale qu'elle a passé des générations à vouloir se laver. Entendre : se faire pardonner de sales péchés, comprendre, promouvoir la pureté des mœurs et tout ce charabia sortant des souterrains de la culpabilité.

Mais au XVIe siècle, l'Européen migrateur, qu'il fût espagnol, portugais, hollandais, français ou anglais, était un vecteur immonde bardé de bactéries diverses. Les survivants carapacés infestèrent l'Amérique, dont les habitants autochtones n'en étaient pas rendus à se chier sur les pieds. Les Indiens avaient mille problèmes mais ils n'avaient pas celui-là. Si bien qu'à l'époque de Champlain, il se produisit un échange contaminatoire insoupçonné par les cohortes en question. Personne ne connaissait les virus. Mais chacun observait les résultats. À ce que l'on sache, l'échange fut proprement inégal : les Amérindiens firent cadeau à l'Europe d'une sorte jusque-là inconnue de syphilis. Ce fut apparemment leur seule contribution à un continent déjà expert en contamination. Les Européens, par contre, introduisirent en Amérique un véritable catalogue de maladies, grande vérole, petite vérole, variole, et un éventail complet de grippes. Car les Indiens d'autrefois, la chose est-elle imaginable, ne connaissaient pas la grippe. Mais n'a-t-on pas écrit et réécrit que les Indiens ne connaissaient pas grand-chose ? Aux générations qui vécurent les premiers contacts avec les Européens, la grippe a coûté très cher. Avant qu'elles ne développent un minimum de système immunitaire, des nations entières sont restées sur le champ de bataille des grandes épidémies. Parmi elles, probablement la première, la nation huronne. Nos historiens se sont obstinés et, mystérieusement, s'obstinent encore à attribuer le déclin des Hurons à leur indiscipline et leur irresponsabilité invétérées.

Selon nos livres d'histoire, les Hurons ont été défaits parce qu'ils n'ont pas gagné. Ce qui nous fait une belle jambe. Cependant, si on sait lire entre les lignes, si, surtout, on lit les bonnes lignes, celles d'un Bruce Trigger par exemple et, avant lui, celles d'un Léo-Paul Desrosiers, sans parler de quelques autres, on apprend que la grippe est un des éléments les plus importants dans le développement de l'Amérique telle qu'on la connaît aujourd'hui. Selon les proportions géopolitiques de l'époque, la nation huronne était forte et puissante. Elle appartenait aux ligues majeures, comme on dirait dans le langage actuel. Les Hurons, sédentaires et commerçants, agriculteurs et confédérés, occupaient la baie Georgienne, une des plus belles régions du Nord-Est américain. À l'époque de la Nouvelle-France et de la Nouvelle-Hollande, la défense et la promotion des intérêts hurons par les Hurons eux-mêmes constituaient la pièce maîtresse sur l'échiquier géopolitique nord-américain. La confédération huronne, iroquoienne d'appartenance, entraîna les Français dans une guerre ancienne contre leurs frères ennemis, les Iroquois qui, eux, occupaient le nord de l'actuel État de New York. L'enjeu était le commerce, le profit, la libre circulation des marchandises et des convois, la prospérité, le pouvoir. Quoi de neuf? Combien humain? C'est par le biais de la politique huronne que les nations s'alignèrent selon certains axes qui ont donné naissance à l'Amérique d'aujourd'hui : Anglais, Français, les colonies, les loyalistes, les alliés amérindiens, les guerres iroquoises, tout repose sur le socle historique des premiers arrangements dictés par les volontés huronnes. Mais la confédération huronne n'a pas vécu pour voir la suite de l'histoire qu'elle avait elle-même enclenchée. Car, après un départ en coup de canon dans la joute politique nord-américaine du XVIe siècle, la nation s'est effondrée. Ce sont les virus qui l'auront minée. Victimes de l'échange insidieux de bactéries invisibles, ces commerçants invétérés ont payé le gros prix. En quelques années, ils ont perdu entre le tiers et la moitié de leur population et la confédération iroquoise n'allait pas rater une si belle occasion de régler un conflit plusieurs fois centenaire. C'est comme si l'Angleterre avait perdu la moitié des Anglais au moment d'une guerre avec la France. Dans ces circonstances inespérées, les Français auraient débarqué dans l'intention de régler une fois pour toutes le contentieux franco-anglais par le biais de l'éradication de tout ce qu'il y a de britannique sur terre. Quoi de neuf? Qui sait comment l'histoire se serait déroulée en nos territoires si les Hurons n'avaient pas été foudroyés par la maladie? Ils ont dû débander et fuir leur pays, ils sont devenus des réfugiés et des marginaux sur l'échiquier. Qui dira que la grippe est bénigne? Et aux Hurons de dire : « Oui, la grippe était forte, cette année! »

BERNARD ARCAND

La vie tout entière est fondée sur l'interaction et l'être vivant se maintient en contact ininterrompu avec son environnement. L'on sait aussi que ces échanges innombrables exigent d'être bien tempérés. Car il faut respecter certaines limites de manière à éviter, comme pour toute bonne chose, les risques de l'excès.

Ainsi s'installe la notion de contagion. La grippe s'attrape souvent par contact excessif avec une autre personne infectée de cette maladie malheureusement contagieuse. Souvent, parce qu'elle n'a pas su respecter les limites et s'est trop approchée de quelqu'un qui toussait ou qui éternuait, la victime a mal calculé la distance. Il n'est donc pas surprenant que les épidémies de grippe aient tant de succès dans les garderies et les écoles maternelles. Tous les parents le savent, les enfants ne possèdent aucun sens de la réserve et du décorum : ils touchent à tout, placent leurs mains partout et, surtout, sur n'importe qui et dans n'importe quoi. Seules des circonstances tout à fait particulières nous imposent à nous, adultes, pareille proximité ; par exemple, lorsque nous nous retrouvons dans la situation pénible du voyageur coincé dans un siège d'avion de classe familiale super-économique, les coudes serrés et les rotules écrasées, incapables de bouger et de nous défendre contre la toux et les éternuements d'un voisin gros, gras et jasant.

Ce modèle de la contagion ordinaire semble désormais admis par tous les spécialistes. Tous aujourd'hui reconnaissent les risques de la maladie par contact, contiguïté ou attouchement. Nous savons aussi que, dans d'autres contextes, ce sont l'enthousiasme, la sainteté ou la déprime qui deviennent contagieux. Par contre, ce qui est moins reconnu, c'est notre manière de transposer ce modèle de la contagion sur nos relations sociales. Prenez notre façon curieuse de traiter certaines catégories de parents qui ne sont pas, à proprement parler, des parents proches, mais qui doivent pourtant être traités comme tels. Il serait malsain de trop s'en approcher, pense-t-on, mais sans que l'on sache précisément le mal qui en résulterait. Qu'est-ce qui empêche une relation entre une femme et le frère de son mari ? Entre un homme et l'épouse du frère de son épouse ? Entre une femme et le mari de la sœur de son époux ? Tous ces gens ne sont pas ce qu'on appelle des proches au sens de la parenté biologique, il n'y a entre eux aucun lien qui semblerait incestueux. Néanmoins, dans les bonnes familles, on ne fleurte pas avec les conjoints de ses frères et sœurs et la Chambre des Lords britannique a longtemps discuté du droit d'un veuf d'épouser la sœur de son épouse. L'anthropologue Françoise Héritier a beaucoup travaillé ces questions, cherchant à comprendre pourquoi l'on trouve communément dans ces cas matière à malaise et à une certaine hésitation. Par respect pour ses amis, bien sûr, par souci de maintenir la famille unie, évidemment, mais aussi à cause d'un vague sentiment de courir le risque d'une contagion : la crainte d'entrer en contact avec quelqu'un qui est un intime de mon très proche, c'est-à-dire par contagion, la peur d'entrer en contact avec un proche parent. Comme si Œdipe, dans le sein de sa mère, entrait aussi en relation avec (la trace de) son père. C'est exactement de cette manière que l'on croit souvent attraper la grippe, indirectement, par personnes interposées. Et l'on trouverait peut-être là aussi l'origine du fait que certains beaux-frères ou belles-sœurs nous rendent malades.

* * *

La maladie rappelle, brutalement parfois, le bonheur d'être en santé. Elle vient redire la vulnérabilité et la fragilité de la vie, parfois jusqu'au drame personnel et terminal. Mais la vie, elle, continue. Durant la maladie de quelqu'un, les autres se portent plutôt bien. Et la disparition d'un individu n'a jamais entraîné la fin du monde. Personne n'a réussi à se rendre indispensable et la plupart partent discrètement. Même le roi, à peine disparu, doit bien entendre son peuple crier : « Vive le roi. » La tradition continue, les coutumes se maintiennent, la langue ne meurt pas le jour où une voix s'éteint. Sur un cycle d'environ soixante-quinze ans, tous les membres du groupe seront remplacés, mais le groupe survivra.

Se rendre au chevet d'un malade est généralement vu comme un acte de compassion charitable. De fait, c'est aussi une insulte. Autour du malade, les autres se serrent les coudes, les amis se rassemblent, la sociabilité se trouve stimulée et affermie. Au moment précis où l'individu se sent faible, la société se montre forte et affiche sa vigueur.

Il en est tout autrement dans le cas de la grippe ou de n'importe quelle autre maladie contagieuse. Lors de l'infâme épidémie de grippe espagnole, les responsables de la santé publique fermèrent les écoles, puis les théâtres et les cinémas, les salles paroissiales, les locaux de bingo et toutes les chambres des communes. Il était urgent d'interdire les rassemblements afin de limiter la contagion. Autrement dit, la meilleure façon de combattre l'épidémie consiste à suspendre toute vie sociale : « Évitez les contacts en restant à la maison. »

C'est le genre de conseil qui peut marquer toute une époque. Dès que les individus se convainquent que la société est devenue malade ou que les fréquentations peuvent les infecter, ils auront tout naturellement tendance à se réfugier en eux-mêmes et à s'enfermer à la maison, chez soi, dans une immense salle de bain douillette, pour y lire un peu, écouter la radio ou regarder beaucoup la télévision. On dirait qu'ils ont pris le monde entier « en grippe ».

■ Les gros arbres

Serge Bouchard

Dans son essai de sociologie culturelle intitulé *Les Québécois*, Marcel Rioux posait le problème suivant sans même songer, et on le comprendra, à le résoudre : les Canadiens français catholiques n'aiment pas les gros arbres et ils les coupent, alors que les anglophones protestants les adorent et les protègent. Personne, à ma connaissance, n'a encore résolu l'équation de Rioux, mais il faut admettre qu'il s'agit là d'un foutu bon sujet de dissertation pour nos jeunes en mal d'expression. Remarquez que ce ne sont pas les bribes d'explication qui manquent.

D'ailleurs, il se pourrait que la question soit mal posée ou que l'observation soit fausse. Est-il vrai que le Canadien français catholique n'endure pas un gros arbre dans son champ de vision alors que le Canadien anglais protestant ne peut respirer qu'à l'ombre d'un « gros bétail » d'arbre, sinon sur son terrain, du moins dans les environs ? Est-il vrai que l'on reconnaît de loin un village canadien-français du seul fait qu'on peut y compter sur les doigts de la main les arbres dont la hauteur dépasse les trente pieds, alors que, en Estrie, dans certains coins de Gaspésie, en Outaouais aussi, les villages canadiens-anglais se distinguent par la beauté de leurs arbres colossaux ?

On a longtemps prétendu que le Canadien français était un bûcheron invétéré qui gardait dans son village son réflexe guerrier et qui s'en prenait aux arbres debout comme on s'attaque à l'ennemi. On a longtemps dit aussi que le Canadien français était un cultivateur de type français, à la manière des paysans beaucerons des vieux pays que la vue d'un arbre dans un champ rend malades. Tout cela est peut-être vrai. De son côté, l'Anglais reproduit l'Angleterre partout où il campe. Si tu gardes ton roi, si tu gardes ta reine, alors tu gardes aussi ton orme et tu soignes tes chênes. À partir de ton petit monde fermé, tu dévastes le monde entier, tu déforestes à la grandeur, mais tu conserves dans ton arboretum privé les spécimens des espèces que, partout ailleurs dans le monde, tu as complètement détruites, complètement rasées. Les locaux et les indigènes sont les méchants bûcherons, eux qui, à la fin, ne peuvent plus voir un arbre en peinture. Ce ne sera pas long que, dans un texte, on leur reprochera leur manque de culture.

*   *   *

Revenons à nos moutons français : déjà le Roi-Soleil n'aimait pas qu'on lui fît ombrage et il faisait dans les orangeraies bien plus que dans le parc anglais. Les révolutionnaires ont conservé le sentiment royal : la république est plus portée sur le gazon, les fleurs et les haies que sur les arbres de haute futaie. Le citoyen universel veut de la chaleur, du soleil, un jardin, de la pelouse, un plan d'eau, un point d'eau, un rond d'eau, une piscine hors terre en somme. Le citoyen-roi déteste les feuilles mortes qui s'accumulent sur son parterre. Cela fait jaunir son gazon et bouche ses filtreurs.

Le voilà donc, mon sujet d'examen pour le cours d'éloquence, disons au secondaire 4 : Les gros arbres appartiennent à l'univers du Moyen Âge, univers de la Lune et des mythes nocturnes, alors que le jardin français est fils de symétrie et de lumière. Considérant cela,

dites ce que vous pensez (a) de la réforme constitutionnelle canadienne, (b) du pouvoir de l'argent, (c) du hêtre qui pousse en bordure du dépotoir, dépotoir que tu peux apercevoir par la fenêtre de
ton école. Une page par point, trente points par page, cinq points
pour la prononciation, cinq points pour l'originalité du style. Au
programme du collégial, une question plus subtile : Pourquoi le gros
arbre de la paix ne se vénère-t-il qu'à l'aurore, ne s'aperçoit-il qu'au
crépuscule ?

Si vous pensez que ces questions sont difficiles, vous avez bien
tort. Il s'agit d'un simple exercice pédagogique visant à établir des
liens entre les choses : le jour et la nuit, le sacré et le profane, le paga-
nisme et le puritanisme, le sang versé, le castor gras, le grand pin
blanc et, bien sûr, pour qui connaît bien son histoire, la Banque de
Montréal.

*   *   *

Selon l'historien Fernand Braudel et quelques-uns de ses amis,
les rives de la Méditerranée étaient à l'origine magnifiquement boi-
sées. Cela revient à dire que si vous aviez visité ces parages avant
l'Empire romain, disons à l'époque de la gloire de Sparte, vous auriez
admiré des paysages dominés par les forêts de cèdres et de pins. Dans
le livre des grands amateurs, le cèdre du Liban passe pour le plus
beau des arbres. Or, si ce cèdre est aujourd'hui dit du Liban, c'est bel
et bien parce que le Liban fut son dernier refuge et que c'est là et là
seulement que l'on a pu jusqu'à maintenant en observer suffisamment pour imaginer de quoi pouvait bien avoir l'air la Méditerranée
autrefois. Mais la tempête commerce est passée, et la tempête
richesse aussi. D'empires en cités, de guerres en négoces, les civilisations méditerranéennes ont fini par tout raser, par couper tous ces
grands arbres dont on se servait pour fabriquer des bateaux, mais
que l'on mettait sur le marché aussi, puisque la demande existait. La

Méditerranée contemporaine est le résultat de ce désastre écologique premier, et cette rocaille et cette broussaille que l'on admire inconsidérément sont le résultat d'une gigantesque et définitive « coupe à blanc ». Comme quoi le progrès passe par la désertification. Ainsi que le disent à présent les Américains, on ne peut pas manger son gâteau et le garder en même temps.

Sur la Côte d'Azur, dans les îles, sur la Costa del Sol, à Raguenuse, à Dubrovnik, les jeux sont faits depuis un bail. Il faut avoir une imagination titanesque pour aimer la fardoche et la poussière de calcaire. Mais l'imagination ne coûte pas très cher et nous en avons à revendre. Elle est belle, la Provence, elle est belle. Ses rivières sont à sec ou en crue, c'est selon. Ses collines sont dénudées, sa pierre partout exposée, elle a perdu son sol, mais la civilisation s'habitue. Même les poètes n'arrêtent plus de la chanter.

* * *

Le lac Témiscamingue est un lac d'une rare beauté. Il est fait sur le long, comme on dit, si bien qu'il se donne parfois les allures d'une immense rivière, d'un gros fleuve sauvage qui paresse là-bas, quelque part en haut, entre les plis du bouclier, avant de finalement descendre contre son gré, comme qui dirait à reculons, vers la vallée où il se transforme en rivière forcément rebelle, c'est-à-dire très belle, la rivière des Outaouais. Mais le grand lac des pays d'en haut, le mystérieux Témiscamingue, n'est pas seulement long et beau. Il est traître et profond, il peut vous faire des vagues à renverser un « fretteur ». Durant sa longue carrière, il en a capturé, des voyageurs.

Sur une île isolée de ce lac particulier, on a retrouvé un cèdre — les puristes vous diront un thuya — qui date de plus de cinq cents ans. Protégé des feux de forêt par son insularité, protégé des regards et des projets des êtres humains, il a poussé, il a poussé, année après année, et, il faut bien le dire, rien n'indique qu'il soit prêt à crever.

Telle la forêt enchantée de Ville-Marie, cet arbre garde le souvenir d'un hiver maudit, en l'an 1507, où tous les petits cèdres du pays ont bien failli mourir d'un coup. Ce samedi soir-là, il faisait tellement froid sur le lac que même la glace faisait pitié. C'est du moins ce que les vieux arbres du coin racontent. Souvenir de jeunesse, mauvaise soirée, trace inscrite au seizième de leurs cercles de croissance : une simple microligne, un fil. Et le lac qui éclate comme croûte de cristal, le froid faisant un bruit de tremblement de terre. Un jour de plus et tout cassait, le lac, la pierre, les arbres et l'air. Les arbres cachent des secrets extraordinaires, des histoires fascinantes.

Combien triste paraît la constatation suivante : pour bien connaître la vie privée d'un arbre, le savant doit l'assassiner. À moins qu'il ne devine ou, mieux, qu'il n'apprenne à lui parler. Il semblerait que les savants qui ont étudié le thuya multicentenaire de l'île isolée du lac Témiscamingue ont utilisé cette approche. Ils l'ont simplement interrogé. De là son âge et son histoire. Les arbres parlent peu, leur débit est très lent. De plus, et ce n'est pas un mince avantage, on peut leur faire dire n'importe quoi.

* * *

Les intégristes iroquois nous invitent depuis quelques siècles à une réunion qui doit avoir lieu sous le grand arbre de la Paix, quelque part en Iroquoisie. Cet arbre doit être gros et grand, vu son âge. Il doit être bien seul aussi. Depuis au moins mille ans, il attend que la réunion commence. Car, faut-il le préciser, les Iroquois eux-mêmes se sont fait excuser. Génération après génération, ils ont, comme tout le monde, bien d'autres chats à fouetter. Ce sont des conflits chroniques d'agenda, comme on dit chez les gens qui brassent des affaires.

Le jour où cette fameuse réunion commencera, entre frères planétaires et sœurs universelles, sous le symbole de la grande unité, il y a gros à parier qu'elle se tiendra en plein soleil, du fait que le grand arbre de la Paix sera depuis longtemps renversé par l'irréversible souffle du temps passé, et que son ombre aura rejoint les ombres, comme cela finit toujours par arriver. Alors, devant l'irréparable, on en sera quitte pour chanter et danser, une brindille à la main, en souvenir du chêne qui a vécu en vain. Les êtres humains ont ce curieux penchant qui consiste à se réconcilier autour de ce qu'ils ont brisé.

*   *   *

Je vous raconte une histoire qui brisera le cœur de ceux qui aiment. Il y a de cela une quinzaine d'années, dans un recoin oublié de la Haute-Mauricie, une magnifique forêt de pins blancs fut découverte par hasard. Il s'agissait manifestement d'une vallée oubliée par les exploitants forestiers qui, pourtant, n'en oublient pas beaucoup. Il y avait là trois cents superbes pins blancs, chacun âgé d'environ trois cents ans. Pour ceux qui savent ce qu'est un arbre, je n'en dirai pas plus. Pour les autres, je préciserai que le pin blanc peut devenir gigantesque si on le laisse pousser en paix et s'il se dit heureux. Dans les forêts de l'Est américain, c'est un des plus gros, des plus beaux. Je devrais dire cela à l'imparfait, car ceux qui nous restent aujourd'hui ne représentent pas exactement la grandeur de leurs ancêtres que nous avons systématiquement abattus. Les chroniqueurs des temps passés rapportaient combien étaient impressionnantes les forêts du sud du Québec et de l'Ontario, véritables jardins de chênes et de pins blancs parvenus à maturité. Voilà bien la société des arbres disparus. Ainsi, aux environs de 1980, un petit restant de cette richesse d'antan fut retrouvé au fin fond des régions mauriciennes par ailleurs fort tondues.

Cette découverte déclencha une guerre dans les officines

gouvernementales et commerciales. Terres et Forêts, le ministère, au nom des droits du négoce et de l'emploi, réclama son butin afin de le mettre en valeur. Il fallait écrémer.

Il faut bien que les machines tournent, il faut que l'homme rembourse sa dette.

Mais Chasse et Pêche s'y opposa, voulant conserver le joyau pour d'autres fins, pour le plaisir de l'œil des hommes, pour le plaisir de l'œil des truites mouchetées qui sont plus tendres lorsqu'on les prend au pied des très vieux pins, comme chacun sait. Voilà un débat aussi intéressant que fondamental, une grande question en somme, qui aurait normalement dû réunir la société autour d'une table imaginaire où chacun se serait exprimé. Mais de toute l'affaire, nous n'avons rien su, vous vous en doutez bien.

Cette guerre n'a pas retenu l'attention des journalistes. Des pins blancs de trois cents ans en Mauricie n'ont pas l'exotisme des pins de Colombie. Les Algonquins ne sont pas des Mayas, le parc de l'Ashamoushouane n'est pas le Yucatán et on a les scoops que l'on mérite. C'est donc dans l'indifférence totale que Terres et Forêts fit la peau à Chasse et Pêche. Tous ces pins blancs furent coupés, à l'exception de trois individus que les exploitants consentirent à épargner pour le plaisir des pêcheurs niaiseux qui peuvent les contempler. Oui, vous m'avez bien compris, il en reste seulement trois, trois pins trois fois centenaires. Cependant, quelque chose me dit qu'ils sont anxieux et déprimés, qu'ils vivent dans le doute, perdus désormais au beau milieu des coupes à blanc. Je parierais qu'ils vont bientôt se mettre à mourir. Les vieux arbres, comme les vieux en général, ont leurs habitudes et leurs certitudes. Dérangez leur routine et ils meurent.

Nous pouvons dormir sur nos deux oreilles, nos forestiers reboisent. Dans trois ou quatre cents ans, ils seront de retour, nos géants. Dans l'intervalle, vivons au bois de la fardoche et ramenons la nature à notre hauteur de vue, qui est bien basse.

BERNARD ARCAND

Parmi tous les observateurs attentifs, les artistes japonais semblent être ceux qui ont le mieux compris que la plupart des gros arbres ont toujours l'air un peu tristes. Cette considération vient du fait que les gros arbres n'ont, le plus souvent, personne à qui parler. De nos jours, les gros arbres vivent seuls, et l'on se doute bien qu'ils doivent éprouver le sentiment d'avoir été, d'une façon ou d'une autre, « sélectionnés » pour être ensuite « préservés ». Car, lorsqu'on rencontre un gros arbre, majestueux et grandiose, on l'aperçoit toujours seul au bout d'un champ ou au milieu des terres cultivées, ou encore sur la place centrale d'un village ou dans un parc urbain.

L'arbre qui, au milieu de la ville, détourne la circulation automobile et au pied duquel la municipalité a placé des bancs à vieux doit certainement se sentir heureux d'être encore debout, seul de sa forêt. Il pourrait même se dire fier d'être devenu un arbre moderne et d'être arrivé en ville, ce qui lui assure nourriture suffisante et émondage saisonnier aux mains soigneuses des services d'entretien des biens de la communauté urbaine. Mais du coup, et peut-être parce que les observateurs que nous sommes restent imbus d'un certain romantisme, nous soupçonnons le gros arbre d'être un peu nostalgique et de s'ennuyer de ses amis. Dans certaines villes, il est même interdit aux humains d'approcher et de toucher les gros arbres. Ce qui est le cas aussi pour l'ours polaire du jardin zoologique.

SERGE BOUCHARD

Les grands arbres nuisent. En général, ils ont poussé sans égard à la petitesse de l'homme et ce dernier est jaloux de tout ce qui le dépasse en son bas monde. J'en tiens pour preuve un cas précis. Dans le premier chapitre de son très beau livre intitulé *Le Pays renversé*, l'historien Denys Delage donne la parole aux premiers voyageurs européens authentiquement lettrés et que leurs périples ont conduits à passer en canot devant la pointe est de l'île de Montréal, à l'endroit précis où la rivière de l'Assomption rejoint la rivière des Prairies avant que celle-ci ne se jette dans le fleuve Saint-Laurent à la hauteur du beau désordre des îles de Boucherville. Les observateurs de 1640 sont unanimes : ils voyaient là des paysages merveilleux, des forêts parsemées de belles prairies naturelles (rivière des Prairies) autant que bien pourvues en arbres de très haute futaie, des arbres plus gros que les références européennes de ces messieurs; c'étaient les trembles de la pointe aux Trembles. Ainsi, la première caractéristique de la pointe est de l'île de Montréal notée par les nouveaux venus était sa grande beauté naturelle traduite par ses étangs de foins blonds doucement caressés par le vent doux d'été, sous la sombre majesté de ces arbres gigantesques qu'étaient alors les trembles centenaires.

Si un jour il vous prenait l'envie de constater sur le terrain combien l'humain se soucie de la beauté fondamentale des paysages qui sont les siens, ne vous inscrivez pas à un cours universitaire en histoire de l'art ou en écologie comparée. Prenez plutôt votre voiture, prenez le train ou l'avion si vous venez de très loin et payez-vous une visite guidée de la pointe aux Trembles et de la rivière des Prairies. Ce sera une façon intelligente de passer un dimanche après-midi. Et vous verrez que les trembles se désolent, qu'il n'en reste presque plus. Les prairies sont devenues des terrains vagues; les boisés, des forêts à meurtre. Ici comme ailleurs, le paysage humain ne relève pas de la nature ni de la philosophie. Il s'apparente plutôt à la blessure et à la psychiatrie.

BERNARD ARCAND

On raconte que, certains soirs d'automne, ceux qui savent reconnaître ce genre d'images peuvent apercevoir quelques fantômes de gros arbres qui se balancent doucement, suspendus aux fils des lignes de transport de l'électricité. Il se peut même qu'un jour, à défaut de tempête solaire, ces fantômes soient enfin reconnus comme les seuls vrais responsables des mystérieuses pannes occasionnelles du système de distribution de l'électricité. Car il faut savoir que l'électricité et les gros arbres se considèrent comme de très vieux ennemis, mais que l'électricité a pratiquement gagné leur guerre de presque cent ans.

Pour comprendre l'ampleur de cette rivalité historique et apprécier l'amertume des arbres, il n'est pas inutile de rappeler qu'autrefois nos villages, nos campagnes et parfois même nos villes avaient su conserver plusieurs de leurs gros arbres. Mais avec l'arrivée de l'électricité, lorsqu'il fallut faire passer d'interminables fils par monts et par vaux, on s'est vite rendu compte qu'il serait trop compliqué de contourner les gros arbres et beaucoup trop dangereux de laisser sur pied des arbres qui à tout coup de vent risqueraient de tomber sur les lignes, de couper le courant et de mettre le feu au voisinage. Bref, les gros arbres étaient soudain transformés en obstacles. Bien sûr, au même moment arrivait l'automobile, qui avait besoin de routes plus larges et qui risquait à la première fausse manœuvre de percuter là un platane, ailleurs un palmier et ici un érable. Quoique pour tous les arbres le moindrement éloignés de la route l'automobile ne fût pas une menace, les fils électriques devaient pénétrer chaque demeure, se rendre à la grange, longer toutes les rues, se faufiler entre les lots, plus tard suivre les terrains de golf et les pistes de ski, en plus de descendre de Shawinigan, de la Manic ou de La Grande, pour traverser le pays et enfin atteindre les usines d'aluminium ou les États-Unis. Les gros arbres n'avaient aucun moyen de résister à une telle toile de fils d'électricité et ils sont ainsi devenus des victimes sans défense : le prix à payer pour s'assurer un chauffage propre et pour faire marcher les appareils ménagers, les ordinateurs, la télé et nous procurer de belles soirées éclairées.

Morale de cette récente histoire : si vous êtes sans-cœur et souhaitez faire vraiment mal à un arbre, inutile de graver au couteau dans son écorce le nom de votre bien-aimé(e), gravez-y plutôt le sigle de la compagnie d'électricité. Les gros arbres avaient mis cent cinquante, deux cents, trois cents ans à grandir et à s'engraisser. Sans se rendre coupable d'optimisme naïf, on peut prévoir l'invention, d'ici quelques années, de nouveaux moyens de fabriquer de l'énergie, sinon de nouvelles façons de la transporter jusqu'à la maison. On pourra alors enlever définitivement tous les fils suspendus au-dessus de nos têtes, ce qui devrait normalement nous occuper durant plusieurs mois. Il ne nous restera plus qu'à attendre deux siècles pour que les arbres retrouvent la taille qui leur convient.

*　*　*

La disparition des gros arbres représente une menace écologique dont on ne mesure pas encore pleinement les multiples répercussions. Sans gros arbres, les girafes auraient à se pencher et perdraient alors tout avantage évolutif. Sans gros arbres, les éléphants ne sauraient plus comment ni où se gratter et deviendraient ainsi de fort mauvaise humeur. Sans gros arbres, les aigles voleraient bas, les guépards ne sauraient plus où dormir et, du coup, nos rues deviendraient moins sûres. Les singes circuleraient partout et nous ferions rire de nous. Sans gros arbres, maître Corbeau, celui qui tenait en son bec un fromage, serait mangé tout rond par le renard en essayant tant bien que mal de grimper au sommet d'un ridicule bosquet. Et cela vaut pour nous aussi, puisque sans gros arbres les enfants ne pourraient plus grimper pour construire des maisons imprenables et inaccessibles aux adultes fatigués. C'est dire qu'ils perdraient un excellent moyen de s'évader du monde pour rêver de pirates et de corsaires et faire mille projets d'avenir. Sans gros arbres, c'est toute la vie qui aurait l'air de Colombus, Ohio.

SERGE BOUCHARD

Les commentateurs rapportent ceci, du moins les commentateurs les plus avertis : avant la Seconde Guerre mondiale, la ville de Trois-Rivières comptait parmi les plus belles à cause notamment des grands ormes qui bordaient les rues de ce centre alors religieux, bourgeois et ouvrier. Les vieux ormes donnent du cachet à tous les lieux et à tous les endroits. Mais après la guerre, modernité oblige, la ville a cru sortir de la noirceur comme on sort du bois en prenant la curieuse décision de faire abattre tous ces gros arbres sous prétexte qu'ils relevaient d'un autre âge, c'est le cas de le dire. Ils faisaient ombrage à l'électrification et nuisaient aux poteaux. De la sorte, la belle ville de Trois-Rivières fut mise au goût du jour. Rendez-vous au motel Lynda, juste en face de chez Toyota, « trois rues après la lumière ».

BERNARD ARCAND

Un arbre mérite d'être déclaré gros dès que l'on peut y accrocher une balançoire. L'indice est bien choisi, car la balançoire représente un bel instrument du temps perdu qui convient admirablement à la mentalité des gros arbres. Les gros arbres, on le sait, sont paresseux et extrêmement lents. Toute leur vie, ils ont toujours refusé de se presser. Même ces espèces d'arbres que l'on dit à croissance très rapide ne poussent en fait que très doucement ; à peine quelques centimètres par an. Songez, par contraste, que le canal de Panamá, qui a exigé l'extraction de soixante-dix-huit millions de verges cubes de matériaux par des hommes disposant de moyens modestes et qui luttaient contre la fièvre jaune, a pu être terminé en dix ans seulement. Pensez aussi que l'œuvre entière de William Shakespeare semble avoir été rédigée entre 1589 et 1612, soit vingt-trois ans, ce qui est quand même pas mal en si peu de temps. Pendant ces mêmes dix ou vingt-trois ans, les arbres ont dû grossir un petit peu. Dans l'histoire, nous n'avons à peu près rien accompli au même rythme, hormis peut-être les cathédrales, la Grande Muraille, Machu Picchu, Rome et les débats constitutionnels canadiens.

Tout porte à croire que les gros arbres n'ont jamais été touchés par les sentiments qui naissent de l'urgence et que ces attardés conviennent assez mal à une société axée sur la vitesse d'exécution, le succès rapide et la gratification immédiate. Les gros arbres portent ombrage aux fleurs annuelles autant qu'aux pelouses instantanées. Ils seraient comparables au rhinocéros, un anachronisme dont la vie moderne nous éloigne chaque jour davantage et qui cadre mal avec nos plans d'avenir. D'ailleurs, dans une société où l'enracinement profond et durable devient à chaque génération un peu moins nécessaire, on devine déjà que les gros arbres ne pourront plus très longtemps servir de référence utile. On s'en rend compte du seul fait que, depuis quelques années, même nos arbres généalogiques ont tendance à rapetisser.

* * *

Il faut avoir la franchise de reconnaître que le gros arbre nous impressionne depuis la nuit des temps. Par sa taille et sa prestance, d'abord, mais aussi parce que le grand arbre nous écoute sans broncher et qu'il sait recevoir et porter nos messages. On dirait qu'en retour de son bois et de ses fruits, pour le remercier de ses branches et de son ombre, nous lui avons toujours accordé beaucoup de sens. Les humains tirent des leçons du gros arbre, ils vont même jusqu'à lui mettre quelques bons mots dans la bouche, et c'est ainsi qu'il a pu devenir le symbole de quelque chose d'immense qui nous dépasse : l'image d'une ascension vers le ciel ou d'un cycle de la vie qui régulièrement s'éteint puis se régénère. Arbre de vie, arbre des ancêtres, arbre phallus et reproducteur, arbre matrice et reproductrice, tout cela a été énoncé quelque part, tout cela a été cru, et bien davantage encore. Les gros arbres ont presque toujours été pleins de bon sens.

Il n'est pas du tout surprenant qu'il en soit ainsi, puisque les gros arbres font de très agréables voisins qui ont toujours voulu entretenir des relations amicales avec le plus grand nombre. On ne trouverait nulle part dans la nature un être plus généreux, plus accueillant ou chaleureux. Sous terre, par ses racines qui abritent ceux qui creusent ou rampent, le grand arbre fréquente vers, mulots, reptiles et lombrics de toutes catégories. En surface, il côtoie les sangliers, les ânes qui souffrent d'urticaire, les cow-boys fatigués et les chiens qui ont trop bu. Son tronc accueille les pic-bois, les ours frileux et quelques milliers d'insectes. Ses branches soutiennent les abeilles, les félins, les reptiles, quelques rares paresseux, des chenilles et plusieurs araignées. Si ses branches inférieures tolèrent le gazouillis des petits oiseaux, à son sommet le gros arbre jouit du privilège de fréquenter les aigles et les vautours. Il se nourrit de terre et d'eau, ses feuilles absorbent la pluie et la chaleur du soleil. Son bois, si on le frotte, nous donne le secret du feu, et nous réchauffe. Il fournit tout à la fois des bois durs et des fruits sucrés, des écorces rugueuses et des feuilles lisses.

Pas surprenant que le monde entier se retrouve si facilement autour ou au pied du gros arbre. En Chine, au cœur même de l'empire du Milieu, on pouvait voir, en plein centre, un très grand arbre qui ne faisait pas d'ombre. Un nombre considérable de chamans prétendent que la capacité de grimper au grand arbre demeure l'un des meilleurs moyens de s'élever jusqu'au ciel. Mais tout cela devrait nous rendre inquiets sur le sort des civilisations qui ne respectent plus les gros arbres. Car là où tous les arbres sont petits, il deviendra de plus en plus difficile de s'élever au-dessus des considérations bassement terre à terre.

■ L'intelligence

SERGE BOUCHARD

Voyons ce cerveau qui se penche sur le cerveau qui lui permet de s'y pencher. Ce petit tour de passe-passe n'est pas tout à fait régulier. Il est juge et partie, ce cerveau qui prétend s'expliquer. La pensée réfléchit sur la pensée avec le seul moyen qui lui permette de l'aborder, c'est-à-dire la pensée et seulement la pensée. En un sens, nous avons tort de prendre l'intelligence à la légère, de faire comme si dans son cas nous savions de quoi nous parlons.

Dans notre tête, tout tourne en rond, d'où sa forme, bien entendu. C'est une sorte de prison, et nos pensées sont des miroirs. Chacun croit voir à l'infini alors qu'il ne voit bien que ce qu'il a choisi de voir. C'est le propre du cerveau que de se faire toutes les histoires car « il peut tout, ce cerveau qui pense le cerveau qui le pense », selon la formule d'Edgar Morin. Des générations de penseurs ont été nécessaires pour prendre la mesure de l'affaire. De l'origine de la pensée, nous ne savons pas grand-chose, et le fonctionnement du cerveau se dérobe constamment à notre vue. Sa structure échappe aux appareils les plus sophistiqués. Avez-vous déjà songé à la lunette qu'il faudrait pour isoler les composantes d'un état d'âme ? Derrière la synapse se cache un ceci et derrière ce ceci se cache un cela, si bien que le tout s'abîme dans la représentation poétique, depuis l'infiniment petit jusqu'aux univers de la super-complexité, de l'inconcevable rapidité, et nous revoilà Gros-Jean comme devant, renversés par ce qui n'est rien d'autre qu'un véritable mystère.

Cette masse gélatineuse peut être facilement disséquée, n'importe qui peut l'observer et elle ne présente en apparence rien de bien particulier. D'ailleurs, à vue de nez, il n'y a rien qui ressemble plus à une cervelle qu'une autre cervelle. Celle du mouton est même assez bien dessinée. Cependant, un cerveau qui réfléchit est un chef-d'œuvre de magie. C'était déjà beaucoup de passer de la pierre à la vie, voilà que devant vous, tous les jours, la matière se transforme en esprit.

* * *

Il n'est rien de pire qu'une intelligence qui échappe à l'intelligence dont c'est le métier d'en parler. Alors, nous nous rabattons sur l'erreur commode et sur des modèles qui montrent bien jusqu'à quel point l'esprit scientifique peut devenir étroit lorsqu'il démissionne devant la difficulté d'un sujet. On nous démontrera que le cerveau fonctionne à l'électricité, que les génies sont des cent watts, que certains cerveaux, comme les batteries, sont plus chargés que d'autres, ce qui permet de les tester. Nous sommes scientifiquement obsédés par la métaphore des échelles de pouvoir et nous mesurons encore le pouvoir des cerveaux comme si nous possédions les clés de son fonctionnement et de sa capacité. Mais en fait, comment mesurer la finesse, l'intuition, l'esprit de synthèse, la perception poétique, l'inspiration, l'éclair de génie, la tournure de l'esprit, le style de pensée? Comment mesure-t-on l'élan créateur, l'architecture de l'imaginaire?

Nous prétendons mesurer l'intelligence alors que toutes ces choses sont oubliées. Car il existe un milliard de façons d'être intelligent. Serions-nous assez stupides pour n'en promouvoir qu'une et encore une parmi les plus simplistes, pour ne pas dire les plus simples? Souvenons-nous de ce mot d'Alain : « Il a fallu des siècles de pensée pour mettre en prose conseillère ce que la poésie a toujours deviné. »

* * *

Lors de l'effondrement du régime soviétique, une petite information insignifiante nous est parvenue, révélant l'existence à Moscou d'un institut de recherche sur le cerveau. Jusque-là, rien de bien étonnant. Toutefois, les membres de cet institut travaillaient dans le plus grand des secrets depuis des décennies. Sous le régime soviétique, personne ne pouvait entrer à l'intérieur de ces mystérieux murs, et aucun résultat scientifique n'en émanait. En fait, l'institut gardait sur ses tablettes le cerveau de Lénine ainsi que les cerveaux de tous les leaders ou dirigeants communistes depuis le début du régime. Certaines autorités, probablement sensibles à la grande quête de la science, avaient décidé, à la mort de Lénine, qu'il serait opportun de lui extirper le cerveau afin de le conserver mais surtout afin de pouvoir en analyser les composantes et la structure. Le cerveau de Lénine fut donc lamellisé pour, c'est le cas de le dire, être examiné à la loupe. On recherchait la trace de son génie, l'indice de son intelligence, quelque preuve matérielle de sa supériorité intellectuelle. Des années de recherches plus tard, de lamelle en lamelle, il fallut bien admettre que cette cervelle, aussi célèbre fût-elle, ne révélait rien de bien spectaculaire, sinon une teinte bleutée qui n'est la trace de rien de particulier sinon d'une ancienne syphilis.

Nous avons donc au moins appris que Lénine avait été syphilitique et que la syphilis laisse des marques bleues indélébiles sur les parois du cerveau. Ainsi progresse la science, qu'elle soit historique ou physiologique. Cependant, cette nouvelle nous informant que les responsables communistes avaient décidé depuis longtemps de conserver dans du formol une telle quantité de supposés grands cerveaux est en soi remarquable. Car c'est en quelque sorte la révélation d'une hypothèse scientifique de la famille des matérialistes et des empiristes. Taponnons le cerveau d'un génie et nous finirons bien par lui trouver sa bosse. Le cerveau de Lénine était forcément différent dans sa matérialité même, et cette différence, il fallait la trouver. Il était obligatoire que le cerveau soit entièrement biochimique et que les idées soient faites de lithium, très très léger. Oui, biochimie, neurophysiologie, électromagnétisme, tout y était pour qu'on découvrît dans la cervelle du génie la trace mesurable, quantifiable et descriptible de sa capacité. Tout ça pour découvrir une maladie vénérienne.

Cela revient à lancer un immense programme de recherche visant à faire la preuve que, lorsque vous frappez quelqu'un à la tête avec un bâton, ça lui mélange les idées. Pour ma part, je connais des millions d'inconnus dont nul ne soupçonne qu'ils sont brillants. Il suffit de sortir de ces petits sentiers battus pour réaliser à quel point l'intelligence est loin d'être le fait d'un club privé. Ils sont légion, les gens qui pensent vite et qui jouent gros, qui supputent et calculent, qui se servent de leur tête à bon escient, qui tirent toutes sortes de plans, qui louvoient et qui naviguent dans les dédales et les détroits de leur double et de leur triple vie.

■ Le mal du pays

Serge Bouchard

Nous sommes capables de toutes les nostalgies. Le mal du pays en est une parmi d'autres. Elle se range dans le tiroir du retour impossible, dans le temps comme dans l'espace. Le fait d'être loin nous rappelle jusqu'à quel point nous sommes toujours ailleurs. Car s'il est vrai que nous venons tous de quelque part, il est encore plus vrai que nous ne pourrons jamais y retourner. Voilà donc ce que le mal du pays nous suggère : il nous rappelle à l'ordre de l'irréversible et de la nostalgie. En vérité, le mal du pays, c'est le mal du temps et de l'espace. Nous nous ennuyons d'un milieu, d'une odeur, d'une atmosphère, d'un éclairage, de ces indéfinissables impressions qui ne s'effacent jamais, de ces impressions et climats qui furent et qui ne sont plus mais qui nous poursuivent le temps d'une vie.

On ne part pas, disait Verlaine, on ne part pas. Mais en même temps, nous ne sommes jamais là où nous avons été. Pour avoir le mal du pays, on peut très bien ne pas bouger. Il suffit de laisser le temps passer. Pour le reste, chacun est aux prises avec lui-même et ce n'est certes pas un décalage horaire qui va y changer quoi que ce soit.

Il est indéniablement vrai que le plus beau d'un grand voyage, c'est le retour à la maison. Pour un moment, on conserve l'illusion d'être de retour quelque part et rien ne nous rassure plus que de constater à quel point rien n'a changé. En fait, j'ai parfois l'impression que l'être humain en a marre du temps qui passe et qui le pousse toujours vers l'avant. Il rêve de mettre un frein à cette bousculade du temps, il voudrait revenir en arrière, sur ses propres pas, ne serait-ce que pour vérifier le fondement de quelques impressions. Vérifier si, dans le musée personnel de ses instants de bonheur, tout est en bon ordre. Dans l'espoir secret de s'y enfermer.

Voilà pourquoi nous sommes malades de nostalgie. Chacun se souvient d'avoir été heureux au moins le temps d'une seconde par le passé. Et l'avenir nous rend nerveux car le temps nous éloigne toujours un peu plus de notre milieu.

BERNARD ARCAND

La crainte de l'ennui appartient très probablement aux conditions fondamentales et permanentes de l'existence humaine. Le quotidien, la vie ordinaire, la routine habituelle, toutes nos habitudes demeurent vulnérables au point de risquer d'être minées à tout instant par un soupçon de platitude ou d'ennui. De là, semble-t-il, nous viendrait le goût du voyage, l'envie d'aller de temps à autre faire un tour ailleurs et ainsi de nous dépayser en provoquant une rupture de

```
            LIBRAIRIE DU SQUARE INC.
             3453 RUE SAINT-DENIS
                MONTREAL    QC

NUMERO CARTE          45809125****0029
DATE EXPIRATION       0909
TYPE CARTE            VISA          0F38
DATE/HEURE            2006/11/01  14:58:53
NUMERO RECU           54701805F-365-010
ACHAT                 ──────────────────
MONTANT TOTAL         $17.12

                      ──────────────────

01 APPROUVEE-027    NO. AUTOR. 012795
MERCI


LE TITULAIRE S'ENGAGE A REMBOURSER
L'EMETTEUR DE LA CARTE DU MONTANT TOTAL
FIGURANT SUR CETTE FACTURE CONFORMEMENT
A LA CONVENTION REGISSANT L'UTILISATION
DE LA CARTE.

_____
          SIGNATURE DU TITULAIRE
```

la routine et en plongeant dans l'étranger et l'inconnu. L'antidote à une vie trop ennuyeuse serait donc de partir et de voyager au loin, par monts et merveilles, jusqu'à l'endroit magique où, enfin, on rencontrerait le mal du pays.

Voilà donc le paradoxe. D'abord, n'importe quel pays peut à la longue devenir ennuyeux ; on s'en fatigue et on le quitte, pour aller voir ailleurs si l'on n'y trouverait pas matière à se ressourcer. Mais si tous rêvent d'une année sabbatique et espèrent aller quelque part à l'étranger lutter contre l'ennui, c'est seulement jusqu'au moment où ils commenceront à s'ennuyer du pays. Ainsi, typiquement, le mal du pays afflige surtout ceux et celles qui hier encore souffraient du mal du voyage et qui se disaient incapables de résister à la tentation de partir dans l'espoir de briser la monotonie quotidienne. Des gens, en somme, qui sont nostalgiques et qui ont souvent envie d'ils ne savent trop quoi, ici comme ailleurs, et qui nourrissent toujours un mal quelconque qui les empêche de rester en place. On en arrive à croire que, s'ils n'avaient ni mal du voyage ni mal du pays, ces gens-là s'ennuieraient probablement des douceurs de la mélancolie.

■ Les méchants

Serge Bouchard

Les grands westerns sont des tragédies modernes qui traverseront les époques. La mythologie western, au cinéma comme en musique, échappera toujours aux snobs de l'art. L'art snob est mince et reluisant, il n'est jamais lourd et épais. Or, le western ne s'accommode d'aucune facétie, il est lourd, il est épais. Ses personnages sont hors du temps, ils sortent du brouillard et ils retourneront dans le brouillard. Cela fait belle lurette que le film s'est installé dans le tragique. Ici, plus de place pour la séparation simple et simpliste entre le bon et le méchant. Le bon et le méchant se rejoignent plutôt, dans l'union d'un duel, dans des espaces où seuls les héros peuvent se rencontrer, c'est-à-dire dans la rue principale, à l'aube ou au crépuscule, pour essayer de régler un compte dont seuls les meilleurs sont susceptibles de s'acquitter. Car l'insignifiant n'a pas de dettes, il n'a pas de destin. Il tient commerce, il est banquier, il n'existe pas dans ce dialogue éternel entre des héros qui n'en finissent plus de se chercher. Invincibles et vulnérables, les héros sont toujours fatigués, ils arrivent toujours de très très loin, ils cherchent à en finir.

Dans les westerns, nous aimons les meilleurs, qu'ils soient bons ou méchants. Nous sommes les spectateurs de l'honneur, d'un honneur rétrograde qui nous méduse. L'honneur sans âge et sans lieu. Clint Eastwood en poncho, Clint Eastwood en manteau, l'harmonica de Charles Bronson, les yeux d'Henry Fonda, la mâchoire de Kirk Douglas, la veste de Gary Cooper, l'attitude de Jason Robarts dit le Cheyenne, Jack Palance, Lee Van Cleef, chacun pose à sa façon la question d'un sens qui nous échappe.

Ces tragédies ont un bel avantage. Elles nous montrent que les méchants ne sont pas toujours ceux qu'on pense. Les vrais méchants, les authentiques, ceux dont la méchanceté ne fait aucun doute, ce sont les imbéciles, les petits, ceux qui se cachent et qui complotent, ce sont les organisateurs, ceux qui préjugent et qui protègent de petits intérêts, ceux qui se cachent derrière les vitres et qui regardent les héros mourir dans la rue. La véritable fin d'un film western, c'est lorsque le héros est assassiné par un insignifiant qui se cachait derrière un mur, celui qui tient une carabine profane et qui tire une balle déshonorante dans le dos de l'immortel. La véritable tragédie sera toujours la victoire du lâche, une balle improbable en provenance du balcon, le spectateur qui tire sur l'artiste. Dans la représentation du monde humain, sur la scène symbolique de son impossible résolution, le héros-comédien sait bien que le méchant est toujours assis dans la salle. *Lonely are the brave,* comme le disait Cervantès.

* * *

Sans les méchants, saurions-nous faire justice ? Où serait la justice dans un monde d'où les méchants seraient absents ? Accepteriez-vous de vivre dans une société où il n'y aurait plus de justice faute de délinquants ? Et où la bonté blême ferait la loi bon an mal an ? Voilà de belles questions d'examen qu'on ne pose pas assez dans nos facultés de droit. S'il fallait que nous nous mettions à bien former nos avocats, plus personne ne s'y reconnaîtrait.

C'est aux méchants que nous devons nos compétences juridiques et répressives. Comme le droit fonde le corps social de la modernité, depuis la Renaissance jusqu'à l'univers Macintosh, songez au rôle historique et culturel de la méchanceté dans la civilisation. Oubliez les monstres, les psychopathes et les déréglés. Eux ne fondent rien et détruisent tout. Toutes les sociétés les ont bannis depuis toujours. Les antisociaux sont des antisociaux et nous savons bien comment les méchants traitent les tueurs d'enfants, par exemple. Les monstres sont généralement solitaires, rarement réunis dans un but commun.

Autrement, dans l'ordre humain des choses, il n'est pas si simple de traiter de la méchanceté. Car la méchanceté est nécessaire, mais pour qui, mais pourquoi ? L'homme est fondamentalement méchant, nous a-t-on dit ; c'est la société qui l'élève dans la bonté. Mais on nous a aussi dit que l'homme est fondamentalement bon, que c'est la société qui le corrompt. Œil pour œil, dent pour dent. Si l'on te frappe, présente l'autre joue. Violence, non-violence, ange du ciel, ange de l'enfer, bonne vie, mauvaise vie, tout a été dit sur ces sujets, par les religions, les moralistes, les juristes.

Mais en réalité, qui aura vu le vice dans ce cercle sinon le commun des mortels ? Toutes les lois sont bonnes, pourvu qu'il y ait des lois. L'être humain n'est en général ni tellement bon ni tellement méchant. Il déteste être seul, il veut des amis. Il veut de l'amour, comme on dit. Or, il y a autant d'amour chez les méchants qu'il y en a chez les bons. Et c'est cela le vice, comme chacun le sait bien.

D'autant que l'histoire ne s'arrête pas là. Pour combattre le mal, il faut un plus grand mal. Le problème est insoluble en plus d'être fort mal posé. Lorsque l'ennemi terrible se présente aux portes de la ville, sous la forme d'une horde d'assassins et de violeurs, de ces patibulaires qui ne vous l'envoient pas dire et qui n'en démordent pas, de ces professionnels qui laissent leur cœur à la maison, alors, le moraliste, le théoricien, la quintessence de la bonté aura une décision à prendre : avoir le courage de se laisser tuer, violer, torturer, de se laisser faire dans l'extase et dans la certitude de son bon droit, ou bien avoir le courage de se montrer plus méchant que la quintessence de la méchanceté afin de s'assurer là aussi de la force de son bon droit.

Mais pour être méchants, les bons sont fort mal placés. Se battre n'est pas se débattre, agir sans réfléchir est un acte de courage. Nous devons beaucoup aux méchants : ce sont eux qui nous protègent contre les méchants, ils nous protègent aussi contre les abus de bonté, il leur arrive même d'être bons sans pour autant être déprimés, ils donnent un sens à toutes les lois. De plus, ils n'ont pas la méchante habitude, comme le font les bonnes âmes, d'entrer dans les tribunaux en clamant leur innocence.

BERNARD ARCAND

Les anciens créditistes savaient se rendre la vie agréable. Ils disaient qu'il y avait là-bas, quelque part, des méchants qu'il fallait tenir pour responsables de la plupart de nos infortunes. Quelques banquiers véreux et sans-cœur qui méritaient d'être blâmés pour tous les malheurs du peuple. L'accusation était peut-être facile, mais elle était surtout utile, parce que la vie devient tout de suite meilleure dès que l'on connaît l'ennemi responsable de toutes les infamies. On commence à mieux comprendre l'action quand on sait reconnaître les bons et les méchants, ce qui est toujours confortable et rassurant.

Nous qui, d'une part, n'avons à peu près aucun pouvoir et ne sommes donc pas responsables de grand-chose, et qui, d'autre part, croyons honnêtement être au fond assez bons, encore faut-il que nous nous expliquions la raison et les sources de toute cette méchanceté si évidente dans le monde où nous sommes plongés. Il serait impensable de croire que tout cela est vraiment notre faute, l'explication doit être ailleurs.

Ici et là, on nous offre comme monnaie courante rien de mieux que des explications floues qui demeurent généralement insatisfaisantes : nous restons chaque fois sur notre faim lorsqu'on nous dit que le malheur est imputable à une enfance malheureuse ou au contexte familial, à la récession ou à la conjoncture économique difficile, aux conditions actuellement peu propices ou aux difficultés d'ordre structurel. On n'explique rien en disant qu'il y a trop de violence à la télévision, que notre société est malade ou que nous vivons dans un monde de fous. Il est beaucoup plus clair et convaincant d'identifier avec précision quelques vrais méchants qui pourront être reconnus comme ceux par qui le malheur arrive et qui seront ainsi tenus pour déjà coupables. Tout le monde comprend lorsqu'on dénonce les bourgeois ou les Irakiens, quand on blâme les Anglais ou le pape, les communistes, les Américains, les Noirs, les hommes en général, ou bien les jeunes, les Turcs, les têtes de Turc, tous les autres, et finalement n'importe qui d'autre, et de préférence quelques barbares ou des sauvages. En fin de compte, nous avons tous de la graine de créditistes.

La capacité de concentrer la majeure partie de la méchanceté du monde sur les épaules d'un groupe particulier bien identifié offre l'avantage supplémentaire d'améliorer l'allure de tous les autres : puisqu'on connaît les vrais méchants, nos amis, par contraste, les gens comme nous, c'est-à-dire tous les créditistes du monde, ne peuvent donc plus désormais être classés parmi les foncièrement méchants. Nous oublions plus vite nos différences et tolérons mieux nos imperfections. Du coup, notre monde devient meilleur. Il suffit alors de se méfier des méchants et de ne pas trop s'en approcher, ce qui est le plus souvent assez facile puisque les méchants sont pour la plupart des gens différents de nous et plutôt distants. Ce n'est pas le genre de personnages que l'on fréquente ou que l'on risquerait de rencontrer tous les jours. On les a surtout vus quelques fois à la télévision. On a, quelque part, lu quelque chose sur eux. Mais surtout, on en a beaucoup entendu parler.

*   *   *

Les meilleurs méchants étaient autrefois des personnages tout à fait doux et gentils. Leur politesse était exemplaire et, généralement, on nous les montrait d'une élégance sans faille, autant dans leur habillement que dans leur vocabulaire. Les méchants s'exprimaient de manière soignée, avec compassion, délicatesse et beaucoup de retenue. Justement parce qu'on savait très bien qu'ils étaient profondément méchants (il ne pouvait y avoir là-dessus aucun doute), leur douceur et leur élégance apparentes ne faisaient qu'amplifier l'horreur de leur menace. Le comte Dracula des années trente, joué par Bela Lugosi, témoigne de ses bonnes manières et d'un excellent sens de l'hospitalité en accueillant son invité à sa table et en lui offrant avec une suprême élégance un verre de vin empoisonné. Fu-Manchu conserve un air parfaitement courtois et respectueux en invitant sa prisonnière à entrer dans un cachot sordide. Les pires méchants ne proféraient jamais de menaces vulgaires ou brutales, ils affirmaient au contraire vouloir « divertir » leurs adversaires en inventant à leur intention quelque nouvelle torture; ils attachaient le héros à un tronc d'arbre flottant sur une rivière tout en lui souhaitant très poliment bon voyage; ils aimaient faire des propositions honnêtes comme de promettre que le monde vous appartiendra si seulement vous faites la concession apparemment minime de bien vouloir les adorer. Les méchants faisaient tout pour avoir l'air bon. Ce qui les rendait encore plus fourbes, sournois et inquiétants.

Comparativement à cet univers simple où les méchants demeuraient franchement menteurs, c'est un monde très différent que celui qui ne sait plus comment définir la méchanceté et qui présente des méchants et des bons de plus en plus difficiles à distinguer. De nos jours, on dirait que bien des politesses se perdent, plusieurs parlent mal, jurent constamment et menacent leurs opposants, plusieurs maudissent ce qui leur arrive, sinon la vie entière. De plus en plus, bons et méchants sont habillés à la même mode et se ressemblent beaucoup. Les histoires se compliquent et on ne sait plus très bien pourquoi l'un devrait être plus méchant et l'autre un peu meilleur. C'est que la vie n'est plus aussi limpide et que chacun est devenu un être plus entier, riche et certainement méritoire, mais également un être plus vulnérable, souvent malheureux et presque toujours incompris. Quand l'être devient entier, il devient aussi difficile de rencontrer l'absolument mauvais que de croiser le totalement bon. Ce sont des espèces en voie de disparition. Autrement dit, nous assistons, impassibles, au spectacle d'un génocide culturel : de toute évidence, la culture de la méchanceté est aujourd'hui menacée.

SERGE BOUCHARD

Dans l'un de ses mille deux cents propos publiés, le philosophe Alain s'est penché sur le fait d'être méchant. Il y voit un grand avantage en sus de l'efficacité. L'être méchant sera quelquefois bon et la bonté du méchant attire d'autant la louange. Tandis que la bonté du bon n'a rien de remarquable et qu'elle sera jugée aussi normale que naturelle puisqu'elle vient d'un être reconnu pour être bon. À quoi bon se surprendre de la bonté du bon ? Cependant, il suffira que l'être bon soit une fois méchant, un jour ou l'autre, pour que sa bonté soit immédiatement oubliée au profit de sa surprenante, même si brève, méchanceté. Ainsi, au jugement des hommes, la bonté du méchant est bien plus bonne que la bonté du bon, la méchanceté du bon bien plus méchante que la méchanceté du méchant ; il n'est pas surprenant de voir dans l'histoire autant de bons réprimandés, et autant de méchants récompensés. L'un perd son honneur en une minute, l'autre le gagne dans le même temps. Dans l'intervalle, le méchant aura eu les coudées franches pour arriver à toutes ses fins. Car qui niera que, dans de nombreuses circonstances, la méchanceté a sa place ? L'efficacité du méchant tient certes dans la crainte qu'il inspire. Elle tient aussi dans l'éclair de l'action. La bonté délibère, quand la méchanceté agit. La bonté doute, quand la méchanceté sait. Tout se passe comme si la bonté passait son temps à chercher ce que la méchanceté a depuis longtemps trouvé : une place de choix dans le cœur de l'homme. Les Américains prétendent qu'il ne saurait y avoir de jours victorieux pour les bons car les bons participent, ils ne cherchent pas à gagner. Être méchant ne nuit pas, dans un monde de compétition. Au sommet de votre méchante victoire, il sera toujours temps de montrer un soupçon de bonté. Celui-là, ce simple soupçon, sera conservé dans la mémoire collective comme un échantillon sacré. Et l'on s'étonne toujours de la fragilité de son amour, et plus encore de sa rareté.

■ Le mensonge

SERGE BOUCHARD

Méfiez-vous des gens qui commencent toutes leurs phrases en employant cette expression : « pour être franc et honnête… ». Ces gens-là ont quelque chose à cacher. C'est un tic, le tic du menteur qui n'a pas encore compris que lorsqu'on ment, il est complètement farfelu de s'en excuser. Pour être franc et honnête, je vous dirai qu'ils me tombent sur les nerfs, les gens qui construisent leur mensonge sur une fondation d'honnêteté.

* * *

Le mensonge pieux est le plus intéressant d'entre tous. C'est un petit mensonge, en principe. Il est pieux parce qu'il vise à protéger la tranquillité d'esprit de celui à qui l'on ment. Il est petit parce qu'il n'est pas grave. Il n'est pas grave parce qu'il sert la cause du bien. Voilà donc un cas où la vérité, à l'inverse, ferait du mal, plus de mal que de bien. La vérité choque, blesse, elle tue parfois, elle décourage et démolit ou vous enlève le peu de foi que vous aviez. La vérité fait des dégâts considérables.

Voilà donc l'univers paradoxal dans lequel déambule le gardien du mensonge pieux. S'il est de bons mensonges, c'est qu'il y a de bien mauvaises vérités. L'étiquette est un mensonge. Le savoir-vivre en général est une menterie finement ouvrée par des générations de petits menteurs compulsifs et de petites menteuses raffinées. On ne dit pas à son voisin de table qu'il est laid, qu'il pue, que sa conversation est pathétique, ses opinions farfelues et qu'on donnerait un million pour ne pas être là. On ne lui dit même pas qu'on ne l'aime pas, qu'il n'a pas d'amis. On dit tout le contraire, on acquiesce.

Les mensonges, parfois, évitent le pire, la franchise par exemple, sur laquelle aucune société ne pourrait réellement construire quoi que ce soit. D'ailleurs, chaque individu est très très pieux avec lui-même. Il tricote sa vie comme l'araignée tisse sa toile, sauf que, dans ce cas, c'est l'araignée elle-même qui, à la fin ou en cours de besogne, devient prisonnière de son ouvrage.

L'être qui vieillit est une somme de mensonges pieux accumulés. Petits mensonges de la grosseur d'un grain de sable qui, avec les années, finissent par faire un tas, un petit tas, même un voyage dans certains cas, un gros voyage de sable. Le grain de sable est comme la goutte d'eau, et les mensonges pieux s'accumulent dans un bac dont on sait bien qu'il finira par déborder. Victimes de nos propres mensonges dont chacun visait notre tranquillité, polis et patinés par des années de savoir-vivre, de faux-semblants, de faux-fuyants, nous inventons le mensonge pieux par excellence, le final, le dernier : les vieux sont beaux, c'est une joie de dépérir.

*   *   *

Personne n'aurait le courage d'affirmer que c'est au nom des mensonges les plus gros que l'on envoie des hommes à la guerre, au combat pour se faire tuer, sur les champs de bataille où l'on tue sans réfléchir et sans choisir. Bien au contraire, il est très important de se forger une vérité forte en ces moments pénibles où l'on prend le collier du guerrier. On tue, on se fait tuer pour notre vérité : libérer le tombeau de son dieu, sauver la terre de son seigneur, défendre l'intérêt du roi, du pape, venger l'honneur des siens, honorer ses morts anciens, satisfaire la volonté familiale, tribale, municipale, territoriale, nationale et impériale. Protéger le faible, la civilisation, la démocratie, la paix et que sais-je encore qui justifie le fait de s'enfermer dans un char pour saupoudrer la mort aux environs, de monter dans des avions redoutables et invisibles, de se métamorphoser en

G.I. de l'an 2000, de devenir soi-même une machine de guerre. Nouveaux templiers des temps modernes, il suffirait de rien pour nous faire adhérer aux mensonges qui nous font soldats. Les vérités se succèdent : la race aryenne est supérieure, il lui faut de l'espace ; les Américains sont l'incarnation de la puissance du diable ; les musulmans sont monstrueux ; les Hutus des assassins ; les Anglais protestants mangent des enfants ; les Iroquois mangeaient aussi les enfants des Ojibwas. Regardons les balles en face : la culture est un mensonge, et la haine, une vérité.

* * *

Hegel n'a-t-il pas prétendu qu'une série de mensonges peut conduire à l'ultime vérité ? Et si Hegel s'était trompé ou, pire, s'il avait menti ? Le mensonge d'Hegel s'ajoute aux mensonges qu'il nous faut surmonter dans notre recherche de la vérité absolue. Hegel, en écrivant, ajoutait à l'obscurité.

Au fond, peut-être l'existence nous ment-elle. Il se peut que l'Être mente comme il respire, que le mensonge soit son essence et que seul le Néant arrive à exprimer la Vérité, ce qui serait pour la Raison assez décourageant. Pauvre conscience qui en vient à nier son esprit en sachant que, au nom de la Raison pragmatique et instrumentale, elle passe son temps à se mentir, à se renier.

Il se peut que l'Être soit le mensonge, et le Néant la Vérité. Mais rassurons-nous. Des spécialistes et des gens sérieux disent aujourd'hui qu'il est plus que probable que Jean-Paul Sartre mentait comme il écrivait. L'accusation : avoir écrit des sommes et des thèses d'après des philosophes qu'il n'avait jamais lus. Faut le faire, comme on dit. Ce qui donne raison à Hegel, somme toute. Mentons, mentons, on finira bien un jour par dire par hasard une quelconque vérité.

* * *

La poésie est le mensonge suprême. Baudelaire, qui s'y connaissait assez, ne croyait en aucune vérité. En fait, il ne croyait pas dans un rapport au monde qui puisse être objectif. Nos sens nous trompent, la réalité est inaccessible, vieux principe idéaliste qui aura toujours mis en rogne les matérialistes. Si la vérité est impossible, alors mieux vaut créer le monde qui nous convient, nous bercer des meilleures illusions possibles, choisir notre chimère, en somme. D'où la force de la poésie et d'où le ridicule du réalisme. Sachons être fantastiques.

Se mentir à soi-même est un exercice épuisant puisqu'il faut tous les jours faire exister ce monde d'illusions qui tient lieu de réalité. Cela engendre de la fatigue mentale. Bien des poètes sont devenus fous, comme vous savez. Cela se vérifie constamment de nos jours. Baudelaire s'était créé dans sa tête un Paris merveilleux. Il a traduit dans des pages magnifiques l'esprit de cette ville, esprit qui n'était autre que celui de Baudelaire. Il a créé une impression si forte que l'impression s'est comme éternisée dans nos esprits. Mais Baudelaire était un très grand poète, donc un redoutable menteur. Il a détourné son regard du Paris qu'à son époque on détruisait pour le profit des promoteurs et des spéculateurs. Le Paris du réaliste Zola est déjà autre chose.

Le Zola d'aujourd'hui, s'il existait, parlerait peut-être du Paris qui sent le fuel et le diesel, du sale temps qu'il y fait toujours, de ce ciel cotonneux qui n'est rien d'autre qu'un fog losangélique, de l'odeur d'urine qui empeste le métro, des façades noircies par le temps, du narcissisme et de l'ethnocentrisme, de l'urbanité foutue qui n'a pas su se moderniser, de la mégalopole des impasses et des plus grandes absurdités. Pour oublier cette vision insupportable, faisons comme Baudelaire. Inversons la vapeur dans la machine de nos représentations. Créons un Paris merveilleux. Il suffit de nous mentir juste assez pour que nous ne risquions plus de nous tromper. À la fin, Paris sera une ville-lumière, la plus belle du monde.

Dans ce combat, la vérité ne fera jamais le poids. L'illusion est au moins aussi belle que la réalité peut être insupportable. Ah ! tout l'ennui que j'ai, que j'ai.

■ La météo

BERNARD ARCAND

Vous avez sans doute déjà remarqué combien les phrases typiques des bulletins de la météo peuvent être pleines de chiffres : « 40 % de probabilités d'averses ; 8 à 10 cm de neige ; 25 mm de pluie ; le mercure grimpera jusqu'à 21°, avec un minimum de 12 durant la nuit, soit 2° au-dessus de la normale qui est de 19 à ce temps-ci de l'année ; avec des vents du nord-ouest entre 25 et 40 km/h ; soleil qui se lèvera à 5 h 37, pour se coucher à 19 h 42, pour un total de 14 h 5 min d'ensoleillement. » La météo se présente à nous avec beaucoup de rigueur et sous le couvert d'une remarquable précision. S'il faut en croire la météo, le monde des grandes forces de la nature, qui nous dépasse absolument et qui nous impressionne beaucoup, serait en somme un univers ordonné, rigoureux et prévisible dans ses moindres détails.

Et pourtant, nous passons notre temps à rire des prévisions des experts de la météo. On pense savoir qu'ils se trompent chaque fois, que leurs prévisions sont presque toujours fausses, qu'ils nous annoncent ce qui est souvent improbable, que les tempêtes du siècle promises chaque année n'arrivent jamais, et qu'il s'agit là en fin de compte d'une vaste fumisterie.

C'est pour toutes ces raisons qu'il est si important que la science de la météo se protège en s'entourant de chiffres précis et de mesures exactes. Les sciences les plus incertaines doivent toujours faire appel aux méthodes quantitatives. Quand on est de moins en moins certain de ce qu'on avance et qu'on ne sait plus quoi dire, quand on ne comprend pas vraiment la question et que les réponses n'ont plus beaucoup de sens, il est préférable de se mettre à calculer.

*   *   *

On n'a pas encore arrêté le progrès. La science avance à grands pas et la météo s'améliore. On invente chaque année de nouveaux outils de mesure, des appareils toujours plus fiables et plus précis.

L'une des conséquences immédiates de cette météo moderne est que, de plus en plus, la normalité nous échappe. De nos jours, le climat se définit principalement dans son rapport à une moyenne bien connue, admirablement mesurée, et qui est récemment devenue absolue. Presque immanquablement, on dit aujourd'hui que la température de demain sera légèrement supérieure ou inférieure à la moyenne, que le mercure n'atteindra pas ou dépassera la normale pour cette époque de l'année. Les précipitations sont toujours plus fortes ou plus faibles que prévu, depuis que la moyenne s'est fixée sur un chiffre tellement précis et étroit qu'on ne risque plus de l'atteindre qu'une fois tous les deux siècles.

C'est donc dire que nous avons de quoi parler. La météo n'étant jamais normale, elle est donc chaque jour exceptionnelle. Elle fait beaucoup jaser. Alors qu'autrefois on devait bien s'inquiéter des temps forts et des grosses tempêtes, maintenant le moindre petit écart par rapport à la moyenne prend des airs de déluge ou de sécheresse. Rien n'est plus normal et tout ainsi attire le commentaire.

Ajoutez à cela l'évidence banale que la météo représente un

vaste domaine de l'expérience quotidienne sur lequel nous n'avons justement aucun contrôle. Un aspect de la vie dont on parle d'autant plus facilement qu'on ne peut rien y changer. La météo est une forme minimale de destin, elle est, littéralement, ce que le ciel nous réserve, notre mauvais sort qui ruine le pique-nique ou notre bonne fortune, qui fait fermer l'école. La météo nous dépasse et, comme tous nos bavardages demeurent ici sans conséquences, nous nous trouvons donc encouragés à en discuter interminablement. Il n'est pas gênant de parler de météo, de la blâmer ou de s'en réjouir, d'entretenir et d'émettre à son sujet des opinions aussi fermes que radicales, puisqu'on n'accuse alors ni ne fait souffrir personne.

Car il est bien évident que personne ne pourrait être tenu pour responsable du temps qu'il fait. Il serait ridicule de croire le contraire. Mais au cas où cela deviendrait concevable, et comme s'il ne fallait jamais prendre de risques, notre société confie le rôle d'annonceur de la météo à des gens généralement reconnus pour être sympathiques et plutôt aimables, des bonshommes chaleureux et poétiques, des professeurs inoffensifs ou des chauves amusants, quelques mamans raisonnables et parfois de très belles femmes. Bref, il s'agit de gens à qui il serait bien difficile d'en vouloir et qui pourront réapparaître demain sans qu'on leur en tienne rigueur.

SERGE BOUCHARD

Nous trouvons au Québec des écarts de température qui sont parmi les plus grands de la planète. Il n'est pas rare de parcourir 40°, dans un sens ou dans l'autre, en moins de vingt-quatre heures. Cela vous fait danser une fondation. Ça gèle et ça dégèle en moins de temps qu'il ne faut pour le dire. Ça vous déroute un citoyen, ça débâtit les routes, ça gâche les vacances, bref, ça fait beaucoup jaser.

Mais comment pourrait-il en être autrement? On entre chez des amis pour prendre un bon souper alors qu'il fait moins 30° à l'extérieur. On en ressort au milieu de la nuit alors que la température est passée à plus 10°, le temps de manger un rôti. La voiture pleure sur le bord du trottoir, le spectre du rhume flotte au-dessus de la ville. Les arbres, qui tout à l'heure se fendaient sous l'effet d'un froid trop coupant, se demandent à présent s'ils ne devraient pas fleurir. Dans la forêt, les ours font une marche en maudissant la nature et les dieux qui les réveillent ainsi au beau milieu de l'hiver.

En juin, il neige parfois à Chibougamau, à Schefferville et même en Gaspésie. Et les ours se demandent s'ils ne doivent pas aller dormir au beau milieu de l'été. Imaginez comment devait se sentir Jacques Cartier au milieu de ce temps. Au début, il ne croyait pas les Algonquins ou les Iroquois, qu'il prenait pour des païens excités. Lorsque les Indiens lui ont dit pour la première fois que l'hiver allait être dur, que la neige allait passer par-dessus le rebord de sa petite culotte bouffante, Cartier n'a bien sûr rien voulu entendre. Il s'est dit que ces sauvages étaient dominés par la nature, qu'ils la craignaient tant qu'ils finissaient par lui conférer des pouvoirs irrationnels. Cartier est mort depuis longtemps, mais nous sommes restés sur ce malentendu météorologique : probabilité de misères noires, qu'elles soient chaudes, froides, sèches ou mouillées. Attendez-vous au pire, c'est lui qui devrait normalement arriver. Dans ces conditions, il est tout à fait normal d'être obsédé par le temps qu'il fait. Car ici, le temps, c'est un très gros sujet. Même les pingouins, s'il y en avait, s'ennuieraient de l'Antarctique où il y a au moins moyen de réfléchir six mois sur un glacier sans qu'il se mette à fondre sous vos pieds.

■ La misère

SERGE BOUCHARD

Serons-nous un jour au bout de nos peines ? Voilà une question parmi d'autres mais une question qui, déjà, relègue la plus célèbre de Shakespeare au rang des trivialités. « Être ou ne pas être » ne fait pas très sérieux, quand on y pense. « Il n'y en aura pas de faciles », voilà l'expression fondamentale qui résume la condition humaine dans ce qu'elle a de plus authentique.

La vie n'est pas une vallée de larmes. Ce serait trop facile. Pleurer à l'abri, au fond d'une vallée perdue, n'est ni édifiant ni conforme à notre réalité. Au contraire d'une quelconque vallée, la vie est une pente très abrupte que chacun monte avec peine ou bien qu'il descend trop vite, sujet aux culbutes et aux chutes. Nous nous reposons parfois sur des corniches précaires, qui nous donnent l'illusion de la stabilité et de la sécurité, mais bientôt il nous faut déjà repartir. Ça roule et ça déboule, ça souffle et ça s'essouffle, on s'échine, nous nous échinons, nous éreintons, nous occupant de notre propre peau et de notre propre charge, gardant un œil sur nos proches, qui, eux, travaillent autant que nous, s'accrochent autant que nous. Nous essayons de rester en groupe, en petits groupes, il arrive que nous nous perdions de vue, il arrive que l'un tombe sous nos yeux sans que nous y puissions quoi que ce soit, et ainsi va la vie.

Socrate disait que, lorsqu'on poursuit de belles choses, il est beau d'affronter toutes les souffrances possibles. Si Socrate avait été instructeur du Canadien de Montréal, il aurait dit plus clairement : « Y en aura pas de faciles ! » Car voilà bien ce que dit Socrate. Il énonce le principe de la philosophie fondamentale du courage, elle-même fondée sur la prémisse de l'obstacle, sur le caractère incontournable et cependant constructif de la nécessité de grimper, de gravir, de se défoncer, de payer le prix, de souffrir, de tomber, de retomber, pour l'honneur, malgré l'indéniable dimension sisy-phéenne de la chose.

Sommes-nous au bout de nos peines ? Combien d'auteurs ont parlé de la « difficulté d'être », imaginez, de la simple difficulté d'être. Alors, pour ce qui est du plaisir relié à la difficulté d'être en difficulté, c'est déjà un palier pour le moins paradoxal. Serait-ce que la misère cache une vérité, la vérité ? La misère, la souffrance, le prix à payer, le sacrifice ? Les humains ont toujours eu tendance à croire qu'il n'y a pas de sacrifice inutile et que, dans le carnet de la Justice, quelqu'un, Dieu sait qui, Dieu sait où, tient toujours une comptabilité.

BERNARD ARCAND

On comprend facilement que la misère ne puisse jamais être réduite à une question simple de pauvreté et de richesse, mais on pourrait aller jusqu'à suggérer que la misère n'est plus appréciée à sa juste valeur. Tout un courant de pensée moderne essaie de la diluer, de l'amoindrir et on arrivera bientôt quasiment à appauvrir la misère.

La toute première technique utilisée pour cette entreprise de dilution a été le vieux truc de la multiplication : on a considérable-ment accru les diverses formes de misère. Et c'est ainsi qu'il existe maintenant toutes sortes de misères, d'adversités, d'infortunes et de malheurs, de sorte qu'il devient de moins en moins convenable de parler de La Misère. De plus, comme on nous offre l'éventail complet des misères alternatives, nous pouvons donc mieux répartir ces misères en les distribuant à un peu tout le monde et en attribuant au moins une misère à chacun, même aux plus improbables d'entre nous. On se convainc aussi que chacun de nous assume son fardeau, qu'à chaque jour suffit sa peine, ou même (pour les amateurs de sports nautiques) que la vie est la traversée d'une vallée de larmes. Bref, la misère devient banale.

C'est sans doute cette même tendance qui pousse le dictionnaire à signaler les deux extrêmes de l'éventail des misères : d'un côté la misère noire et de l'autre, moins connue, la misère dorée, celle qui se cache sous les apparences. Tous connaissent la misère noire, celle qui ne laisse filtrer aucune lueur d'espoir et qui plonge dans la noirceur ténébreuse du tunnel où la seule lumière provient du train qui arrive pour vous écraser davantage. Mais la misère dorée ? La misère des riches ? Qu'est-ce que ces histoires dramatiques d'ambitions frustrées et de cœurs brisés dans les meilleurs quartiers ? On voudrait laisser entendre que les fortunés apprennent à connaître la misère quand leur mère se tue dans un accident de la route, quand un fou assassine leur conjoint, ou quand leur enfant meurt de leucémie ?

Mais cela paraît impensable. Les riches ne peuvent pas connaître la misère. Ils peuvent bien se sentir misérables, certains peuvent être des misérables, mais ils ne seront jamais miséreux. Parce qu'une peine d'amour pleurée sur le cuir douillet de la banquette arrière d'une Bentley Silver Shadow n'est pas comparable à une peine d'amour pleurée le ventre creux sur une boîte de carton dans un sous-sol mal chauffé. Noyer un gros chagrin dans une bouteille de Moët & Chandon n'est pas la même chose que le chagrin sans eau courante. Une pneumonie dans un bon lit ne sera jamais identique à la pneumonie de l'homme couché près d'une bouche de chaleur dans une rue, en hiver. Ce n'est pas du tout pareil et la seule misère authentique se doit de rester noire et profonde. Elle exige une pauvreté extrême, ce qui n'est pas à la portée de toutes les bourses. En comparaison, toutes les autres formes d'adversité et de malheur ne seront toujours que de bien petites misères. Et c'est ainsi qu'il n'est pas souvent facile de s'émouvoir d'un grand malheur de riche, alors que le moindre petit bonheur du pauvre fera pleurer de joie la multitude.

* * *

Le besoin de misère ressenti par les mieux nantis de la société est en fait le résultat d'une obsession religieuse que l'on pourrait baptiser le « syndrome de Job ».

Notre ancienne tradition a toujours maintenu et encouragé une lutte entre deux visions contradictoires de la misère. Selon la première, qui inspire l'orgueil arrogant de certaines gens riches et célèbres, la réussite et la bonne fortune sont pleinement méritées et témoignent, sinon de l'effort laborieux et de la plus haute moralité, au moins d'un certain talent et de la bienveillance à notre égard d'un Dieu qui nous aime au point de nous faire gagner à la loterie. Au contraire, l'autre vision, longtemps plus populaire, prétend, avec plus ou moins de vigueur selon l'époque, que nous devons d'abord mériter la récompense éternelle et que le paradis se gagne. Vus sous cet angle, les riches qui, arrivés au Ciel, auront l'air parfaitement ridicule du chameau essayant de passer la porte du chas de l'aiguille, sont nécessairement destinés à n'être rien de mieux que les derniers.

La vie facile annoncerait donc des lendemains éternels incertains. Et si l'essentiel est dans l'au-delà, la misère devient évidemment une bénédiction. On peut alors comprendre les raisons pour lesquelles certains riches insistent tellement pour se donner un peu de misère. C'est ce que Job avait bien compris et c'est aussi ce que proclamait le Sermon sur la Montagne : bienheureux les misérables. Si seulement ils peuvent trouver la force d'attendre encore un peu.

* * *

Être démuni et privé de tout, être sur la paille ou dans la rue, voilà les expressions de la misère. Mais il y a aussi « en arracher » et « tirer la langue », et ce sont ces formes-là que les favorisés ont choisies pour se rendre misérables et pour connaître, eux qui se croient tout permis, le goût de la misère. On les verra donc tirer la langue pendant le jogging, au gymnase, ou sur les courts de tennis des clubs Med ; on les aperçoit même parfois sur des skis de fond au bord des autoroutes salées.

Voilà, somme toute, de bien agréables misères, qui restent quand même dans les limites du raisonnable. Il serait beaucoup trop dangereux d'essayer d'aller tirer le diable par la queue.

■ Le monde des affaires

Serge Bouchard

Le monde des affaires est un monde qui aime bien se tenir à l'écart. Il y a là une retenue, une sorte de discrétion qui en dit long sur cette société qui pourrait bien vite devenir secrète si les circonstances s'y prêtaient. Ce pouvoir-là n'aime pas les feux de la rampe, surtout quand les choses vont bien. Le succès sonnant est comme la richesse sonnante, un bien qui ne se partage pas. Dans une chambre de commerce, il y a une voûte où l'on cache la table des dix commandements du commerçant. Cette table parle de la spéculation, de l'acte d'entreprendre, de la façon de lire les marchés, de la façon de les créer, et ce n'est pas tout. Il ne faut pas tuer son frère, mais il faut détruire la concurrence. La loyauté et la déloyauté sont les deux faces d'une même réalité, et les gens d'affaires savent bien que rien n'est aussi clair sur le terrain de la fidélité. Les affaires sont les affaires, en affaires comme en affaires, en affaires comme en amour, tous les coups sont permis. La grande histoire de l'humanité est avant tout commerciale. Et le big bang était à l'origine un *big deal*, le plus gros *deal* qui se puisse imaginer. Le grand calme d'avant l'Univers était, c'est le cas de le dire, sans intérêt.

*　*　*

Réfléchissant sur le sens du mot « machin » et dans le cadre d'une analyse rigoureuse du concept de force, le professeur Marcel Mauss eut autrefois cette intuition fulgurante : il est des mots dans toutes les langues qui se caractérisent par leur concentration de sens. En un mot, le mot veut dire des choses immenses. La notion de force active, vive et vivante, se qualifie d'emblée dans cet ordre, et Mauss de suggérer que l'expression courante dite « machin » réunit en son sein apparemment tout simple les dimensions infinies de la notion de force, dans ses axes aussi bien mécaniques que magiques, voire même poétiques. D'où l'inépuisable et profond symbolisme de la machine, dans sa forme comme dans son principe. Permettez-moi de suggérer à mon humble tour que l'expression « monde des affaires » appartient à cette catégorie de mots qui, sous le rapport du sens, sont bel et bien des puits sans fond. Il y a là en effet tout un monde, c'est le cas de le dire. Déjà que le monde est assez vaste, le voilà donc rempli d'affaires. N'étaient ces affaires, l'Univers, dont on dit qu'il regorge de vide, serait encore moins occupé. Or, un univers complètement désert ferait le vide dans le vide, ce qui ne nous avancerait guère puisque ce serait la négation de sa propre existence. Non, il y a bel et bien quelque chose dans l'air. Cela s'appelle de la matière, un peu de gaz et de poussière. Brasser des affaires, c'est remuer le principal. Et ce principe de mouvement donne un sens à l'espace et au temps, c'est lui qui donne un sens à la vie. Dans l'Univers, tout est meuble, donc tout est mouvant.

*　*　*

Le monde des affaires, c'est le monde dans ce qu'il a de plus ordinaire. Échanger, commercer, profiter, faillir, mourir, se dépenser et s'occuper, c'est la route et c'est la routine. Toutes les choses font cela. Or, le commerce, c'est la manière humaine d'être en société. Les Anciens ont commercé avec les dieux ; ils faisaient du troc avec un monde matériel et spirituel investi de forces dont on tirait quelquefois de fabuleux partis. Puis, dans les fêtes, carnavals et foires, le commerce des choses a pris son essor. À cause du profit, la manière changea quelque peu. Les affaires, autrefois, c'étaient les affaires pour les affaires, parler pour parler. Avec le profit, on ne fait plus d'affaires juste pour rire, on ne parle pas pour parler. On se concentre sur un résultat unique qui désormais justifie tous les moyens. On en perd vite le goût de rire, d'où ce paradoxe : le commerce est issu de la fête, c'est-à-dire de la foire. Que cette foire se soit transformée en marché, passe encore. Mais il est à remarquer que plus un marché se développe, moins il porte à s'amuser. Bien que le talent y soit, ne cherchez pas des humoristes accomplis dans les chambres de commerce. On ne rit pas avec ces choses. Nul ne niaise plus avec la rondelle sur le plancher de la Bourse. Ce qui était drôle au départ, ce qui était un échange, une parole, un rire, une manifestation qui tenait tout le monde ensemble, est devenu autre chose qui n'est ni une farce, ni un cadeau, ni une surprise. Seule trace des temps anciens, qui résiste à la modernité, l'attrape-nigauderie fondamentale de notre fébrilité affairiste qui rend absurde le succès en affaires. Les riches commerçants sont rarement beaux, ils sont rarement heureux, ils ont trop profité, ils ont les doigts longs et usés, des boutons sur le nez, l'esprit leur a tordu l'échine et ils ne rient jamais. Nous avons perdu le sens de la fête et de la communauté le jour où nous avons pris au sérieux l'acte de profiter, oubliant par le fait même que le commerce est dans le fond un univers d'une immense gaieté. Nous avons perdu le sens de l'humour le jour où l'intérêt de la chose l'a emporté sur son côté ludique. Non, la vie n'est plus un jeu. La Bourse n'est plus un théâtre. C'est un plancher. Un bottom line. Le Dow Jones n'est pas une plaisanterie. D'ailleurs, une mauvaise blague et le cours pourrait bien tout d'un coup s'effondrer.

Bernard Arcand

L'idée assez récente de déménager son bureau à la maison n'est sans doute pas saugrenue, mais il faudrait se rendre compte à quel point elle menace la civilisation que nous connaissons bien. La chose est aujourd'hui devenue techniquement assez facile, mais elle demeure néanmoins moralement inconcevable.

Car il faut dire que le monde des affaires demeure encore de nos jours un univers idéalement dur et sans pitié. On le sait, les lois du marché ont été empruntées à la jungle. Dès son origine, le monde moderne a décrété que c'est dans l'espace public que les affaires sont les affaires, que l'argent n'a pas d'odeur et qu'en affaires, il n'y a pas d'amis. Alors qu'à la maison, là où l'homme revenait après une épuisante journée au bureau, il devait au contraire pouvoir trouver la paix domestique, la chaleur familiale, la bonté parentale, le rire des enfants, l'amour conjugal et tous les bons sentiments. C'est à la maison que l'affreux monsieur Hyde du monde des affaires devenait l'adorable docteur Jeckill, pantouflard et domestiqué. Puisqu'en affaires, il n'y a pas de familiarité amicale, à la maison, entre nous, on ne parle jamais d'argent. Et si l'argent n'a pas d'odeur, par contre, une bonne maison sent toujours quelque chose. Si à l'extérieur, on peut s'occuper des affaires étrangères ou brasser des affaires publiques, à la maison, en revanche, les affaires de famille ne doivent jamais impliquer des étrangers.

Autrefois, le mauvais mari et le père absent était celui dont l'esprit s'absentait de la table familiale pour cogiter à ses affaires, tandis que les autres racontaient les détails de leur journée. Demain sera pire si le bureau se déplace vers la maison. Y faire entrer le bureau, c'est prendre le risque d'effacer toute distinction entre le public et le privé. Et essayer de sauvegarder la maison quand le bureau y entre exigerait rien de moins que la domestication du monde des affaires, ce qui paraît assez peu probable. Par contre, quand la maison devient

218

une place d'affaires, un espace public, il n'y a plus de refuge possible : il devient inconcevable de se reposer de la vie publique en s'évadant dans l'intime comme autrefois. Il ne restera donc plus de lieu étroit mais privilégié où nous pouvions échapper aux lois, aux conseils, aux avis et aux recommandations. Nous ne pourrons plus entrer chez nous afin d'échapper aux États comme aux Églises. Mais surtout nous ne pourrons plus trouver le refuge où il était enfin tolérable de nous laisser aller à l'émotion, où nous pouvions nous permettre la fantaisie et la dérision, où il nous était loisible de devenir crédules et de nous penser bons. Le seul endroit, en somme, où nous pouvions nous fermer au reste de la société et renier l'humanité entière et lui criant : « Ce n'est pas vos affaires ! »

■ La mouche

BERNARD ARCAND

Sous l'appellation générique de « mouche », il y aurait aujourd'hui dans le monde quelque 85 000 espèces particulières de bestioles répandues presque partout, depuis la région sud-arctique jusqu'aux tropiques, du sommet de la plus haute montagne jusqu'au niveau de la mer, et parfois même assez loin au large au-dessus de l'océan. Il y aurait donc des millions de mouches sur Terre, qui se rendent utiles en nourrissant les hirondelles des faubourgs ou, comme la drosophile, qui doivent être tenues personnellement responsables des grands progrès de la recherche moderne sur la génétique. D'autres sortes de mouches, par contre, nous rendent malades, affaiblissent les animaux ou nuisent aux plantes. Certaines, comme la mouche tsé-tsé, sont même assez connues et quasi célèbres. Toutefois, en pratique, une seule mouche m'inquiète et m'intéresse plus que toutes les autres.

Si la mouche tsé-tsé est généralement reconnue comme celle qui donne le sommeil, la mouche qui m'intéresse est une anti-tsé-tsé. Car je veux parler ici de cette mouche qui, au moment où vous entrez dans la chambre à coucher, se tient parfaitement silencieuse derrière le rideau ou accrochée à l'arrière d'un cadre ou d'un miroir. Sans un bruit, elle retient son souffle. Elle sait attendre. Et un peu plus tard, quand la lumière est éteinte et que le sommeil approche, alors elle sort de sa cachette. Très précisément au moment exact où l'on peut entendre une mouche voler, elle commence à bourdonner doucement dans la pièce en suivant les règles très anciennes du modèle classique de la mouche « achalante » : un bourdonnement léger qui s'approche, puis s'éloigne, un vrombissement aigu, suivi de quelques instants de silence. Enfin, elle se pose un moment sur le drap, quelque part au plafond, ou précisément sur l'oreille ou l'oreiller. Elle atterrit sur le poignet chatouilleux ou entre deux orteils, dans le creux de l'épaule, sur le côté d'un genou ou à l'arrière du cou. Les techniques peuvent varier selon la saison, la quantité de couvertures et la qualité des pyjamas, mais, en gros, on sent que toutes ces formes d'approche se sont perfectionnées progressivement au cours des siècles pour offrir aux mouches le plaisir de déjouer des costumes variés, des ténèbres sans électricité et des méthodes douteuses de conservation des viandes, sans compter les milliers de prisonniers crucifiés sans défense que la justice leur a cruellement livrés.

Cette mouche du réveil oblige donc à se lever, à faire un peu de lumière ou à partir en chasse au milieu de la nuit et sans habit. Cette mouche qui chatouille reste toujours la cousine de la mouche du coche, celle-là même qui dans la fable ennuyait tout le monde. C'est l'intolérable mouche qui sonne le réveil, l'anti-tsé-tsé, celle qui fatigue et qui peut même rendre fou. Et si, de bon matin, vous ren-

contrez un individu irritable et fatigué, inutile de lui demander :
« Quelle mouche t'a piqué ? » Ce genre de mouche ne pique pas, il lui
suffit de caresser.

*   *   *

Se retrouver soudain accidentellement transformé en mouche
demeure un bon thème pour un film d'horreur. Le scénario nous fait
suivre une personne qui pénètre à l'intérieur d'un désintégrateur
moléculaire classique, sans avoir remarqué qu'une petite mouche s'y
était en même temps glissée, et nous découvrons ensuite que notre
héros développe progressivement une drôle de peau, des antennes et
des yeux globuleux. Tout cela fascine et fait peur, bien sûr, mais dans
la réalité les choses ne se passeraient jamais de cette façon. Si un jour
un humain se transforme en mouche, ce sera pour devenir espion.

Car les mouches sont toutes fines et rusées. Elles sont discrètes,
mais elles se servent de leurs yeux aux 4 000 facettes et de leurs
antennes pour tout entendre et tout observer. Elles assistent aux
réunions les plus sélectes et les plus mondaines, elles écoutent les
conversations dans tous les motels illicites du monde, et elles arpen-
tent les murs des caveaux les plus secrets. Les mouches représentent
l'incarnation même du voyeurisme.

Si un jour une quelconque puissance extraterrestre et supérieure voulait connaître nos coutumes et espionner nos moindres
désirs avant que de nous envahir, elle enverrait sûrement des
mouches faire tout le travail d'exploration. On imagine facilement
tout ce que ces petites bestioles pourraient recueillir comme informations. D'ailleurs, il est bien possible que nous soyons déjà sous
observation et que les mouches communiquent avec leurs antennes
sans fil qui les relient à quelques extraterrestres dont nous sommes
peut-être déjà les cibles et le gibier innocent d'une pêche à la mouche
cosmique. Ce n'est pas pour rien que nous appelons « mouchards »

les traîtres, les espions et les indicateurs de police. Méfions-nous, ces minuscules observateurs sont en train de nous surveiller, pour ensuite informer leurs maîtres d'une autre galaxie et leur apprendre à reconnaître qui sont les méchants parmi nous, et de quelle façon les distinguer des autres, les gentils qui ne feraient pas de mal à une mouche.

*   *   *

On a toujours entendu dire qu'il ne fallait pas avoir de mouche dans sa maison, parce que les mouches ne sont pas propres. Un restaurant risque sa réputation en tolérant les mouches dans ses cuisines ou dans sa soupe. On verrait d'un mauvais œil les parents qui ne chasseraient pas les mouches qui survolent le berceau d'un enfant. Et découvrir chez un ami une salle de bains infestée de mouches peut sérieusement nuire à la chaleur de l'amitié.

Les mouches nous paraissent dégoûtantes. Bien sûr, parce qu'elles aiment la pourriture et tout ce qui se décompose, elles semblent s'y promener sans souci, et ont même l'air heureuses ou nostalgiques de revisiter ainsi le site de leur naissance. Mais ce n'est pas la putréfaction en soi qui nous inquiète, car il est normal après tout que les déchets et les excréments sentent mauvais. Il y a plus. Les autres bestioles familières de la pourriture, coquerelles, vers, moisissures ou champignons, très souvent nous dérangent, mais jamais autant que la mouche domestique.

C'est que seule la mouche se déplace allègrement. Elle vole et saute ici et là. Et, à l'opposé de nos meilleures habitudes établies, on dirait que la mouche aime le monde entier, puisqu'elle passe sans hésiter d'un panier de linge sale à une tasse de café, elle se promène partout et, sans distinction aucune, touche à tout et n'hésite jamais à franchir même les frontières les plus imperméables. Encore plus adaptable que le rat ou la coquerelle, la mouche vit en bonne citoyenne du monde, sans préjugés ni discrimination. Voilà justement ce qui nous inquiète. La mouche refuse d'admettre les distinctions qui pourtant, à nos yeux, s'imposent. Elle n'a apparemment aucun sens de la pudeur ni des bonnes manières. Elle passe du caca au sacré sans hésiter. Elle ne respecte aucune des règles élémentaires de la propreté et, en la voyant se promener, on croirait même qu'il n'y a plus rien de propre et que tous les genres peuvent être allégrement mélangés. Elle saute de l'un à l'autre en confondant les restrictions et en se riant de toutes les contraintes.

Voilà qui pollue grandement. Et puisque les mouches n'ont de toute évidence aucun respect pour l'ordre établi, il serait temps de reconnaître que le fait de tuer une mouche pour en débarrasser la maison constitue un geste de saine autorité, un acte de civisme qu'il faut encourager. On pourrait même recommander à la police de s'en charger.

SERGE BOUCHARD

Si la science disposait de plus de moyens, je suis à peu près certain que nous aurions depuis longtemps l'usage d'un instrument qui nous permettrait de déchiffrer l'agenda d'une mouche : après-midi à la fenêtre à regarder tomber la pluie, soirée tranquille sur une moulure du salon, petite nuit dans l'obscurité du sous-sol et matinée dans le grenier.

La mouche domestique est très pantouflarde. Dans le confort de son foyer, elle s'épivarde ou s'engourdit selon un rythme qui n'a rien à voir avec le passage des saisons. Dans la maison, la mouche est mouche à longueur d'année.

D'ailleurs, il n'est rien de plus cruel mais aussi de plus drôle que d'ouvrir la porte à une mouche, que de l'envoyer jouer dehors par une soirée de janvier, par – 30°. Comme l'avion dont les ailes s'englacent, elle ne tarde pas à tomber. Or une mouche qui tombe, ça ne fait pas beaucoup de bruit. Lorsqu'elle tombe dans la neige et qu'il fait déjà nuit, cela s'appelle un écrasement anonyme. Mourir comme des mouches et tomber comme des mouches sont des expressions qui se rapportent au grand nombre, bien sûr. Mais le plus terrible, c'est encore l'insignifiance et l'anonymat.

* * *

Les mouches sont les âmes de nos chers disparus. D'ailleurs, l'être humain a depuis longtemps fait l'équation entre le nombre d'hommes et celui de mouches. Il y aurait donc de plus en plus de mouches depuis que, forcément, le temps passant, il y a de plus en plus de morts au passif d'une humanité qui vieillit. Les mouches à feu (les lucioles, si vous préférez) sont des âmes fraîches, des morts récents, dont l'illumination n'est pas encore tout à fait réduite à rien, des âmes qui ne sont pas encore complètement mortes.

Si les mouches sont les âmes de nos morts, le Parti communiste chinois savait-il ce qu'il faisait lorsqu'il a demandé à chaque Chinois de tuer une mouche par jour afin de débarrasser la Chine de ce fléau qu'est le passé ?

■ La neige

BERNARD ARCAND

La neige est aussi une œuvre d'art. Pas uniquement grâce au cristal hexagonal du flocon parfait, mais d'abord parce qu'elle nous a offert notre premier contact avec l'art, notamment notre première expérience des arts plastiques : la fabrication de la balle de neige impeccable, la construction du bonhomme de neige totalement sympathique ou du fort absolument imprenable. Aussi, parce qu'elle nous a permis une première approche de la poésie puisque, dans nos écoles, aucun enfant n'échappe encore au motif émouvant du grand manteau d'hermine de l'hiver qui arrive.

Il est donc particulièrement triste de devoir avouer plus tard à ces mêmes enfants que tout cela n'était que mensonge. Et de leur montrer que, pour devenir adultes, il leur faudra apprendre que la neige est surtout faite pour être ramassée et enlevée par des camions qui iront ensuite la jeter dans le fleuve ou la déposer dans un cimetière dépotoir. La neige est une saleté, on la balaie, on l'écarte et il ne faut pas qu'elle nous touche ; on a même inventé un tapis d'automobile qui protège le pantalon. On traite la neige comme une ordure et on s'étonnera ensuite que les artistes se plaignent d'être incompris et maltraités.

SERGE BOUCHARD

Savoir pelleter de la neige est un grand art. En vérité, c'est un métier qui se perd. Trop de gens se jettent sur une pelle comme si de rien n'était. Rien n'est plus simple, disent-ils, insultant ainsi des générations de « pelleteux » qui, au fil des tempêtes et à travers de nombreux hivers, ont établi les règles du métier. Toutes les neiges ne se pellettent pas de la même manière. Il faut savoir identifier ce qui vous tombe sur la tête. Il y a la mouillée, la légère, la follette, la croûtée, la petite, la franchement lourde, c'est-à-dire la pesante, la froide, la sèche que le vent refoule dans les angles et les coins. Bref, il convient de juger, de jauger, de se réchauffer, de mesurer ses forces, de bien choisir sa pelle, de concevoir au préalable l'architecture de toute l'affaire. Car un pelletage mené à la légère peut vous conduire au mal de dos, à la crise cardiaque ou à la crise de nerfs.

Il faut dire qu'il n'est rien de plus beau en hiver que des chemins de neige parfaitement entretenus. Les charrues provinciales et les souffleuses municipales réalisent des œuvres d'art en relevant la neige en bordure des rues et des routes. En face de chacune des maisons, une entrée bien pelletée est une belle signature.

Vous aurez compris combien j'aime que la neige soit en ordre, les chemins bien tracés et les champs vraiment blancs. Les traces anarchiques laissées par le passage des motoneiges en folie sur la surface virginale des grands espaces enneigés m'ont toujours fait mal au cœur. C'est comme s'il y avait là une profanation. C'est que la neige se prête bien aux images sacrées. Quelqu'un m'a déjà dit que lorsque les vieux Indiens traversaient un beau grand lac gelé en raquettes, ils soignaient la ligne de leurs pas, comme si d'en haut, de très loin dans le ciel, un œil invisible, « manitouesque » embrassait d'un seul coup leur équipée remarquable. Notre chemin est un message, et nous laissons partout des traces. Les routiers pensent de même, eux qui ont de la fierté, la fierté de la poudreuse qui colle à la machine, preuve de leur légèreté, témoignage de leur course.

Un professeur de mathématiques, en me remettant une copie d'examen dont la note était lamentable, me disait, il y a de cela plusieurs années : « Vous devriez songer à faire carrière dans le pelletage de la neige, vous n'avez aucun avenir dans les équations ! » Il ne croyait pas si bien dire : pelleter de la neige en respectant les règles, cela demande de l'imagination.

Bernard Arcand

Les commentateurs et les analystes au fait de l'actualité la plus immédiate parlent d'un vacuum politique. Les bonnes idées sont rares, disent-ils, et les leaders se répètent. Les grands partis se font vieux et les mouvements nouveaux ne font que remuer de vieilles salades déjà fatiguées. On dirait même que c'est toute la classe politique qui est en manque d'imagination. Et à entendre les politiciens,

il n'y a rien de surprenant à ce que l'électorat se désintéresse largement de la chose politique et que les plus affirmatifs aillent jusqu'à
dire qu'ils en ont ras le bol.

Il est concevable que la situation soit sans issue. Car, malgré le
talent et toute la bonne volonté du monde, aucun gouvernant ne
pourrait corriger une question qui a le défaut d'avoir été mal posée
et qui ne peut que générer des réponses toujours biscornues.

Si l'on voulait sauver ce pays, il faudrait d'abord reconnaître une
fois pour toutes qu'une nation qui prétend pouvoir oublier sa neige
et nier ses hivers ne sera jamais gouvernable. Un peuple entier qui se
maintient en conflit perpétuel avec son environnement et qui chiale
sans cesse contre ses hivers se dotera de politiciens qui refusent l'existence de la neige. Cela ne peut donner qu'un pays où l'on s'acharnera
à imposer le maintien d'horaires de travail tempérés absolument
précis et réguliers, de 9 à 5, par − 28 °C et avec des vents violents ; un
pays de rêve où les vacances des travailleurs de la construction tom-
beront précisément lors des deux seules semaines de l'année durant
lesquelles il est agréable de travailler à l'extérieur. Ce pays serait
drôle : une copie du reste du monde, mais tout à l'envers.

Dans l'espoir de sortir le pays du marasme, il serait donc urgent
de fonder un nouveau parti politique consacré à notre réconciliation
avec la nature. Plus écologique que les Verts, ce parti proposerait
essentiellement de réintroduire dans la conduite de nos affaires un
peu plus de respect pour l'ordre naturel des choses, et sa critique des
politiques traditionnelles tiendrait en son slogan : « Cessons d'insulter l'environnement. »

L'article premier du programme de ce nouveau parti proposerait le déplacement de la saison des vacances. Désormais, il nous faudrait, comme la fourmi notre voisine, travailler tout l'été. Pas de
vacances en été, ce qui n'empêche nullement de travailler plus tôt
dans la journée, quand le temps est frais et beau, afin de ne pas terminer trop tard et de profiter des longues heures de l'été. Ensuite,

durant les mois qui suivent, l'automne redeviendrait la saison des récoltes et des actions de grâces, la période des rapports et des bilans, outre celle des terribles examens scolaires et des exigeants préparatifs des fêtes. Puis, viendrait la neige. Entre Noël et le jour de l'An. Une neige lourde et abondante. Et c'est ainsi qu'après avoir travaillé toute l'année et après avoir trop mangé et trop bu lors des réveillons, des partys de bureau et de toutes les célébrations du Nouvel An, une nation entière tomberait en vacances. Paisibles et tranquilles sous une neige abondante, les mois de janvier et de février seraient par décret officiel consacrés à ne rien faire… jusqu'au temps des sucres et de notre seule vraie saison de ski.

Durant ces vacances hivernales, les citoyens ordinaires seraient fortement encouragés à faire comme nos ancêtres du début de la colonie : se coucher, dans le seul but de se reposer durant tout l'hiver. Ne plus se lever que pour manger ou faire pipi. Rester au lit, bien au chaud, avec des provisions plein la maison. Rester au lit pour lire, faire l'amour ou jaser. Écouter de la musique, regarder des films, suivre des feuilletons préenregistrés ou des saisons de sports étrangers. Bref, faire n'importe quoi, mais surtout rien, en restant chez soi et sans devoir s'habiller.

Aucun économiste sérieux n'oserait contester la réalité de l'énergie qui pourrait être ainsi accumulée, et qui transformerait le retour au travail en une période d'exubérance expansionniste. Pour les autorités civiles, le congé hivernal permettrait d'abord d'épargner en fermant pour quelques semaines les bureaux surchauffés et les parlements désaffectés. Et puis, surtout, il y aurait l'avantage de pouvoir sabrer dans les dépenses publiques en cessant de s'acharner à déneiger les rues, puisqu'on laisserait partout des montagnes de neige propre et immuable. Et pour rassurer les inquiets, il suffirait de maintenir les services vraiment essentiels et quelques moyens d'intervention urgente qui, grâce à l'hélicoptère et aux voitures à neige, et en l'absence totale de circulation routière, réussiraient à être beaucoup plus rapides et efficaces que les services ambulanciers actuels. Fini donc les dépenses excessives pour déblayer les rues et l'endettement massif imputable à l'électricité. Inutiles, par surcroît, les efforts pour se doter d'une politique de natalité.

Récapitulons. Tout débuterait dans les premières semaines de mars : la session parlementaire, l'école, les travaux de préparation agricole et la navigation. Ensuite, tous les industrieux besogneraient honnêtement jusqu'à la mi-juillet, moment où l'on se permettrait un petit congé de deux semaines, soit l'équivalent inverse de l'actuelle pause de Noël. Puis viendrait une reprise fébrile : l'automne des élections, des galas et de l'attribution des prix, la fin de toutes les saisons, la conquête des coupes Stanley, Grey, et de toutes les coupes du monde. Après quoi viendraient la fin de l'année, les célébrations amicales et familiales, les cadeaux et les vastes opérations « nez rouge » pour en finir avec décembre. Enfin, dès le début de janvier débuteraient les grandes vacances, le calme plat, le silence de la neige et l'oisiveté absolue durant deux mois d'ensevelissement. Une période sacrée de repos que l'on désignerait désormais du nom du parti, le Nouveau Parti de l'Ours Démocratique.

■ L'opinion

SERGE BOUCHARD

Les êtres humains ont depuis toujours divergé d'opinions. Comme le disait Montaigne : « Il suffit d'un savoir pour faire une école et chaque école voudrait faire sa marque dans le répertoire infini des opinions humaines. » Certains ont enseigné que dans la vie il nous fallait souffrir, d'autres prétendent au contraire que tout est matière à jouissance. Quelques-uns ont soutenu la thèse relative à la réparation d'une faute sans nom. D'autres finalement expliquent tout par la matière et par la force. Certains parlent même de lumière. On le voit bien, rien n'arrête la multiplication des opinions, et Montaigne, en son temps déjà, doutait qu'il y en ait une seule qui fût juste.

Ou bien l'opinion est tout à fait juste ou bien elle ne l'est pas du tout. En des temps plus naïfs, certains philosophes ont pu croire en la valeur intrinsèque de certaines opinions. Mais nous sommes loin de ces âges innocents, car en ces temps grecs et reculés, tout comme au sein des sociétés primitives d'ailleurs, l'opinion était plus rare et plus réservée. Sa justesse constituait en principe le noyau dur d'un consensus, ce qui lui permettait de fréquenter les environs du sens commun. Qui dit sens commun dit bien commun. Dès lors, la justesse des opinions anciennes était relative à la communauté et plus précisément à la communauté d'opinions. Mais nos affaires évoluent dans un sens contraire. L'individu ne partage plus sa vie privée, et chacun s'informe comme une vulgaire éponge dans la seule intention de se construire sa petite idée afin de se distinguer encore plus. Ne pas être du monde, c'est le rêve du moderne. En matière d'opinion, nous cultivons la guerre alors que l'opinion, en sa version originale, devait servir à rassembler.

* * *

Le sondage d'opinion est le sport national des sociétés qui ont perdu l'esprit. À défaut d'autre chose, le sondage tient lieu d'histoire et de sociologie. Le méthodologiste remplace l'humaniste et tout baigne dans l'huile au doux royaume de la tendance. Pourquoi douteriez-vous d'un sondage qui vous informe que 27,2 % des Canadiens sont malheureux à l'approche de novembre alors que 33,4 % sont très très heureux, et que tous les autres sont des indécis ?

Cela convient tout à fait à une société qui n'arrête pas de faire ses comptes en croyant dur comme fer que les chiffres ne mentent pas. Lorsqu'on vous dit qu'un ouragan a fait pour 28 milliards de dollars de dégâts, cela veut probablement dire que l'ouragan a raté les 30 milliards par 2 milliards. Je m'étonne parfois de cette religion du pourcentage et des chiffres. C'est probablement un réflexe devant les grands nombres. L'opinion est manifestement une sorte de courant sur lequel on travaille. On peut le renverser, on peut le remonter ou les deux. À force de délirer dans l'univers de ces incroyables questions, la maison de sondage tire éloquemment ses conclusions : 14 % des Québécois non urbains — ce qui veut dire 14 % de 48 % de tous les Québécois — ne sont pas tombés amoureux au cours des dix dernières années. Serait-ce que les campagnes se vident et se refroidissent ? Serait-ce que l'amour n'est plus ce qu'il était ? Ou bien encore serait-ce que les gens sont, de nos jours, mieux informés sur l'amour ? Il y a pire. Songez que cette information génère encore des opinions et que la spirale est sans fin, car il n'y a rien de plus désespérant que de se faire une opinion à partir des résultats d'un sondage d'opinion. Parlez-moi d'un dérapage.

BERNARD ARCAND

On a vu surgir récemment une confusion amusante : quand l'opinion se prend pour l'acte ; quand avoir une opinion devient l'équivalent d'avoir fait quelque chose ; quand il suffit pour agir d'émettre un avis. Nous appartenons à une civilisation de voyeurs et de diseurs où bien souvent il suffit de trouver les mots pour le dire. Peut-être ce courant émerge-t-il d'une approche thérapeutique qui maintient que la guérison peut venir de la parole et qu'il suffit parfois d'en parler pour atténuer la douleur. Quoi qu'il en soit, les gens parlent, énoncent leurs points de vue, écrivent à l'éditeur, pour pouvoir se coucher avec le sentiment net d'avoir agi et parfois même d'avoir bien fait. Quoi qu'il arrive par la suite, on pourra réclamer le mérite de s'être prononcé sur ce point. Et si jamais le malheur arrive, on pourra au moins rappeler qu'on l'avait bien dit.

Il ne s'agit plus simplement d'exprimer un regret ou des sympathies qui feront plaisir en apportant du réconfort. Il s'agit plutôt maintenant de se convaincre profondément et de se faire une idée, d'adopter une perspective et de croire que cela suffit, et que désormais le monde ne sera plus jamais le même. Comme si le monde était devenu avant tout une expérience personnelle. C'est là exactement le contraire de l'action. Car on le sait, les gens d'action, les gens vraiment efficaces, les espions, les tueurs à gages et les héros redresseurs de torts sont toujours de grands silencieux. Des gens d'autant plus puissants et dangereux qu'ils n'annoncent aucune opinion.

■ Le pâté chinois

Serge Bouchard

Voyons d'abord la viande hachée. Celle-ci n'existe que dans les sociétés qui savent comment passer du remarquable au banal et du banal au remarquable sans en faire tout un plat. Sauter de la pièce au haché démontre un grand souci de la routine. La viande hachée est une viande passe-partout, c'est l'enveloppe culinaire dont la ligne hachurée permet toutes les associations. Bref, la viande hachée, c'est la « viande à tout le monde », une viande populaire, la démocratie à table, et c'est à cause d'elle qu'il nous est désormais permis d'assister quotidiennement à la cérémonie de la multiplication des pains, des pains hamburgers bien entendu.

La viande hachée appartient donc à l'infini de l'ordinaire. C'est dans cet univers routinier qu'il faut chercher notre profonde vérité, car c'est dans le banal que loge le remarquable. Il faut se rappeler que dans la vie de Christophe Colomb, il y eut surtout des intervalles. Et Christophe Colomb eût sûrement apprécié le pâté chinois, pour le pâté et pour la Chine.

Ainsi, le pâté chinois pose le problème du temps. Et ce problème, il le pose à travers chacune de ses composantes. Celui qui ne digère pas le passage du temps ne mange pas de pâté chinois. Celui qui cafouille dans sa relation à l'ordinaire ne mange pas de pâté chinois. Cette pâtée vulgaire n'est pas pour moi, dit-il en relevant le nez. Nous savons tous que c'est dans la cuisine que le snob devient snobissime. Toutefois, la réalité du temps se charge de lui rabattre le caquet. Car plus tu cultives tes papilles gustatives et ta psyché culinaire, plus tu t'exposes à la famine de l'âme.

Dès lors, la première composante du pâté chinois, la viande hachée, est en réalité une viande à saveur politique. Viande hachée et révolution sont deux mots qui vont bien ensemble. Je m'en veux d'introduire ici une digression semblable, mais force est de convenir que le hamburger est impossible et inconcevable si l'on ne prévoit pas un approvisionnement fiable et régulier, bref, des montagnes de viande hachée. Or, chaque fois qu'un être humain mange un hamburger, il fait un bras d'honneur aux aristocrates. Souvenons-nous que les arts de la table se sont développés en synchronie parfaite avec les famines populaires.

Somme toute, la viande hachée tient sa richesse de sa neutralité. C'est la vraie viande du citoyen du monde. On peut hacher le veau, le bœuf ou le chameau, le yak, le chien ou l'agneau, tout cela à la fin se ressemble. Chaque religion peut s'adapter depuis qu'à l'origine la boulette a été banalisée.

Ce n'est pas par la quêtainerie de son logo que McDonald's s'est implanté dans le monde entier. Le monde n'est pas fou. Derrière le gros M de Mickey Mouse se cache en effet l'attrait irrésistible d'un bon quart de livre de viande hachée.

*   *   *

Le pâté chinois pose ensuite le problème de la patate pilée, la purée des purées. Cette grande trouvaille culinaire fut d'autant plus sous-estimée qu'elle avait pour origine la petite cuisine de la petite histoire. Dans les petits fourneaux de la vie quotidienne, le génie humain progresse à très petits pas. C'est qu'il est difficile d'avoir du génie et de la créativité durant les mercredis de novembre, quand il faut faire le souper.

Réunir la viande hachée et la purée de patates fut un grand et beau coup. L'Europe n'a su faire mieux : l'invention du hachis Parmentier. C'est en Amérique que le pâté chinois, finalement, allait prendre son essor. Car le pâté chinois est l'aboutissement logique de cette cuisine solide, nourrissante, cuisine de l'intervalle qui nous permet de durer.

Déjà, le hachis Parmentier, viande hachée et patate pilée, constituait un repas solide. Dans nos assiettes, avant de tout manger, chacun des enfants que nous étions sculptait avec sa fourchette des châteaux et des cathédrales, des montagnes et des routes, des rêves en purée que nous ne tardions pas à dévorer.

Mais la clé du pâté chinois se trouve dans le blé d'Inde. Et encore, nous parlons bel et bien de maïs sucré, de maïs à la crème. Céréale méprisée, pour les raisons incompréhensibles d'une culture culinaire douteuse, le maïs fut et demeure la marque alimentaire d'une Amérique profonde, temps et espace confondus. C'est le maïs des Indiens, l'ordinaire du métis, le plat du voyageur, du coureur des bois, de l'ouvrier. Il y a donc beaucoup à dire sur la valeur historique du pâté chinois. Car, dans toute son humilité, le pâté chinois et, partant, le blé d'Inde, pourraient revendiquer le titre de plat international et culturel, d'assiette fondamentale sans laquelle l'Amérique ne serait pas ce qu'elle est.

Le blé d'Inde n'est pas du maïs à vaches. Chacun s'en est nourri parmi ceux qui ont fait ce pays. Aux Européens gelés et démunis, incompétents et désarmés, les anciens Indiens ont donné la recette : de la viande séchée, hachée, fumée, mélangée à du maïs sucré, et voilà le repas complet, le biscuit, la galette, le truc nourrissant qu'on peut emporter le long de ses interminables courses et de ses indéfinissables trajets. Réserves de protéines qui renforçaient les bras et les jambes de ceux qui ravaudaient à l'aventure d'un continent grand comme le monde.

Voilà donc la synthèse culturelle par excellence. L'Europe a mis un temps considérable avant de mettre au point le hachis Parmentier. Il lui fallait digérer et la patate et le bœuf haché. La découverte de l'Amérique allait ouvrir encore plus de voies et repousser plus loin les frontières de la géographie culinaire. Car tandis que l'Europe concoctait sa recette populaire, ici, en Amérique, on mariait le pemmican (maïs et viande) au hachis des vieux pays. Cela donne le pâté chinois moderne. À ce titre, au chapitre des fourneaux traditionnels, le pâté chinois devrait être classé, homologué, protégé par le ministère des Affaires culturelles.

BERNARD ARCAND

Parmi les stéréotypes les plus durables de l'Occident chrétien, il faut compter celui qui décrit l'Amérique du Nord comme une terre d'immigration et de mélange, un continent entier sans véritables traditions, où rien n'est fait pour durer et où les modes les plus incohérentes se succèdent dans un apparent chaos qui ne respecte aucune ligne directrice ni projet d'avenir. Souvent, à cette Amérique désordonnée, on oppose l'histoire européenne ou les civilisations millénaires de l'Asie et de l'Afrique. On dira ainsi que, ailleurs, les sociétés se maintiennent davantage dans le respect de leurs principales trajectoires, que leurs idées les plus fortes traversent, inchangées, les tumultes de l'histoire et que la vie, en somme, s'y trouve encadrée par une culture générale qui crée une atmosphère de cohérence, laquelle paraît rassurante puisqu'elle rend la vie beaucoup plus prévisible et donc confortable. On ne retrouverait, dit-on, rien d'aussi solide, stable ou certain en terre d'Amérique.

Or, c'est justement cette vision simpliste de l'Amérique que le pâté chinois vient contredire.

Premièrement, le pâté chinois consiste en un mode d'accommodation des restes de la table d'hier. On sait combien une société se dévoile et se révèle dans ses façons de traiter et d'utiliser les restes et que partout se pose la même question universelle : réussir à faire du neuf avec du vieux. Or, dans plusieurs cuisines à travers le monde, les restes sont simplement mis dans un pot qui ira sur le feu : on mélange, on assaisonne et on prépare des bouillis, des hachis, des bouillabaisses et comme il ne reste jamais assez d'un seul ingrédient, on choisit de tout mélanger, et tout aura bon goût. Ailleurs, d'autres empilent les restes dans un sandwich ou sur une pâte à pizza. Il existe bien des exemples témoignant d'autres préférences gastronomiques locales mais, en général, l'ethnographie comparée ne peut que constater une tendance quasi universelle à l'intégration libre et désordonnée de toutes sortes d'aliments disparates.

Pas en Amérique, toutefois, et surtout pas dans le pâté chinois. Car, lui, il est en ordre, et même dans un ordre fort minutieux. L'Amérique reçoit et utilise des aliments divers, mais elle les place instantanément en rangs. Avec de vieux restes, l'Amérique fabrique du neuf en étages : le pâté sera sec, net et précis. Sa rigueur paraît incontestable et présente tout le contraire de l'empilage sur une pâte ou du laisser-aller dans la grande marmite.

Pour les incrédules qui prétendraient encore maintenir que l'Amérique est une terre de désordre, voici un autre exemple : le village de Deschambault, dans le comté de Portneuf, a organisé il y a quelques années un festival du pâté chinois. Alors que d'autres tenaient leur festival western, leur festival de jazz, du rire, du cochon, de la crevette, du film ou leur festival d'été, Deschambault choisissait de se doter d'un festival du pâté chinois. Avant de sauter à la conclusion facile qu'il s'agissait là d'une folie démentielle typique de cette partie du monde, il faut savoir que Deschambault a depuis longtemps une tradition de boucherie familiale et que, géographiquement, la boucherie de Deschambault est située assez exactement à mi-distance du village de Saint-Ubald, bien connu pour sa production de pommes de terre, et, de l'autre côté, du village de Neuville, célèbre pour son maïs. En réunissant ainsi le bœuf du village aux patates et au blé d'Inde des villages voisins, Deschambault reproduisait en les respectant les règles fondamentales de la mise en ordre de l'économie et de l'écologie régionales. Le village fêtait, bien au-delà du pâté chinois, sa place très précise dans l'ordre cosmique du monde. Les historiens diront qu'en comparaison, le choix des sites du Vatican et du Taj Mahal semblent résulter de quelques grossiers accidents d'une histoire chaotique et incertaine. Dans l'ordre de la rigueur et de la précision, le pâté chinois de Deschambault n'a d'équivalent qu'à Stonehenge.

* * *

De fait, le pâté chinois demeure inquiétant tant dans ses implications morales que politiques. En inversant l'ordre de la nature, il conteste la volonté divine. Politiquement, il offre le mauvais exemple de la ségrégation absolue : le Noir et le Brun au fond, surmonté par le Jaune dépassé par le Blanc. Le Conseil de sécurité de l'ONU devrait se prononcer là-dessus.

■ La pelouse

SERGE BOUCHARD

S'il fallait que les anciens revivent, je parle des gens du Moyen Âge, ils seraient bien surpris de voir passer un camion-remorque transportant sur une longue distance un chargement de gazon. Il nous faudrait leur expliquer que sur des terres spécialisées, nous faisons pousser une herbe de haute qualité afin de la vendre sous la forme de petits tapis roulés que l'on transplante un peu partout sur les places publiques et les terrains privés. La chose ne va pas de soi. Elle n'est pas, comme on dit, évidente. Et les anciens demanderaient certes le pourquoi d'un pareil commerce. D'où nous vient ce plaisir de tout tourber? L'industrie de la transplantation se porte bien. Le gazon greffé est devenu plus populaire que le gazon semé.

Le gazon n'appartient pas à la terre de la terre, je parle de la terre qui s'appartient. Il est plutôt la terre de l'homme, la terre mise à notre main, la terre à laquelle nous donnons un coup de pouce. Nous avons le pouce gris pierre, nous avons le pousse vert. Le gazon sera bel et bien traité comme nous traitons les tapis précieux. Pas question de trop marcher dessus. Voilà le vernis de la haute culture qui complète les tableaux uniformes des jardins de l'homme. Descartes n'aimait ni le désordre des villes mal planifiées ni le fouillis de la nature. Nous touchons là au cœur de l'affaire. Qui dit gazon dira aussi Lumières. Philosophie de l'ordre, de la géométrie, des formes et des surfaces, un brin d'herbe plus un brin d'herbe donne deux brins et ainsi de suite jusqu'aux mathématiques des grands nombres.

Enguerrand de Monthrelet ou Philippe de Commynes, journalistes à l'époque des Capétiens, s'ils revenaient au monde, comme nous disions, seraient bien surpris de voir passer un camion transportant des tapis de gazon cultivés à Saint-Tite et livrés à Cincinnati.

Ils s'étonneraient de l'Amérique, de la beauté du camion, de la route, mais encore et surtout de la nature du commerce.

Cependant, ils comprendraient probablement plus vite que nous le croyons. Ils se diraient : voilà le résultat de nos anciens débats. Finis les huttes anarchiques, les échoppes entassées, les foins longs dans les pâturages mal définis, les forêts sombres et profondes, finis les symboles et l'imaginaire débridés, finies l'erreur et l'illusion, vive la lumière. D'abord le Moyen Âge, ensuite la Renaissance, et voilà le Gazon.

BERNARD ARCAND

Pour entendre le bruit de la mer, il suffit de porter à son oreille un coquillage. Pour écouter le vent, tenez-vous proche du feuillage. On dit que les arbres et la glace craquent, que les buissons murmurent et que les animaux placotent. Quand la nature se déchaîne, le tonnerre gronde et la tornade fait un fracas.

Mais parmi tous les bruits de la nature, le vacarme du gazon occupe une place de premier choix.

Je veux citer en exemple le gazon de mon voisin. N'allez surtout pas croire que mon voisin est un malotru qui n'hésiterait pas à tondre sa pelouse en pleine nuit, éclairé par une lampe de mineurs. Mon voisin est un homme poli et bienséant. Mais moi qui croyais savoir que le gazon pousse surtout lorsqu'il fait beau et que la pluie l'abreuve, j'ai compris que la croissance de la pelouse de mon voisin répond à des pulsions beaucoup plus complexes.

Au bout de nombreuses années d'expérience, j'ai découvert que chaque fois que je reçois des amis, que je donne un party ou que je veille tard, le gazon de mon voisin réagit et se met à pousser à une vitesse exceptionnelle. De sorte que, le lendemain, tôt le lendemain, surtout le dimanche matin, inévitablement mon voisin ressent l'urgence de tondre sa pelouse. Avec une tondeuse dont la puissance suffirait à faucher la majeure partie de la Mandchourie. Durant une heure, parfois deux, le maître calme sa pelouse excitée par mon party. Ensuite, il complète le travail avec le célèbre Wipper Snipper dont le son parfaitement aigu rappelle la fraise de mon dentiste. Et je ne dis rien de son énorme chasse-feuilles, souffleur de tous les débris de l'automne, dont les décibels n'ont d'égal que les moteurs d'un 747 au décollage.

Je suis convaincu que mon voisin soupçonne que les fêtes données chez moi renouent avec la grande tradition de la barbarie orgiaque. Le lendemain, en tout cas, afin de rétablir la moralité du voisinage, il tond son gazon.

Il n'y a aucune comparaison qui tienne. Le son de la mer, le chant des petits oiseaux, tous les bruits de la nature ne sont que de minables perturbations sonores. Lorsque mon voisin entreprend son gazon, le ciel peut me tomber sur la tête, Mars peut attaquer, je n'entendrai rien du tout. Je me trouve totalement coupé du monde, en retraite fermée, et je médite sur mes péchés.

■ La photo

SERGE BOUCHARD

Aux alentours de l'année 1863, les photographes américains étaient déjà à l'œuvre et ils immortalisèrent les champs de bataille de la guerre civile en réalisant la première collection systématique de photos de combats. Il y eut même, durant les hostilités, une exposition à New York. Pour la première fois, des civils en retrait dans une grande ville non touchée directement par les violences du front voyaient réellement à quoi ressemblait la guerre. Et ce n'était pas beau. Les citoyens prirent conscience que la guerre banalisait l'horreur. Le champ de bataille ne tenait plus en un nom virtuellement légendaire; c'était un champ tout simplement. Les cadavres empilés des jeunes soldats des deux camps rappelaient le sens premier de la vie qui se perd. Les têtes éclatées, les corps mutilés, plus rien n'inspirait l'honneur, les cœurs n'étaient plus à la gloire. Par son contenu trop explicite, par son réalisme choquant, l'exposition de photos, la première du genre dans l'histoire, bouleversa les citadins du Nord à l'abri des combats. Le sentiment de l'irréparable se manifesta tellement fort qu'on dut mettre un terme à cette exposition afin de ménager le grand public.

Ces faits pouvaient donner espoir sur le bon fond de notre humanité. Il s'est certainement trouvé un commentateur de l'époque pour penser que la photo allait modérer nos ardeurs. Mais ces espoirs furent vite déçus.

Bien sûr, il n'est pas facile de réaliser que du sang, c'est du sang, et qu'un corps démoli ne se rapièce plus. Il est choquant de voir l'histoire autrement. Hector, Patrocle, Achille tuaient et se faisaient tuer. Les obscurs et les sans-grades de la grande armée de Napoléon ont vu des choses indicibles. Les poilus survivants deviennent muets. Le soldat deviendrait fou si en plus il parlait. Pareille horreur ne se dit pas. Cela ne se dit pas. Il n'y a pas de mots pour le dire. Mais il y a la photo.

Toutefois, nous savons aujourd'hui qu'une fois revenu de sa surprise, le public adore le réalisme de la photo. Au lieu de nous faire prendre conscience du cauchemar, la photo relance nos instincts. Les photos inacceptables se vendent fort bien sur le marché pornographique des horreurs. Devant la mort tragique, l'humanité baisse les yeux une seconde, avant de les ouvrir bien grands pour lentement l'envisager. Six milliards de maniaques sur une planète grosse comme ma main. La première et la plus difficile prise de conscience, c'est de réaliser le danger que l'on représente pour son voisin.

*   *   *

Dieu seul sait combien l'humanité a négocié avec son double. La photo confirme qu'il fallait se méfier. Le double copie l'original. La multiplication des copies s'avère un des phénomènes les plus renversants des temps modernes. Nous sommes à l'ère de la photocopie. L'original se perd quand les copies sont meilleures que l'original. Nous ne sommes qu'un déclencheur dans la galaxie des doubles. Nous voulons tous le deux du un. Au registre de la photographie, nous nous reproduisons dangereusement. Il y a des millions et des millions de photos. Nous sommes une espèce en voie continue de développement. Et voilà que la pharmacie nous offre des doubles. Pour un prix dérisoire. Un jour, nous croulerons sous le poids des albums et le négatif l'emportera sur le positif.

Mais alors, attention. Les archéologues extraterrestres qui fouilleront les montagnes de photos, de doubles et de triples collections, nous décriront comme des intelligences aux yeux rouges, aux rictus surprenants, enracinées devant des monuments, plantées sur des plages de sable blanc, des êtres obsédés par leur double. Faut-il qu'ils se soient appréciés pour s'être tant photocopiés !

*   *   *

Demain, au centre de la patinoire, les joueurs du Canadien de Montréal se réunissent. Ils porteront des uniformes neufs, la couleur rouge sera à l'honneur, chacun sourira, c'est la photo officielle de l'équipe. Respectons la tradition, les murs sont ornés des photos de chacune des équipes, année après année, depuis 1926.

Demain, la famille se rend chez le photographe en habit du dimanche. C'est la photo officielle de la famille. Le père, la mère et les petits, le chien de la famille, tous ensemble pour la postérité, le clan sera photographié dans un décor préfabriqué.

Demain, nous lançons le Titanic. Tous les ouvriers, ils sont des milliers, sont convoqués sur les quais. C'est la photo officielle, la gloire du chantier. Les humains se regroupent autour de leur ouvrage, ils posent fièrement devant ce nouveau Boeing que l'on vient d'achever, devant ce trois milliardième hamburger que l'on vient de servir.

Nous sommes les combattants de la liberté. Y a-t-il un appareil photo dans la salle ?

Nous sommes les vainqueurs du tournoi de bowling. Je suis l'employé du mois.

BERNARD ARCAND

Nombreux sont les grands explorateurs et les bons missionnaires qui relatent la réaction hésitante, voire craintive, de certaines populations dites primitives devant l'appareil photo. L'interprétation courante veut que ces peuples encore mal éduqués (et que l'on imagine quelque peu bonasses) conçoivent la photo comme une forme sophistiquée de vol. Ils s'imaginent que c'est une partie d'eux-mêmes que la photo capture. Il ne s'agit donc pas simplement d'une invasion ou d'un viol d'intimité, mais bien d'une escroquerie, l'enlèvement d'une partie de soi. Comme si, chaque fois que l'on fait la photo d'une personne, une mince couche de son être lui était enlevée. Au risque, pour cette personne, d'y laisser progressivement sa peau.

À des milliers de kilomètres de là, dans nos sociétés avancées, nous n'avons plus ce genre de crainte naïve. Au contraire, les modernes aiment bien se faire photographier, comme si cela enrichissait leur existence. On dirait que chaque photo apporte une nouvelle patine à leur personnalité et qu'ils conservent les photos d'eux-mêmes comme des collectionneurs de valeurs ajoutées, à la façon de cette mère à qui l'on disait que ses enfants étaient magnifiques et qui répondait : « Attendez de les voir en photo ! »

Dans nos sociétés avancées, les vedettes qui distribuent leur photo se montrent généreuses et font plaisir aux admirateurs en leur offrant une partie d'elles-mêmes. Les vedettes et leurs admirateurs conçoivent la photo comme une forme sophistiquée de don. Une conception qu'ils partagent avec les primitifs. La puissance de la photographie et de la pensée sauvage n'a jamais été démentie.

■ Les pilules

SERGE BOUCHARD

Bien que la chose ne soit pas tout à fait nouvelle, c'est Marilyn Monroe qui a inauguré le genre dans l'imagination populaire. Un petit flacon de pilules à portée représente un grand progrès pour l'humanité. En vérité, nous parlons ici de la démocratisation de la ciguë. Autrefois, pour se donner la mort, la plupart manquaient de moyens. Le poison était réservé aux nobles, autre preuve d'iniquité cruelle, autre tort que les temps modernes sont venus redresser. Le pauvre devait se débrouiller pour cela comme pour le reste. Il était laissé à lui-même. Se jeter en bas d'une falaise, s'ouvrir le ventre avec une épée volée, se couper les veines du bras avec des éclats de verre brisé, se jeter devant un vieux percheron, se laisser mourir de froid, de faim, de soif, se donner aux loups maigrichons, se noyer sous la glace, ne pas payer ses impôts, voilà autant de moyens aussi éprouvants qu'éprouvés par une humanité misérable qui cherchait le moyen de s'en sortir. Se sortir de la vie, comme de raison.

Il se trouve que les pilules constituent la solution. Il est rassurant de savoir qu'elles existent. Ces cachets, qui représentent l'espoir, le représentent par les deux bouts. L'espoir de vivre, de guérir, de se tenir une fois encore sur ses deux pieds, bref, l'espoir de recouvrer la santé. Et l'espoir de pouvoir mourir proprement, de partir à son heure et à sa condition, dans son lit, sans en faire toute une histoire et tout un plat.

D'une manière ou d'une autre, tout se tient, encore une fois. Considérant l'apparente difficulté d'être d'aujourd'hui, il fallait que l'on dispose de moyens de faire face à la niaiserie de l'être. Les pilules euphoriques redonnent de la couleur aux visions grises et « drabes » du déprimé profond. Les calmants ramènent sur terre les excités compulsifs. L'anti-inflammatoire redimensionne les têtes enflées. Et si un soir, en allant vous coucher, vous avez un éclair de lucidité, si pendant une seconde vous voyez le monde comme il est, vous avez la possibilité de mélanger les excitants, les calmants et les anticoagulants afin de prendre votre dernier cocktail. Les blondes actrices, les écrivains, il est tant de sorties célèbres qui se sont tramées autour des ultimes somnifères. Si dormir, c'est mourir un peu, mourir, c'est dormir jusqu'à ne plus se réveiller. Très gros progrès en vérité. Comme le disent à tous les coups les concierges dans ces cas-là : « Au moins, il n'a pas sali les draps. »

BERNARD ARCAND

Dans toute salle de bains respectable se trouve d'habitude une petite armoire à pharmacie couramment placée derrière le miroir, au-dessus de l'évier. Il y a sur les tablettes de cette armoire quelques petits flacons contenant des pilules. L'importance et l'étendue de cette réserve varient considérablement : dans certains foyers, il n'y a que quelques pilules élémentaires, aspirines banales et Alka-Seltzer vulgaires, alors qu'ailleurs on peut voir un assemblage de pilules couvrant un large éventail de malaises et d'infections. On remarque également que, dans certaines maisons, la plupart des contenants sont anciens et que les pilules sont à peu près toutes périmées, alors que, chez le voisin, les médicaments sont neufs et de toute évidence régulièrement renouvelés.

De là, il devient possible de déduire que ces armoires à pharmacie constituent pour certains des réservoirs de mémoire des malaises anciens. Les vieilles pilules périmées (que l'on oublie toujours de jeter) deviennent les traces des accidents de parcours de la vie. Elles témoignent d'anciennes sinusites chroniques ou de quelques dépressions passagères, elles rappellent les entorses douloureuses et les infections honteuses. Ces vieilles pilules sont attachantes, car, en dépit des traces de blessures anciennes, elles ne servent plus, ce qui annonce clairement que tout va mieux maintenant. Dans d'autres foyers, par contre, les pilules sont plus fraîches et semblent résolument orientées vers l'avenir. Elles paraissent neuves, présentes, puissantes et rassurantes. Elles servent à prévoir les périls de la vie et elles témoignent de la qualité de l'équipement et de la préparation. Chez les prévoyants, l'armoire à pharmacie ne manque jamais de l'aspirine qui prévient les défaillances cardiaques, des hormones de lutte contre l'ostéoporose, ni même des vitamines contre la déprime hivernale. Bref, alors que les vieilles pilules retracent les victoires contre les malaises anciens, les pilules neuves cherchent à prévoir tous les coups. Voilà deux façons courantes, mais aussi tout à fait traditionnelles, de faire usage des pilules. Certaines personnes oublient mal et parfois frôlent la fatigue nostalgique, alors que d'autres, peut-être plus peureuses, préviennent à merveille, au risque de l'inquiétude.

Mais ces attitudes semblent devoir changer assez radicalement. Car la personne résolument moderne ne se borne plus à réagir bêtement aux accidents de la vie ni ne se satisfait d'assurer simplement son avenir. L'individu authentiquement actuel et vraiment au courant doit s'assumer et se prendre en main. Dès que lui vint l'idée qu'il ne suffisait plus de lutter contre la maladie, mais qu'en plus il était tout à fait pensable de s'améliorer en agissant directement sur soi-même, l'usage des pilules s'est engagé vers de nouveaux horizons.

Les sociétés de plus en plus modernes consomment chaque année des centaines de millions de flacons de psychotropes et l'on apprend régulièrement que les quantités augmentent. Cela n'a rien de surprenant quand on pense qu'il est désormais possible de réussir un dosage judicieux et prudent de « dépresseurs » qui calment et de « stimulants » qui gardent vifs et éveillés, et qu'il existe déjà, par ailleurs, des pilules qui font dormir, d'autres qui stimulent la mémoire, qui atténuent le trac et l'angoisse, éliminent la fatigue ou l'envie de s'engraisser, que certaines donnent envie de baiser tandis que d'autres maintiennent l'érection.

Alors que l'être moderne se sent si souvent démuni face à un monde sur lequel il ne croit plus beaucoup pouvoir agir, voilà enfin que, grâce aux pilules, il pourra agir sur lui-même. Non seulement nous n'avons plus de raison de tolérer la douleur, la souffrance, ni même le moindre désagrément (il existe mille et une pilules contre ça), mais nous pouvons enfin échapper au destin et acquérir un meilleur contrôle de nos bonheurs quotidiens. Par la magie chimique des médicaments, toute personne peut désormais compenser les pressions du monde extérieur et, chaque fois que les autres exagèrent, il suffit pour en atténuer l'effet de prendre une pilule. Le plus merveilleux tient au simple fait qu'elle est là, banale, dans l'armoire à pharmacie de la salle de bains, disponible et toujours disposée à jouer son rôle. Renouvelable à volonté. On peut même se prendre à rêver que bientôt la vie aura perdu la force de nous surprendre.

On comprend facilement qu'il y ait là matière à inquiéter les humanistes qui protestent tous, au moins depuis Aldous Huxley, contre cet objectif d'une vie programmée où les humeurs seraient parfaitement maîtrisées. C'est la promesse, disent-ils, d'un monde triste, totalement prévisible et nécessairement ennuyeux. On peut cependant défendre l'avis contraire et prétendre qu'il n'y a pas lieu de s'inquiéter. Pensez au plaisir que nous aurons, dans quelques années, quand les pilules seront mieux apprivoisées et que nous pourrons enfin nous programmer allégrement des humeurs variées et changeantes qui nous rendront chaque jour plus intéressants. Pensez, par exemple, au plaisir que nous aurons à nous façonner des humeurs quotidiennes plus en harmonie avec la nature, soit l'humeur qui convient aux prévisions de la météo, soit au contraire celle qui compense pour le mauvais temps ; sans parler de l'éventail complexe des humeurs appropriées à toutes les occasions sociales.

Quoi qu'il advienne après-demain, tout porte à croire aujourd'hui que l'être humain n'étouffera pas demain sa soif de bonheur rapide ni sa curiosité et que l'exploration de tous les états de l'âme, même ceux que l'on imagine aux limites de l'extase, de l'inconnu et de l'intolérable se poursuivra encore longtemps. Longtemps encore il demeurera populaire d'essayer d'aller juste un peu plus loin. C'est dire que l'industrie pharmaceutique est promise à un bel avenir. Cela dit, nous devrons tous très bientôt faire face au problème particulier que posera la toute prochaine pilule, celle qui permettra de franchir la limite suprême. Car on peut déjà prévoir que les débats actuels sur l'euthanasie aboutiront sous peu à l'invention de la pilule du dernier contrôle et donc à l'ajout sur la tablette de toutes les bonnes armoires à pharmacie domestiques d'un petit flacon qui portera l'étiquette : « Final Exit ». Médicament un peu comme les autres, à tenir hors de la portée des enfants, ce sera la pilule de l'ultime prise en charge de soi. La seule hésitation, dans ce cas, c'est qu'on ne parle plus de dosage et que personne, à ce jour, n'a encore découvert l'antidote.

■ Le pipi

SERGE BOUCHARD

Qui n'a pas pissé en se baignant dans l'océan ? Dans une rivière ou dans un lac ? Qui n'a pas eu l'envie de faire pipi dans la piscine ? Ni vu ni connu, jouissance discrète et délinquante. L'océan ne pose évidemment aucun problème. Il faudrait pisser longtemps pour arriver à l'altérer. Les rivières sont insensibles et habituées. Le fleuve jaune n'est pas vraiment jaune. Mais les piscines soulèvent une question drôlement plus délicate. Car s'il vous vient naturellement à l'esprit de faire pipi dans la piscine, il est normal de penser que chacun se sente de même. Il y a donc techniquement un risque de nager soudainement en eau plus que trouble si, dans une piscine remplie de monde, chacun se laisse normalement aller, se croyant seul à transgresser la règle. Cela s'appelle une piscine chauffée.

BERNARD ARCAND

Le temps est venu pour moi d'avouer que mon enfance fut difficile. Quoiqu'on aurait du mal à y trouver matière à un film ou même à un pauvre téléroman. Je n'ai pas passé ma jeunesse dans les rues de Bogotá, terrifié par des escadrons de la mort. Je n'ai pas été rendu infirme par un adulte dans le but de mendier dans les rues de Calcutta, ni vendu dans un bordel de Bangkok pour pédophiles allemands. Je n'ai même pas eu de parents malveillants ni connu d'éducateurs trop attentifs. En fait, j'ai grandi entouré de parents chaleureux et de gens bienveillants. C'est bien davantage de moi que venait la difficulté. Je construisais mon propre malheur grâce à un don assez remarquable pour la création d'embûches. J'avais l'habitude de me compliquer la vie, comme on dit, en soulevant des questions existentielles parfaitement insolubles, dont plusieurs auraient fait l'envie de Woody Allen comme d'Ingmar Bergman.

Chaque fois que l'on m'informait des choses de la vie, j'y découvrais une nouvelle source d'angoisse quasi métaphysique. Soit j'avais reçu du ciel un cadeau empoisonné, soit j'avais acquis un sens de la controverse particulièrement aiguisé. Par exemple, lors de mon apprentissage des sciences religieuses, après avoir essayé sans succès de connaître l'identité des épouses de Caïn et d'Abel, ou de celles de Sem, Cham et Japhet, les fils de Noé qui repeuplèrent le monde après le Déluge, ma curiosité retournait aux origines pour chercher à comprendre si Ève, issue de la côte d'Adam, était de même nature que son mari et si, de cette manière, nos deux ancêtres étant en quelque sorte frère et sœur, on peut dire que l'humanité a été fondée sur un inceste. Par-dessus tout, je me suis longtemps demandé pourquoi Adam aurait eu un nombril. Voilà des questions qui suffiraient à rendre n'importe quel enfant insomniaque et qui font qu'à la longue, une enfance devient difficile.

Il me semble aujourd'hui que le moindre lieu commun suffisait à alimenter mes questionnements et que ceux-ci étaient souvent aussi tortueux que le fractionnement d'un cheveu mince en quatorze parties égales. Dans certains cas, par contre, ce qui était enseigné à l'enfant que j'étais paraissait tellement incohérent ou incomplet que les questions surgissaient d'elles-mêmes comme si elles flottaient déjà à la surface. À l'instar de tous les enfants du monde, j'ai vite perçu la bêtise des adultes. Prenez par exemple (un exemple banal aujourd'hui mais drôlement sérieux à l'époque) la mémorable histoire de cette Belle au bois dormant qui, affligée d'un mauvais sort jeté par une vilaine fée frustrée, dut attendre dans un sommeil profond l'arrivée salvatrice du superbe Prince charmant. L'histoire se veut émouvante, mais n'importe quel enfant reconnaît tout de suite une invraisemblance grossière dans ce récit. Et contrairement à ce que certains adultes désabusés pourraient croire, ce qui fait problème dans cette histoire aux yeux d'un enfant, ce n'est ni le pouvoir surnaturel de la fée qui impose un mauvais sort, ni le lien douteux entre une petite piqûre sur le doigt et le sommeil potentiellement éternel, ni même le sexisme primaire des rôles attribués à la dormeuse passive et au héros naïf mais courageux qui met sa vie en danger pour le plaisir d'une princesse. Ce qui semble cent fois moins probable, c'est l'extraordinaire qualité de la vessie de la Belle au bois dormant.

Tout enfant le moindrement attentif, en effet, se demandera comment une vraie personne peut dormir aussi longtemps sans avoir besoin de faire pipi. Car tous les enfants du monde savent bien que le pipi représente le pire ennemi du sommeil et du repos. Les bébés s'éveillent et se mettent à pleurer parce qu'ils sont mouillés. Les adolescents savent qu'ils dormiraient éternellement si ce n'était du besoin trop pressant d'aller faire pipi. Les justes en perdent le sommeil et le guerrier ne peut plus se reposer. Les aînés se plaignent de ne plus pouvoir, quinze fois par jour, lui résister.

La capacité de la vessie humaine définit les limites de notre imaginaire. Les plus grands rêves ont été interrompus par une vulgaire envie de pipi. Le magnifique et le merveilleux se trouvent brutalement brimés par une simple affaire comptable. C'est peut-être d'ailleurs tout ce qui nous empêche de sombrer définitivement dans la paresse et de nous transformer, tous, en Belles au bois dormant. Éternellement. L'envie de pipi est un réveil et un simple retour aux cruelles réalités ordinaires de la condition humaine. C'est ce que l'on a très justement baptisé « l'appel de la nature ».

SERGE BOUCHARD

Se pourrait-il que l'élixir de la santé profonde se cache dans les déchets de notre corps ? L'urine est riche, apparemment. Le pipi est plus précieux qu'on pense. Dans le jet et le rejet de ce que nous devons éliminer, nous avons la possibilité de faire le tri. Et ce recyclage biochimique vient augmenter l'inventaire de nos pharmacies.

L'urine du centaure guérissait la cécité, si elle était bue la nuit, de préférence sous la pleine lune, au pied d'un très vieil olivier. Il fallait la faire chauffer, la distiller en quelque sorte, avant que l'envoûteuse de la région ne s'y trempe les pieds. Pendant trois jours.

Si l'urine du cheval possède quelques vertus, imaginez l'urine de l'orignal. Celle-là relève le moral des gens les plus abandonnés. Quand une orignale pisse dans l'eau calme des lacs les plus tranquilles, le temps des amours résonne dans la forêt profonde comme s'il était annoncé par toutes les cloches de la chrétienté. Buvez l'urine d'une orignale en chaleur, vous m'en reparlerez. L'aphrodisiaque des aphrodisiaques est le secret le mieux gardé. Par quelques vieilles Indiennes ridées et rieuses qui savent aujourd'hui qu'il ne vaut plus vraiment la peine d'en parler.

La vengeance est douce au cœur des vieilles Indiennes.

■ La plante verte

BERNARD ARCAND

Je me souviens d'une petite maison dans les tropiques. On pourrait dire qu'elle est en banlieue de Cravo Norte, si seulement Cravo Norte avait une banlieue. La maison est située sur les bords d'une petite rivière et dans un espace assez restreint créé par un coin de forêt tropicale qui a été rasé pour lui faire un peu de place. Ses murs sont en glaise et son toit est fait de feuilles de palmier. Il n'y a ni porte ni plancher, seulement le sol qui a été longtemps piétiné. Très peu de meubles : quelques hamacs pour les parents et leurs trois enfants, une cruche d'eau et un feu de bois, une table et quelques chaises. Mais sur cette table, au centre de la maison, se trouve un modeste pot de verre contenant un tout petit bouquet de fleurs artificielles. Au cœur de la forêt tropicale, là où règnent la verdure perpétuelle, des millions d'espèces végétales, des fleurs de tous genres et des orchidées de toutes les couleurs, au milieu de ce festival naturel et de ce jardin de plantes luxuriantes, des gens ont eu l'idée toute simple de décorer leur maison d'un petit bouquet de fleurs en plastique. Jamais bouquet n'aura été mieux placé que dans cette lointaine maison. Après avoir enfin vaincu la forêt et modelé la terre pour s'en faire un abri, il n'y a pas meilleure satisfaction que la signature arrogante de l'exploit qui vient proclamer à la face du monde notre capacité à fabriquer des fleurs en plastique.

Loin des tropiques, au dix-neuvième étage d'un édifice en béton, au cœur d'un bureau d'architectes, tout près de la table où l'on s'affaire à dessiner avec crayons et papier des espaces d'habitation, on peut souvent trouver une plante verte. Comme un clin d'œil de la forêt tropicale. La plante sert de rappel aux bâtisseurs qui n'ont plus aucun doute sur leur capacité à dominer le monde, mais qui aimeraient toutefois préserver quelques liens avec la nature. Dans les deux cas, à Cravo Norte comme à la ville, la plante, verte ou colorée, est assurément à la bonne place.

Serge Bouchard

Les cactus sont des plantes sans cœur et sans âge. Sur un coin de ma table de travail, côté fenêtre, perdu au milieu d'un amoncellement de papiers aussi importants qu'oubliés, végète depuis longtemps un cactus immortel. Oui, il est bien là depuis des temps immémoriaux et rien ne laisse penser qu'il s'apprête à mourir.

Sa croissance est lente au point d'être imperceptible, un centimètre tous les dix ans. Je possède un cactus âgé de deux cents ans. Où poussait-il avant? Dans le salon d'une vieille tante, d'une vieille grand-maman? Nul ne le sait. Comme il est sur ma table depuis vingt-cinq ans, nous avons tout oublié de sa provenance et de ses origines.

Car le cactus finit par faire partie des meubles. Lorsque nous déménageons, le cactus part avec la chaise berçante, s'en va refaire carrière sur le coin d'une autre commode, dans un nouveau foyer, sans même avoir à se déraciner. Plus le pot est vieux, plus la terre se transforme en pierre, plus le cactus est heureux. Même la poussière s'éloigne de lui, car la poussière préfère ne pas s'y frotter. On ne caresse pas un cactus. Il ne se laisse pas caresser.

Or le cactus est tout à fait approprié à nos intérieurs, qui sont des déserts inhospitaliers. Il se sent bien dans nos maisons, car nos maisons sont souvent les plus profonds déserts qui se puissent trouver.

Si, de toutes les plantes vertes, je préfère le cactus, c'est que moi-même je n'aime pas la visite. Et ces nombreux cactus sont un reflet de mon caractère désagréable. Dans ma maison, je me retire, je vis à l'écart, je jeûne et je médite. Quarante jours dans mon salon et j'en ressors prophète.

Dans les maisons chaudes où la vie est joyeuse et diverse, le cactus dépérit. Il est allergique aux rires, aux discussions animées, à la chaleur humaine.

Pis encore. Lorsque les policiers défoncent la porte d'un appartement où un solitaire est mort dans le silence depuis un bon bout de temps, ils constatent, en se bouchant le nez, que toutes les plantes vertes sont mortes et desséchées, faute de soins et d'eau. Mais dans cette maison puante et grandement maudite, seul le cactus a survécu au passage du malheur. La tristesse ne l'abîme en rien. Le cactus, plante de nos intérieurs, est parfaitement adapté aux déserts qui nous durcissent le cœur.

*   *   *

La plante verte est synonyme d'enfermement. Nous recréons à l'intérieur ce que nous n'allons plus chercher à l'extérieur. Songez à l'univers des sœurs, aux salons de ces couvents où prospéraient les fougères. Pour bien soigner ses plantes, il faut avoir la main, c'est-à-dire le penchant. Il faut être de la maison, dans la maison.

La plante d'intérieur pousse en effet dans le pot du repli sur soi. L'univers se miniaturise et s'encabane. Les plantes vertes sont la végétation de nos nombrils.

Je dirai donc comme les Japonais : abattons tous les séquoias de la Terre afin de financer la pousse des bonsaïs. Rentrons les arbres dans nos salons. Serons-nous capables un jour de faire tenir la taïga dans un pot de brique, au point où la coupe d'un seul sapin nous donnera un seul cure-dent ?

Voilà la magie de la miniature, qui est mini-nature. Qui n'a pas compris que la destruction générale de la nature grandeur nature avait pour but ultime le remplacement de celle-ci par une autre, bien plus commode ? Dompter la nature et se l'approprier, c'est l'entrer chez soi. Et la plus belle domestication consiste, bien sûr, à ne plus jamais sortir.

BERNARD ARCAND

Les Semang, qui habitent la presqu'île de Malaka, dans ce pays que nous nommons la Malaisie, prétendent que les âmes humaines résident dans les végétaux. Ces gens disent que les âmes se tiennent spécifiquement dans les arbres, dont elles ne sortent que pour aller donner vie à un nouvel enfant dans le ventre d'une femme.

À des milliers de kilomètres de la Malaisie, on nous enseignait, il n'y a pas si longtemps, qu'il était salutaire de parler à ses plantes vertes. On recommandait de leur adresser la parole le matin, ou en revenant du bureau, et de ne jamais oublier de leur dire bonsoir.

Autrefois, la maison était pleine de vieux et de bébés, de brus, de gendres, d'orphelins, de bonnes, d'hommes à tout faire et parfois même de quêteux. Aujourd'hui, dans un appartement solitaire, quand il est interdit de posséder un animal domestique (ou si vous avez à cœur de ne pas laisser un chien enfermé seul toute la journée), la plante verte aura le grand mérite de vous mettre en contact avec le vivant. Il s'agit évidemment d'un vivant minimal, élémentaire car, malgré tous les arrosages et les boutures, toutes les transplantations et les fertilisations, les plantes ne bougent pas beaucoup et leur conversation a de quoi laisser bouche bée. Un Harpagon pourrait en prendre soin. Néanmoins, la plante verte demeure à ce jour le meilleur compagnon minimal, même si certains pensent avoir trouvé mieux et veulent la remplacer par le cristal. Sans entrer dans cette querelle épique, il nous faut reconnaître le besoin de parler, car le silence est lourd et trop difficile, et donc pourquoi ne pas parler à ses plantes? Comme le disent la plupart des spécialistes de l'âme humaine, psychologues, psychiatres ou psychanalystes, il serait sain qu'en décrochant du travail et en rentrant à la maison, l'être humain puisse exprimer ses inquiétudes intimes et ses soucis privés. Selon ces experts de l'équilibre et de la normalité, l'occasion d'exprimer ses états d'âme serait une condition essentielle du bien-être. Il serait donc salutaire de raconter à ses plantes une enfance difficile, combien vos parents vous comprenaient de travers, ou ce jour inoubliable où vous avez été rudoyé par un petit camarade de classe. Bref, les plantes vertes nous font du bien, elles nous remettent de bonne humeur, et elles servent à nourrir l'âme humaine. C'est très exactement ce que disent les Semang de Malaisie.

SERGE BOUCHARD

Il faut se mettre dans l'écorce d'un arbre tropical, disons d'un eucalyptus, que l'on a planté près d'une fontaine, sous un puits de lumière, à l'intérieur d'un centre commercial couvert, à Laval. C'est l'endroit idéal pour végéter en plein cœur de la modernité. Symbole du magasinage des fêtes, témoin de la cohue, cet arbre qui n'est pas de souche est devenu l'authentique arbre de Noël.

Le sapin nous vient d'une ancienne tradition qui n'a plus aucun sens aujourd'hui. Noël n'a rien à voir avec la neige et les traîneaux, une église éloignée, une messe de minuit, un réveillon ou une violente poudrerie. Rangez les sapins et les capots de chat. Noël, c'est un stationnement de centre commercial, un corridor bondé de monde, un plancher de tuile, à l'ombre des eucalyptus et des rhododendrons.

Leurs feuilles collées aux parois des immenses baies vitrées, les bambous prospères regardent à l'extérieur les petits sapins qui agonisent sur les bordures des magasins. L'ère du sapin est révolue. Il n'est pas loin le jour où nous n'en verrons plus.

L'heure est au commerce intérieur.

Et l'homme est heureux, qui magasine, qui fait ses emplettes de Noël dans l'euphorie climatisée, en se frayant un chemin parmi des tas de plantes vertes qui parsèment les planchers. Le manteau sur le bras, il déambule au faux milieu d'un faux été, jouissant des cascades et des fontaines d'où l'on entend le son du moteur électrique qui fait l'eau s'étourdir, des petits bassins éclairés par des projecteurs sous-marins et colorés, des ruisseaux dévalant des fausses pierres venant oxygéner l'étang des carpes rouges qui sucent le sel sur les trente sous.

Ici, tout est parfait : la cravate que tu viens d'acheter, le beau Noël, la bonne année, l'air liquide et comprimé. Tout cela te rappelle à l'ordre du paradis, qui est un jardin suspendu, comme chacun sait.

Le sapin, depuis toujours, nous en fait baver. Ne l'invitons plus à nos fêtes.

Le culte des plantes vertes conduit aux pires abus. Ne voit-on pas ces jours-ci, en Arizona, des gens qui prétendent vivre sous une cloche de verre à l'intérieur de laquelle ils fabriquent leur pluie et leur lumière, font pousser leurs légumes, respirent leur oxygène, recyclent leurs excréments, vivent au cœur d'un jardin fait main ? Cette expérience scientifique cherche à démontrer que le vivant est heureux en vase clos. Là, tout peut être contrôlé. La pollution est au niveau zéro.

Qui l'eût cru ? La perfection et la pureté, la santé à l'état pur, tout cela vient en pot.

■ Le pneu

Bernard Arcand

Si on voulait apprendre à mieux connaître les pneus et à les apprécier vraiment, ce serait une bonne idée que de solliciter l'avis des singes. Il semble, en effet, que dans tous les jardins zoologiques du monde, quelqu'un s'obstine à fournir des pneus à tous les primates en captivité. On peut ainsi observer fréquemment des chimpanzés qui se balancent sur un pneu accroché au plafond par une chaîne, d'autres qui s'en servent comme d'un hamac, parfois même certains qui se promènent avec un pneu sous le bras ou qui font semblant de le lancer sur la foule. Les singes vivent et partagent leur intimité avec des pneus, ils s'en servent pour jouer, pour s'éloigner des autres, pour dormir ou pour afficher leur position de force. On en a même vu qui tombaient éperdument amoureux de leur pneu, leur ami et seul compagnon de jeu. Les singes ont plus besoin des pneus que des humains. D'ailleurs, John Boyd Dunlop l'avait compris. Il connaissait bien les animaux puisque, en 1888, au moment où il a inventé le pneumatique moderne, Dunlop exerçait à Belfast le beau métier de vétérinaire.

SERGE BOUCHARD

Si la roue n'était pas si fondamentale, prendrions-nous la peine, jour après jour, de la réinventer ? Nous la perfectionnons sans cesse, la montant sur des pneus de plus en plus gonflés. La société est un ballon, une masse d'air sous pression alimentée par des millions de poumons, un vide bien encarcassé menaçant de crever à chacun de ses tours. En cas d'urgence, saurions-nous la trouver, notre roue de secours ? Chacun souligne l'importance d'être bien balancé, bien aligné, lors même que nous ne savons pas au juste si nous sommes des « originaux » ou bien encore des « réchappés ». On voit que celui qui s'interroge sur la notion d'usure normale n'est pas au bout de ses peines lorsqu'on songe à tout ce qu'il se doit d'examiner.

La mode n'est plus aux flancs blancs, à l'étroitesse, à la dureté. De nos jours, nous sommes à l'heure des flancs mous. C'est en effet le propre de la société radiale que de bien se tenir, comme à moitié gonflée, tirant sa résistance de sa nature décontractée. Le pneu est équilibre et l'équilibre est rond. Qui n'y voit pas un ventre, un ventre porteur, puis un berceau, une balançoire, un jeu d'enfant somme toute ? Cercle de la naissance et cercle de la vie, le pneu est un principe, celui, dérisoire, de l'avancée et des replis. Il ne sait pas s'il va ou s'il revient, mais il tourne.

Il faut savoir que sans pneu nous n'irions pas loin. À notre place, il n'arrête pas de se mouiller, absorbant les coups durs, les changements de température. C'est lui qui surchauffe, qui connaît la différence entre l'asphalte et le gravier, entre la glace bleue et la glace verglacée, entre la mollesse de l'accotement et les ornières de la travée. Le crachin est son embrun ; c'est vrai que, la plupart du temps, il est salé.

Toutefois, malgré la qualité de la fabrique, le pneu finit immanquablement par s'user. Son visage s'affaisse, sa face devient fesse, l'ensemble devient lisse, si bien qu'il s'enlise ou qu'il glisse, perdant de son mordant et se perçant lui-même par assèchement de l'armature, par effacement de la cannelure. Nous avons beau le ceinturer d'acier, multiplier les plis, le réparer, le galvaniser, il ne cherche qu'à se dégonfler. Alors, il est à plat ; et lui qui tenait le plus lourd, le voilà écrasé, incapable de seulement tenir son contour. C'est le moment de se pointer au garage afin de se refaire une traction, car il est impératif de revoir sa tenue de route en se « greyant » de flambant neuf. Après tout, le pneu ne nous tient-il pas lieu de pied ? Pourquoi attendre et lésiner quand il s'agit de se chausser ? Au royaume du pneu, nous comptons l'âge du métropolitain en faisant la simple somme de ses factures Michelin. Les cercles parfaits sont la représentation du principe de l'univers : une bulle qui s'use et combat son usure, une roue qui tourne parce qu'il n'y a pas autre chose dans la vie d'une roue que l'envie de tourner, laissant à chacun de ses tours une poussière d'elle-même sur la surface goudronnée d'une matière qui dure.

Usés à la corde, les pneus prennent finalement la route des cimetières où nous les empilons depuis de nombreuses générations, fabriquant des montagnes sombres où rien ne pousse mais qui parfois s'embrasent, interminables incendies que personne n'éteint. Lorsque brûlent nos cimetières de pneus, nous comprenons enfin que c'est l'encens de notre époque qui obscurcit le ciel. Les pneus finis s'en vont en leur huileux paradis. Le caoutchouc brûlé, la boucane noire, voilà notre commerce et voilà notre esprit.

■ Le poisson

SERGE BOUCHARD

Être poisson, c'est admettre que le monde nous dépasse, que tout se joue au-dessus de nos têtes. Les poissons sont des espèces vivantes qui n'ont pas réussi à se tenir la tête hors de l'eau.

Sur la marche du monde, les poissons n'ont aucune prise. Nager n'est pas comprendre.

Il y a de cela des centaines de millions d'années, il n'y avait que des êtres humains sur terre. Tous roulaient en Mercedes. Nous étions des dizaines de milliards à vivre d'amour, d'essence et d'eau fraîche. Puis, lentement, la nature humaine se manifesta. Les plus petits de cœur et d'esprit devinrent des insectes, des mouches, des maringouins, des cancrelats et des coquerelles.

Les plus belliqueux devinrent des aigles, des tigres, des méchancetés à poils, des assassins à plumes. Les plus retors devinrent des serpents, les plus urbains des moineaux, les plus prétentieux des perdrix en rut, les plus menteurs se métamorphosèrent en renards, les plus sales en rats de Norvège, les plus voleurs en étourneaux, les plus avocassiers en pies, les aveugles en autruches, les paresseux en lions, les plus lents en paresseux, les rancuniers en éléphants, les rapides en lièvres, les libidineux en ours d'été, ainsi de suite, ce qui donna les chiens, les loups, les tamanoirs, les kangourous. Tout ce qui vit est le reflet de nos idées. La nature exprime nos déceptions, nos peines mais elle exprime aussi notre beauté. Nous faisons un, mais sommes si divers.

L'humanité originelle s'étant considérablement transformée et toutes les espèces animales s'étant mises à exister, que restait-il dans le monde pour y coucher nos mauvaises pensées? Les anciens se tournèrent vers la mer. Les océans déserts furent désignés comme réservoir infini, vu la profondeur de l'objet. Là, nous pourrions pour toujours déverser les dérives de notre caractère. Il y a tant d'eau sur terre que nous serions bien attristés s'il fallait un jour en venir à bout. L'opération se poursuivit donc, mais avec les poissons. Ces derniers représentent cette partie de nous qui ne comprendra jamais rien. Les poissons se cachent, ils ne veulent pas sortir de l'eau, et sous l'eau, ils se terrent. Ils craignent l'air, le vent, les tempêtes, le sable sec, le soleil. Pour un poisson, la liberté consiste à descendre plus bas. La sécurité se trouve dans la noirceur des profondeurs et les poissons les plus tranquilles sont ceux qui habitent le fond des fosses océaniques où rien ni personne ne peut les rejoindre. Ce sont les poissons les plus plats, les plus gris de la terre et des sept mers. Là, la nature ne soigne plus son apparence puisque rien ne se montre.

Le poisson de la plus grande profondeur, celui-là qui, en ce moment même, vit au plus creux du monde, ce poisson inconnu que nul n'a découvert et ne découvrira jamais, ce poisson incolore et aveugle qui supporte la pression de toute l'eau qui soit, ce poisson-là sait ce que c'est que de toucher le fond et d'être au plus bas. Ce n'est pas demain qu'il refera surface.

*   *   *

Les poissons ont en mémoire des événements très rares. J'en veux pour preuve cette incroyable histoire.

Dans la région de Caniapiscau, nous avons créé des réservoirs afin d'augmenter notre capacité de produire de l'électricité. Pour ce faire, il fallut noyer de grandes surfaces de forêts boréales. Sous l'eau de ces nouveaux lacs, des millions d'épinettes noires furent englouties vivantes. Au premier été de cette affaire, il se passa des faits extraordinaires. Le sol de la taïga nordique est mince et dans le fond des réservoirs, il s'est vite délavé. Les racines des arbres demeurés debout s'en trouvaient libérées. À intervalle régulier, un arbre prenait littéralement son envol à partir du fond du lac et, tel un missile lancé par un sous-marin, au terme d'une longue ascension vu la profondeur, il sortait de l'eau toute tête dehors. Imaginez le spectacle. Compte tenu de la forme de ces épinettes que Rousseau a déjà comparées à des flèches, sachant qu'ils conservaient encore branches, brindilles et aiguilles, ces arbres venus des profondeurs apparaissaient soudainement à la surface, à la manière d'une baleine qui se lance en l'air, provoquant fracas et bouillonnements en sortant comme en retombant. Voyez comme la vie réserve des surprises.

Finalement, les poissons connaissent plus la forêt que l'on pense, du moins les poissons d'eau douce du Québec. Depuis une centaine d'années, plusieurs ont vu leur univers subitement se transformer en forêt fantôme, noyée et submergée. Mais en prime, il s'est sûrement trouvé des poissons pour voir ces arbres s'envoler, s'élever et bondir vers la surface. Un poisson qui a vu cela est un poisson qui a tout vu.

*   *   *

Il y a de cela quelques millions d'années, un météorite tomba dans la toundra québécoise. Il creusa un cratère impressionnant, aujourd'hui parfaitement conservé. Je parle bien sûr du cratère du Nouveau-Québec, dont la forme parfaitement ronde est caractéristique et spectaculaire. Au fil des siècles, ce trou s'est rempli d'eau. On ne lui connaît ni charge ni décharge puisque ce n'est pas un lac mais une cavité accidentelle. Qu'un pareil trou se remplisse d'eau, cela va bien. Mais on trouve des ombles dans ce cratère et la question se pose alors : d'où viennent-elles ? Les ombles arctiques ne marchent ni ne volent, à moins qu'elles le fassent de nuit ou assez discrètement pour que nous n'en sachions rien. Il est problable qu'un lac voisin a jadis communiqué avec le cratère, ce qui expliquerait la présence des poissons.

Quoi qu'il en soit, les poissons du cratère évoluent dans une eau froide et cristalline, dont la surface ne dégèle pas certaines années. Ils sont prisonniers d'une sorte de grand aquarium et ils vivent comme dans un ballon d'eau de source. Qui dit propreté dit désert. Ils n'ont rien à manger. Si bien que ces poissons sont maigres au point d'en être rachitiques. Ce ne sont que grosses têtes et yeux exorbités rattachés à des corps filiformes nettement sous-développés. Grosse tête et petit corps, cela fait penser.

Être poisson et être maigre, cela donne froid dans le dos.

■ Les pompiers

Bernard Arcand

Certaines personnes voient dans le pompier l'exemple classique d'un monde profondément mâle. Tous les petits garçons, disent-elles, et uniquement les garçons, rêvent de devenir, un jour, pompiers. Parce qu'ils sont fascinés par les véhicules rapides et flamboyants, le casque, le rouge, les sirènes criardes qui obligent le monde entier à s'écarter sur leur passage et à s'écarter du chemin, parce qu'ils aiment la violence des coups de hache, l'érection des échelles, les boyaux longs et durs dont le jet est toujours puissant. Et puis, les mâles aiment jouer les héros et déjouer l'intraitable destin.

Tout cela serait typiquement mâle, dit-on. Mais si la chose est vraie et que les hommes sont véritablement éduqués dans la recherche de cet idéal masculin, il ne faudrait plus se surprendre ni accuser plus tard ses amants d'être flamboyants, caoutchoutés, d'avoir chaud, de transpirer et de sentir la fumée, d'être un peu brusques et surtout excessivement rapides. C'est la manière de tout pompier.

Serge Bouchard

Nous ne parlons pas assez du plaisir, de la part de plaisir que l'être normal est en droit d'arracher à la vie. Nous en sommes arrivés à les confesser, ces plaisirs, à les cacher parfois. La société morose, la société coupable, la sérieuse et la déprimée, l'économique et la fonctionnelle, la rationnelle et l'instrumentale, la terre à terre et la concrète, cette société plate à mourir n'a pas de plaisir à son programme.

Éteindre le feu procure de la joie. Quand le feu menace et se propage, lorsque nous nous interposons et que nous nous mettons en son travers afin de le maîtriser, quelque chose de profond se manifeste en nous. Il y a plusieurs années, sur mes terres, les champs se sont enflammés. Comme la chose se passe depuis le début de l'éternité, des enfants s'étaient amusés avec des allumettes dans l'ombre d'une vieille grange isolée. Les enfants s'en sont bien sortis, je vous rassure tout de suite. Ratoureux, ils ont vite pris la clef des champs, champs qui n'allaient pas tarder à s'embraser. Nous étions au creux de l'été et la sécheresse sévissait, si bien que le vent, bien que léger, dirigeait le feu vers la forêt toute proche. Parce que ces terres sont dans les bois, nous ne pouvions compter sur l'intervention des pompiers. Il a fallu improviser. Quelques voisins, toutes les familles, chacun devint sapeur d'occasion. De l'eau à la mitaine, des couvertures pour étouffer les flammes, des stratégies, des ordres lancés, de l'urgence et des courses à gauche et à droite, nous avons mis trois heures pour en venir à bout. Peu importent les manières dont nous nous y sommes pris pour finalement maîtriser l'élément qui menaçait. Le souvenir que j'en retiens est d'un tout autre ordre. Car à la fin, au coucher du soleil, au moment où la victoire était acquise, il fallait voir la beauté des sourires sur les faces du monde. Il y avait là une beauté profonde, un bonheur contagieux. Nous avions tous goûté à l'action, à la communauté d'action, à l'enjeu, au danger, à l'euphorie de la joute. Nos visages étaient couverts de suie, la fatigue était aussi bonne qu'extrême, et chacun racontait son histoire. Que ce soit elle, que ce soit lui, qu'il s'agisse d'un grand, qu'il s'agisse d'un petit, chacun avait combattu et éteint sa part de feu. Fallait-il que les champs s'embrasent pour nous donner cette joie-là ? Le feu, quand on l'allume, nous donne de la joie. Le feu, quand on l'entretient, a l'heur de nous détendre. Mais le feu, quand on l'éteint, quand on le maîtrise ensemble, nous procure une satisfaction conviviale qui ne s'explique pas. D'où l'idée que cela existe peut-être, le plaisir d'être pompier.

BERNARD ARCAND

Les pompiers ont l'air craintifs. Mais on sait également à quel point ils n'ont peur de rien. Bref, les pompiers naviguent d'un extrême à l'autre. Dans l'exercice de leur premier métier, au plus fort d'une lutte contre l'incendie, ils n'ont guère le temps d'être émotifs. La peur, ils ne connaissent pas. Le vertige, l'angoisse, la panique, l'horreur, la lassitude, la morosité, tout cela doit rester à la caserne. Mais d'un autre côté, les pompiers n'hésitent pas à secourir le petit chaton grimpé un peu trop haut dans un grand arbre. Les pompiers sont émus par les minets. Et ils organisent des paniers de Noël pour les enfants démunis, ils réparent les poupées et les nounours et font tout ce qu'ils peuvent pour rendre les tout-petits joyeux. Les pompiers sont des êtres hypersensibles qui réaniment les cardiaques. Ils sont gentils, prévenants, généreux et amoureux. Rien de comparable dans d'autres professions : il n'y a jamais de Noël des comptables ou des dentistes ; si votre chat est mal pris, inutile d'appeler le ramoneur et ses échelles ; et quoi qu'on dise, les psychiatres ne réparent jamais les jouets brisés.

Il appartient donc aux pompiers de paraître sans peur et sans reproche, braves au-dessus de tout soupçon. En même temps, ils doivent être sensibles, conscients de la misère et soucieux de corriger l'injustice et de combattre le malheur des faibles. En somme, on demande au pompier d'être sans émotions et sans cœur, mais en même temps, de l'avoir sur la main. Avoir le cœur de pierre du chevalier et le cœur saignant du troubadour. Avoir le cœur à la fois dur et mou. C'est ce qui est demandé aussi aux pilotes de Formule 1, un régime d'élite qui ne convient qu'aux sportifs d'exception dont le seul malaise est toujours cardiaque.

SERGE BOUCHARD

Tous les pompiers sont volontaires. Ils pratiquent l'un des plus beaux métiers que la civilisation ait inventés. Personne ne viendra s'interposer entre eux et leurs actions. Afin de commencer à les comprendre, il faut un mot sur la philosophie de la satisfaction. Pendant le feu, les pompiers ont tous les droits. Ils sont dans le feu de l'action ; à ce seul titre, nous les envions.

La condition humaine est telle que nous avons un penchant pour le plaisir, pour l'honneur, parfois aussi pour le courage et le bonheur. La formule pour y arriver est fort complexe, si complexe que personne à ce jour n'a réussi à véritablement la mettre au point. Mais nous tournons autour depuis toujours. Il s'agit de donner un sens profond à la relation entre l'instant et la durée. Voilà bien le problème de tout le monde, et c'est un colossal défi philosophique. Donner un sens à l'intervalle, donner un sens à son action, alimenter le moment en même temps que l'entre-deux, voilà notre lot, le lot du monde qui se bat pour être heureux. Quand l'instant ne veut rien dire et que les intervalles sont encore pires, nous entrons dans l'insignifiance et dans l'ennui le plus total. Ce qui représente l'antipode du plaisir. Le poète souhaitait que le temps puisse suspendre son vol afin de prolonger le bonheur embusqué dans un instant donné. Mais cela n'est pas possible. Il faut un dialogue entre l'instant et la durée, entre la seconde de bonheur et le long interlude qui prépare la suivante. À ce titre, les pompiers peuvent bien rire dans leurs imperméables. Comme il arrive quelquefois, comme il arrive de moins en moins, il se trouve des métiers remarquables qui ont une part à la quête en question. Le sens de l'action d'un combattant du feu n'a pas besoin d'être construit, reconstruit, défini, redéfini, affirmé, réaffirmé. Il est donné. Tu combats l'élément destructeur, souvent au risque de ta vie. Le marécage du doute existentiel est largement franchi quand le pompier se retrouve à pied d'œuvre. L'ouvrage est là, il faut le faire. L'urgence a ce don de nous dédouaner de nos interrogations intimes. Fais ce que dois, mais surtout, fais-le vite! La moitié de la route est franchie quand notre action immédiate est en elle-même pleine de sens, voire enrichie. Viennent les intervalles. L'humain est ainsi fait qu'il ne saurait supporter ses plaisirs à outrance. L'orgasme permanent est un concept inimaginable. Le coup de tambour n'est pas un coup de tambour si ce n'est pas un coup. Le temps ne doit surtout pas suspendre son vol car nous exploserions de joie. Dans l'explosion de joie, c'est le mot explosion qu'il faut examiner et dont il faut naturellement se méfier. D'ailleurs, les pompiers craignent les explosions, au premier comme au second degré. Ils ont trouvé la recette de l'harmonie, de l'efficacité mélodique. Paraphrasant Giono qui, lui, parlait de son vieux qui plantait des arbres, nous pourrions dire que les pompiers, à travers le métier, ont trouvé une façon formidable d'être heureux. Leur application est philosophique et leur philosophie est appliquée. Qui dit mieux?

■ Les portes

Serge Bouchard

Il n'est pas de porte heureuse sans une fenêtre aux alentours. Les industriels l'ont compris qui fabriquent les deux en se lançant dans le domaine spécialisé des portes et fenêtres. Si les portes et les fenêtres vont bien ensemble, c'est qu'elles donnent un visage à la maison. Le couple est donc inséparable aux registres de l'esthétisme et de l'expression. La plus belle des demeures n'est rien si elle n'a pas une porte à sa hauteur. Combien de vieilles maisons ont perdu leur identité, leur allure et leur gueule au terme d'une malheureuse rénovation? Une porte d'aluminium mal placée vous défigure un patrimoine dans le temps de le dire.

Mais il y a encore une manière plus simple de considérer ce mariage obligé entre la porte et la fenêtre. Tu sors par la porte afin d'aller au-devant de ce que tu vois venir à ta fenêtre. Si tu aperçois quelque phénomène menaçant, tu te précipites afin de bien barrer ta porte. Et si quelqu'un refuse d'obtempérer quand tu lui montres la porte, tu le menaces de le passer par la fenêtre. Comme le dit la chanson populaire, la lumière qui scintille à ta fenêtre est un repère qui me guide dans la nuit, petit point lumineux vers lequel je me dirige dans l'espoir insensé de pouvoir un jour franchir le pas de ta porte.

*   *   *

Nous ne saurions épuiser le sujet des portes. Cent lieux communs n'y parviendraient pas tant les usages et les sens du mot sont profonds et diversifiés. Nous n'en finirions plus d'explorer les formules et les expressions qui, dans le langage pourtant éminemment courant, tournent autour de la porte. C'est un peu comme si la porte, encore plus que le mur, constituait un noyau dense et dur dans l'espace de nos cultures. Nous sommes aux portes du prochain millénaire, nous étions hier aux portes de l'Orient : il semble que l'Occident se soit toujours placé près d'une porte, sur le point de sortir, sur le point de rentrer. Et si la porte de l'histoire était battante, nous n'aurions fait que tourniquer.

Le premier jour, il n'y avait ni porte, ni clôture, ni fenêtre, ni mur. Tout était ouvert au monde de la belle étoile. Mais les temps étant souvent mauvais, il a fallu construire, s'abriter, se donner une topographie et une architecture. L'esprit de l'Occident a bel et bien multiplié les corridors et les portes. À la fin, chacun sa porte, sa porte de chambre qui marque la frontière entre le Moi et les Autres. La porte marque aussi le passage entre l'extérieur cruel et l'intérieur douillet. Elle fait tout aussi bien l'inverse en traçant la ligne qui sépare les intérieurs sordides et malsains des extérieurs imaginés où tous les matins chantent.

Un philosophe prétentieux a déjà affirmé qu'une porte ne pouvait être qu'ouverte ou fermée. Il voulait par là créer une image frappante afin d'illustrer l'efficacité manichéenne de la logique linéaire. Mais ce pauvre philosophe ne savait pas si bien dire dans l'intérêt de la démonstration contraire. Celui pour qui une porte est ou bien fermée ou bien ouverte est en réalité un aveugle volontaire. C'est de la cécité crasse. Il est des portes ouvertes qui sont infranchissables tant elles sont bien fermées. J'ai pour ma part vu très souvent des portes fermées qui étaient des ouvertures plus qu'invitantes. La qualité des portes importe plus que leur position : porte capitonnée, porte pleine, porte creuse, coupe-feu, grille, rempart, nous nageons dans le symbole et l'on voudrait s'y retrouver.

Dans la chambre de Blaise Pascal qui, on le sait, s'effrayait par ailleurs de l'immensité de l'Univers, il y avait une porte. Tout le trouble de l'homme, selon Pascal, vient de ce qu'il ne sait pas rester tranquille et au repos dans sa chambre. Il prend immanquablement la porte, il sort et, de ce fait, il crée des problèmes au plus grand nombre comme à lui-même. C'est par la porte que le malheur vient.

Plus un homme est méchant, plus sa porte sera blindée. À partir de son bunker et sans véritablement en sortir, Hitler orchestra la mort de millions d'êtres humains. C'est pour forcer sa porte que le monde entier s'est allié.

Mais j'arrête ici mon propos car on frappe à ma porte. Devant l'hiver, nos portes sont-elles ouvertes ou fermées ? Lorsque l'hiver est à nos portes, il lui arrive de frapper. Et si tu m'as ouvert ta porte, ne sois pas surprise de me voir la passer.

* * *

Je me demande s'il existe en bibliothèque ou dans les archives une histoire universelle des portes, depuis la porte du temple jusqu'à celle de la navette spatiale. Si ces cent tomes n'existent pas, il faudrait d'urgence les écrire. Déjà, le seul sujet des portes de grange dans le nord-est de l'Amérique entre 1650 et 1995 devrait nous faire un bien gros livre. Et nous ne parlons que des granges, nous ne parlons que du nord-est de l'Amérique. Pensons aux portes des cathédrales, à celles des armoires, portes sculptées, gravées, ouvrées, aux surfaces de bois par le temps patinées. Il est dans les vieilles villes de bien vieilles portes, toutes témoins d'un temps passé, portes de jardins, portes d'anciennes écuries, d'anciens clos à bois ou à charbon, portes devant lesquelles on a assassiné, exécuté, comploté, pendu, volé, attendu et pleuré. Portes derrière lesquelles on a aimé, travaillé, menti, trahi et espéré. Dans le cœur de bien des villes d'Europe, ces portes remontent parfois jusqu'au Moyen Âge et elles racontent à leur façon une histoire qui ne s'écrit jamais, celle qui se fait entre deux portes, sous les porches, l'empilage et l'enfilade des affaires intimes et éphémères dont on sait qu'elles tricotent par-derrière le tissu serré de la vraie vie. Si les murs ont des oreilles, les portes n'en ont pas. C'est nous qui écoutons derrière, qui regardons au travers, c'est toujours nous qui défonçons les portes ouvertes, c'est nous encore qui refermons les portes ou qui les ouvrons à notre guise, selon notre vouloir.

Les entreprises ferment leurs portes et les gens sont mis à la porte. Radio-Canada tient annuellement une journée « portes ouvertes », pour trois cent soixante-quatre journées fermées ; la mort du catholique le conduit devant une des trois portes, celle du ciel, celle de l'enfer et celle de l'entre-deux. La porte est pleine ou elle est creuse, elle est française, elle est fenêtre. Le « poète, vos papiers ! » est une bien petite imprécation à côté du terrible « Ouvrez cette porte immédiatement ». Il y a des faux papiers mais rarement des fausses portes.

Le comble du bonheur, c'est une porte de garage qui s'ouvre toute seule en voyant votre voiture arriver. C'est la porte qui crée l'empire de la personne. Chaque ego est une cellule. Partition fondamentale. La recherche sur le cancer en est rendue là : même les cellules ont des portes. Des portes que les médecins cherchent désespérément à ouvrir. Mais c'est à tâtons qu'ils cherchent la poignée.

Et ce n'est pas demain qu'ils vont réussir. Car, au fond, dans la vie, dans le voyage de notre vie, tout est porte et rien n'est clé.

*   *   *

Trouver le sens d'une porte est un test d'intelligence. Pour ma part, je me fourvoie à coup sûr. Je tire quand il faut pousser, je pousse quand il faut tirer et, devant deux portes vitrées, je choisis immanquablement celle qui ne s'ouvre pas. Ma vie s'en va ainsi par à-coups, je bute contre toutes les portes qui se présentent devant moi et chacune devient un problème à résoudre. Rien ne s'arrange depuis que la modernité multiplie les modèles et, disons-le, multiplie les portes. Autrefois, chacun connaissait bien les caprices des portes de sa propre grange. Dans la vie d'un ancien, il était normal de franchir un certain nombre de portes, mais celles-ci étaient relativement peu nombreuses. En réalité, nos ancêtres immédiats ouvraient et refermaient toujours les mêmes portes. Ils apprenaient à bien les connaître, ils se pliaient au penchant croche de la porte principale, de la porte de côté. Leurs portes avaient le visage routinier de leurs habitudes.

Pour être sortis par la grande porte de ce monde selon nous renfermé, irréversiblement passé, voilà que nous plongeons imprudemment dans un monde aux portes étrangères multiples, aux portes nouvelles s'ouvrant sur Dieu sait quoi. Dans les bureaux, dans les hôtels, un peu partout dans les espaces publics, nous devons chaque jour nous familiariser avec des portes de plus en plus diverses, de plus en plus compliquées. Le blocage d'une porte automatique nous laisse sans ressources. Dans l'ascenseur, dans le métro, dans l'avion, les portes nous dépassent. En voyage, c'est souvent la première chose qui nous embête : porte à bouton-pressoir pour sortir de l'autobus, porte à loquet inversé pour entrer dans le wagon du métro, porte à clanche invisible pour monter dans le train, portillon capricieux qui tourne seulement si vous avez glissé votre billet dans un seul sens, pas dans un autre, cartes à puces, cartes perforées pour simplement entrer dans votre chambre d'hôtel, rien n'arrête le complexe anonymat de nos contrariétés. C'est un peu comme les robinets de ces douches qui, dans les nouveaux hôtels de par le monde, sont devenus à ce point compliqués que vous risquez de vous gratter longtemps le crâne avant de pouvoir le laver.

Les portes sont des énigmes. Au fur et à mesure que j'en ouvre, autrement dit plus je vieillis, plus le mystère s'épaissit.

* * *

Franchissez le pas de la porte, une fois pour toutes, les pieds devant pour en finir, dans les bras du marié pour commencer, afin de réaliser que la porte n'est pas autre chose que le sacrement par excellence, le rite initiatique en lui-même. Songez à la porte d'un tabernacle et vous aurez une bonne idée du pouvoir symbolique de la sainteté des portes consacrées. Il faut dans notre vie passer au travers d'un nombre défini de portes, dans un sens ou dans un autre. Certaines vous introduisent dans un nouveau monde, d'autres se referment pour toujours, la porte est un choix en ce qu'on peut toujours la prendre. Elle nous introduit dans l'irréversible à cause de ses accointances avec le temps. Elle fréquente le secret, un secret qu'elle renferme, un autre qu'elle révèle. C'est la mort, la naissance et la connaissance. Entre la liberté et les courants d'air, il y a des liens de parenté.

Nous vivons au royaume des mille portes, chacune nous en ouvrant d'autres. La vie la plus active sera toujours la vie de colporteur, l'interminable porte-à-porte, le commerce des brosses et des promesses de bonheur.

* * *

De toutes les portes, ce sont celles des prisons qui sont les plus contrariantes. Elles sont en général fermées et bien fermées. Des générations de cerveaux d'ingénieurs en verrous et barrures se sont penchées sur la question. Des générations de menuisiers et de forgerons ont réalisé le travail. À la fin, des générations de geôliers ont déambulé bruyamment dans des corridors froids et dénudés, hier encore humides, mêlant le son sec de leurs bottes au cliquetis régulier de leur trousseau de clés. Ils rappellent à chacun que la prison est une multiplication superposée de portes barrées, à commencer par la plus grande qui est celle de l'entrée principale.

Le sommet de l'incarcération, c'est lorsqu'on finit par condamner la porte aussi. Cela devient un tout petit oubli, une oubliette, voire un trou de mémoire. Être au trou, c'est être rejeté à l'extérieur de la mémoire des hommes, retenu derrière une porte quasiment condamnée, dont on a jeté les clés. Mais le cadre reste, la trace de la porte condamnée finit par s'imprimer, sorte de cicatrice inscrite dans la mémoire refoulée de nos anciennes équipées. L'enfermement qui ne contient pas un espoir de sortie n'est plus un enfermement. Voilà pourquoi la porte, celle qui s'ouvrira un jour, celle que l'on forcera, dynamitera, reste le plus grand espoir qui soit.

BERNARD ARCAND

Au cimetière du Père Lachaise, à Paris, parmi les sépultures des célèbres Bizet, Sarah Bernhardt, Marcel Proust, Chopin, Molière et tant d'autres, il y a une tombe qui est devenue, au fil des ans, un véritable lieu de pèlerinage et un objet de culte pour des gens qui se disent être « toute une génération ». Dans ce tombeau repose Jim Morrisson, chanteur populaire et poète disparu, qui avait un jour annoncé : « Personne ne sort d'ici vivant. » Jim Morrisson est sorti d'ici très tôt, dans la fleur de l'âge. Il avait toujours voulu explorer les limites et tester le seuil. Et comme il se doit, son groupe, inspiré de Blake, s'appelait « The Doors ». Blake avait écrit que, à l'instant où les portes de la perception seront nettoyées, les choses apparaîtront enfin telles qu'elles sont. Vingt-cinq ans plus tard, les choses, en effet, se sont clarifiées : Jim Morrisson est bel et bien mort.

*   *   *

La porte est l'outil idéal de la curiosité et la nourriture parfaite de l'imaginaire. Pour la simple raison qu'on ne sait jamais ce qui se passe ou se dit derrière une porte close, le trou de la serrure constitue une invitation permanente et écouter aux portes, une tendance toute naturelle. Les félins espionnent derrière les buissons et les serpents écoutent aux feuilles. Par définition, la porte représente une censure et, comme n'importe quel secret, le huis clos fascine. La porte grinçante du « haut côté » chez Séraphin Poudrier appartenait à cet univers mystérieux des portes magiques, au même titre que celle qui protégeait la caverne d'Ali Baba ou la porte murée du caveau où devait avoir été caché le prétendu trésor d'Al Capone. Toutes les portes fermées sont des modestes prétentieuses qui souvent réussissent à attirer les curieux.

Cet effet de porte fermée sur le secret est bien connu, mais il vaut la peine de noter que nous pouvons en voir un corollaire pratiquement tous les jours. Car si les portes fermées attirent les voyeurs honteux, dès que les portes s'ouvrent, arrivent les honnêtes gens. Petit exemple vieillot : dans les années cinquante, les citoyens venaient de loin pour admirer la devanture de la célèbre Pharmacie Montréal, qui avait installé un mur d'air chaud soufflé tenant lieu de porte ; en janvier, rue Sainte-Catherine, la Pharmacie Montréal n'avait plus de porte. Étonnant et merveilleux phénomène que celui-là, progrès admirable qui poursuivait par sa magie notre lutte ancestrale contre le froid et le vent en inventant la porte immatérielle. De la même manière, d'autres portes ouvertes fascinent et attirent les honnêtes gens. On en voit la preuve chaque fois qu'ils vont visiter la maison qu'un voisin met en vente : ces gens polis et de bonne éducation, qui s'interdisent poliment d'écouter aux portes, osent à présent reluquer et espionner, de façon tout à fait correcte et légitime, ces lieux secrets qui, hier encore, faisaient l'intimité de leur voisin. Par cette incartade, les visiteurs peuvent vérifier si cet intérieur dévoilé correspond avec précision à ce qu'ils imaginaient. Voilà pourquoi de grands sages ont longtemps prétendu qu'il fallait nécessairement conserver quelques portes fermées pour alimenter l'imaginaire.

*   *   *

On l'oublie parfois, mais la porte moustiquaire appartient aux sources classiques des doux bruits de l'été. Au même titre que le chant du merle ou le ruissellement de la pluie sur les feuilles, le son caractéristique de cette porte, que l'on a longtemps désignée du beau nom de « porte de screen », indique que les beaux jours sont arrivés et que les moustiques sont revenus. Cette porte, faite de bois léger et souvent un peu croche, possède la caractéristique coutumière d'être un peu trop légère pour la puissance du ressort qui la retient. De sorte que la porte moustiquaire, en se refermant, claque inlassablement et mille fois par jour d'été, au rythme des enfants qui veulent du jus, ont besoin d'un diachylon (sparadrap, pansement ou « plaster ») ou viennent montrer leur papillon, puis au rythme des adultes qui viennent chercher une bière ou réclament de la crème solaire. On ne peut s'y méprendre, aussi prévisible et fiable que le chant de la cigale, le claquement familier de la « porte de screen » demeure l'avertisseur sonore indispensable de la douceur des vacances et de la saison des amours torrides de l'adolescence.

■ La poubelle

Serge Bouchard

Entre 1980 et 1985, il y eut parmi les ours du Québec une vague de mauvaise humeur et d'agressivité qui fut aussi remarquable que soudaine. Fait rarissime, devenu pourtant fréquent durant ces années-là, les ours firent des victimes parmi les êtres humains. Un jeune homme fut tué dans la région du lac Rolland dans le parc de La Vérendrye, d'autres personnes furent grièvement blessées au Saguenay et en Gaspésie.

Les ours belliqueux et révoltés parcouraient les grands bois dans l'intention de mal faire. Il s'agissait là d'un comportement collectif tout à fait exceptionnel, si l'on considère que l'ours baribal, l'ours noir commun, est un animal habituellement timide et réservé qui se soucie très peu de la fréquentation des êtres humains. Alors que le grizzly est toujours féroce, que l'ours polaire est toujours dangereux, l'ours noir, lui, préfère la paix et la tranquillité. Devant l'homme, il fuit. Il ne mélange jamais les genres. Comment donc expliquer une telle vague de violence chez des animaux qui ne sont pas violents d'ordinaire ?

C'est qu'en 1980, le gouvernement avait décrété la fermeture définitive de tous les dépotoirs sauvages, les dépotoirs à ciel ouvert que l'on cachait à l'orée de tous les bois. Or, cette politique nouvelle ne fut pas expliquée aux ours du Québec. Sans que personne le sache, de nombreux ours noirs dépendaient alors entièrement des dépotoirs pour se nourrir. Et la fermeture soudaine de ces nombreuses clairières de déchets plongeait les ours dans une situation désespérée. Habiles à décortiquer des conserves, à trier et à récupérer, ces ours ne savaient plus chasser. Ils ne savaient même plus comment s'orienter, tant leur petit monde se résumait à la distribution géographique des décharges régionales.

C'est ainsi que, pendant quelques années, une population d'ours désorientés, incompétents, revendicateurs et amers, terrorisa des régions entières, à la recherche de vidanges, essayant de recréer un passé dont ils ne pouvaient pas savoir qu'il était pour toujours révolu.

La fermeture des dépotoirs a coûté la vie à quelques personnes. Voilà des répercussions lourdes. Quant aux ours, ils ont mis des années à s'en remettre, c'est-à-dire à se remettre en condition normale d'ours autonomes, et à redevenir des ours tranquilles. Ils se souviennent certainement qu'aux temps jadis, il y avait dans les bois des espaces bénis et des clairières que l'on pouvait facilement qualifier de petits paradis.

Comme quoi il est très malaisé de prévoir toutes les conséquences de nos projets. Ici, il eût fallu parler aux ours, les réunir et les former, les sensibiliser aux grandes vertus de la nature. Mais personne, à l'époque, n'avait décelé le penchant des ours pour nos tas d'ordures, à l'exception des gens qui eux-mêmes vont et viennent dans nos bois.

Mais les sondages et les journalistes se soucient peu des hommes qui ont vu les hommes qui ont vu l'ours se nourrir de nos restes.

* * *

C'est à l'université que l'on devrait étudier les ordures. Car le monde des ordures est le sujet par excellence pour exercer la pensée des futurs décideurs. C'est le sujet qui englobe tous les autres, le noyau d'une théorie unitaire potentiellement explicative de bien des choses dans l'univers.

L'archéologie, l'économie, la médecine, la chimie, la physique, la sociologie, les sciences politiques, la criminologie, la biologie, l'hydrologie, la géologie, et j'en passe, seraient toutes des disciplines réunies dans la problématique doctorale des ordures.

C'est un peu comme si toute l'histoire du monde et de la nature se retrouvait au dépotoir. Les vieilles machines, les anciens plastiques, l'évolution des bouteilles, les journaux d'autrefois (qui se conservent apparemment très bien), les qualités du biogaz concentré, les mœurs des rats de Norvège, des goélands à bec cerclé, des renards urbains, des ratons en voie d'urbanisation, la corruption dans les ordures, l'aménagement des écrans de fumée, la mathématique des chiffres inventés, la poésie du lixiviat, le commerce international des déchets toxiques, le danger des déchets dangereux, la sociologie des déchetteries de quartier, le travail des éboueurs, la religion du compost, la symbolique du sac vert, l'hygiène publique, le partage des coûts, la localisation des trous, la décomposition des sols, les dangers d'explosion, les grandeurs et les misères de l'incinération, dites-moi s'il n'y a pas là de quoi faire un magnifique programme d'études supérieures ?

■ La quarantaine

Serge Bouchard

L'âge est doté d'une force, et on a assez répété que la quarantaine est la force de l'âge. C'est dire combien nous avons tous un âge qui ne cesse d'évoluer. Chaque chose en son temps. À quarante ans, on pilote le plus gros Boeing, on dirige une affaire importante, on est président des États-Unis. Le monde est à notre portée, à ces âges-là. C'est le moment du sérieux et des grandes responsabilités. La papauté nous échappe encore mais pas l'archevêché. À quarante ans, la machine est rodée, on en connaît les défauts et les qualités. Alors, plus question de niaiser. On en remontre à l'apprenti, au jeune, à l'inexpérimenté. Oui, c'est le privilège de l'expérience.

Pour les couples mûrs, c'est aussi l'heure de vérité. L'homme s'endort, la femme a l'impression de se réveiller. L'homme s'assoit, la femme ne pense qu'à se lever. L'un s'enferme, l'autre sort. L'un radote, l'autre cherche à tout réinventer. Voilà une preuve que les deux sexes ne sont pas faits pour s'accorder. Dans la quarantaine, la femme accélère tandis que l'homme ralentit.

La quarantaine n'est pas la fin du monde, ce n'en est que le milieu, et encore pour les plus chanceux. Finie, la véritable jeunesse, nous sommes sur le point d'être vieux. Notre corps nous le dit, qui nous recommande un peu plus de respect. Et ainsi va la vie. Dans la quarantaine, chacun, où qu'il soit et qui qu'il soit fait l'expérience de l'éphémère. De gré ou de force, il fait de la philosophie. Et faire de la philosophie, comme le disait Montaigne, c'est apprendre à mourir.

■ Le rasoir

BERNARD ARCAND

Pour plusieurs, le rasoir est devenu l'instrument de la terreur absolue. Plus effrayant encore que le pistolet, le hache-viande ou la bombe atomique. L'idée de rencontrer un méchant armé d'un rasoir fait l'effet d'un morceau de glace dans le dos. Le rasoir est devenu l'archétype de la crainte sans réserve. Essayez donc d'avoir une conversation normale avec un psychanalyste en lui parlant calmement du rasoir et sans dévier vers d'autres thèmes !

Le sujet n'a pourtant pas toujours été aussi dramatique. Dans l'Égypte ancienne, les rasoirs en or massif ou en cuivre ne devaient pas être très menaçants. Plus loin encore, les tout premiers rasoirs, si on lit bien les dessins ornant les murs des cavernes de nos ancêtres, étaient fabriqués avec des coquillages assez inoffensifs ou avec des dents d'animaux qui devaient être beaucoup plus agressives dans la nature que dans la main du coiffeur. Je connais personnellement des gens qui se coupent les cheveux à l'aide de dents fixées à la mâchoire d'un piranha qui est, je vous l'assure, beaucoup plus dangereux dans l'eau. Ce n'est qu'une fois trempé que l'acier va progressivement permettre de produire le véritable rasoir de terreur, l'outil le plus tranchant de l'histoire, le grand rasoir droit qui donnera au nom de Sheffield une consonance glaciale. Et c'est à cette époque que la personne qui tient un rasoir dans la main ou, pire, qui se retrouve aux côtés de quelqu'un qui a un rasoir dans la main, que cet être humain, donc, va prendre conscience que la vie ne tient qu'à un fil et que ce qui prouve la qualité d'un rasoir, c'est précisément de réussir à fendre les cheveux en quatre.

Bien sûr, ce règne de la terreur était insupportable et ne pouvait pas durer. C'est pourquoi monsieur Gillette a vite inventé ce qu'on appelle très adroitement le rasoir de sécurité (le safety), qui diminue de beaucoup les risques d'accident. Puis, quelques années plus tard, monsieur Schick a inventé à son tour le rasoir électrique qui a achevé de rassurer tout le monde et qui, de toute évidence, avec son ronronnement de minet ou de matou, annonce au monde entier qu'il n'a pas l'intention de faire de mal à une petite souris.

SERGE BOUCHARD

On se coupe les veines au moyen d'un rasoir parce que c'est propre et efficace, parce que, surtout, le rasoir n'est pas loin du miroir et c'est bien ce miroir qui est la cause de tout. S'apercevoir dans un miroir, un rasoir à la main, voilà un instant très délicat, un moment dangereux, une seconde de vérité.

* * *

Je ne sais pas si vous vous souvenez de la scène finale du fameux film de Sergio Leone, *Il était une fois dans l'Ouest*. Il s'agit du célèbre duel entre deux tueurs d'élite dont les rôles sont tenus par Charles Bronson et Henry Fonda. Si je ressors ces vieilles images du fond de nos archives, c'est pour vous soumettre l'hypothèse suivante : le génie de ce film ne tient pas à ce duel pourtant bien arrangé. Les yeux de Bronson sont secondaires. La beauté inquiète de Claudia Cardinale et la résignation de Henry Fonda sont aussi des accessoires. Si vous revoyez un jour ce classique, observez bien le jeu de Jason Robars, dit le Cheyenne. Pendant que Bronson se concentre pour savourer sa vengeance, pendant que Fonda sait bien qu'il n'a plus aucune chance, pendant que Cardinale attend que le destin s'accomplisse même si elle sait bien, elle aussi, qu'elle ne peut retenir l'Harmonica puisqu'un homme comme celui-là ne se détourne pas de son chemin pour se mettre à aimer, pendant que tout cela se joue, le Cheyenne, lui, se rase tranquillement devant une petite glace accrochée à une poutre.

Je soutiens que c'est le rasoir du Cheyenne qui donne un sens supérieur à toute la scène. Car le Cheyenne n'est pas du genre à se raser. Mais là, alors que dans la cour les héros se rencontrent pour deviser sur le sujet d'une très vieille querelle, il fait, lui, sa toilette à l'intérieur de la maison. Les coups de feu le font sursauter un peu et il se coupe légèrement comme cela arrive toujours dans ces cas-là. Mais il reprend vite sa besogne et le voilà rasé.

Que fait le Cheyenne en vérité ? Il fait le principal pour donner un caractère profondément tragique au tableau. D'abord, il cache une blessure mortelle et, d'une minute à l'autre, il va succomber à la dernière hémorragie. Ensuite, il sait que le destin est accompli : Bronson fait manger l'harmonica au diable qu'est Fonda. Le dernier souffle de celui-ci se transforme en musique de misère. Cardinale qu'il aime n'aime que le héros qui, lui, n'aime personne. Alors le cercle se referme. Car le héros va repartir, le Cheyenne va mourir, Fonda est déjà mort, et Cardinale va se faire tapoter les fesses par les ouvriers du chemin de fer, sans rechigner, comme le Cheyenne le lui avait demandé.

Lorsque tout est terminé, l'être se rase. Le geste de se raser a quelque chose à voir avec le règlement de comptes. Tombée de rideau, fin finale. La mort, c'est l'ultime *after-shave*. Le rasoir tranche le nœud gordien, il est bon d'être beau au moment de partir. Avoir le visage propre, comme disaient les Anciens. Il y a donc entre le rasoir et le dénouement une très vieille complicité. Rituel de sortie. Les jeux sont faits, la partie est finie, voilà messieurs, je viens de me raser au plus près, à présent vous pouvez m'emmener.

BERNARD ARCAND

L'histoire décrit l'empereur Néron comme un inquiet et un soup-çonneux, ce qu'on peut trouver tout à fait normal de sa part quand on connaît sa famille. On dit que Néron avait si peur d'être victime d'un assassinat qu'il ne tolérait de son barbier que l'usage de coquillages au tranchant émoussé qui n'auraient jamais pu faire de tort à la gorge grasse et probablement chaude d'un empereur. On imagine aussi que le coquillage rasait mal, que l'expérience était assez pénible, mais que le client était quand même heureux parce que rassuré.

Néron avait bien raison. Se placer volontairement entre les mains d'un individu armé d'un rasoir constitue un acte de confiance qui devrait chaque fois nous impressionner. On peut, ailleurs, s'abandonner corps et âme aux gestes d'une masseuse, à un divan de thérapeute ou même à une pente de ski, mais se mettre entre les mains de quelqu'un qui aiguise un rasoir sur une strappe de gros cuir n'est rien de moins qu'un acte déraisonné de bravoure. En tout cas, c'est certainement un geste de confiance absolue qui devrait suffire à classer les barbiers d'hier parmi les grands confesseurs et les meilleurs psychiatres. On comprend mieux pourquoi tant de clients se confiaient si facilement à leur barbier : il appartenait à cette classe de gens qui écoutent et qui en savent long, ce qui faisait de lui un privilégié. Mais plus remarquable encore, en plus de détenir le pouvoir du confesseur ou du thérapeute, le barbier était, lui, armé d'un rasoir !

C'est là une situation tout à fait exceptionnelle que les fabricants de westerns ont très bien saisie. Car malgré toutes les apparences, les héros du western ne prouvent pas leur valeur uniquement en souffrant beaucoup, en étant rejetés par ceux et celles qu'ils cherchent à protéger ou en affrontant les pires épreuves et les plus méchants bandits. Malgré tous ces obstacles et tous ces glorieux combats épiques, là où ils montrent leur vraie bravoure, c'est en entrant chez le barbier. Tous les bons westerns l'ont compris et ils nous présentent au moins une scène qui vient proclamer une fois pour toutes l'étonnant courage du héros en nous le montrant capable de demeurer calme et impassible sur la chaise d'un barbier qui lui caresse doucement le visage avec une lame d'acier.

Serge Bouchard

À l'époque où le monde était grec et où l'Antiquité s'appartenait encore, aux temps anciens du Phédon, du Parménide et du Banquet, certains diront à l'aube de la Raison, les hommes raisonnables aimaient les hommes et considéraient comme une abomination ou une obligation la relation amoureuse et charnelle avec les femmes. Serait-ce que la raison est homosexuelle ? Et mâle en plus ?

Le beau jeune homme va sans barbe et sans poils. Peau de fesse en vérité qui excitait l'éros de ces vieux hommes très très ridés. C'est dire combien les jeunes amants de ces vieux philosophes pouvaient passer de temps à se raser et à s'épiler. Pour cette raison et pour bien d'autres, je crois que nous avons sous-estimé la valeur symbolique du poil dans l'histoire compliquée des civilisations. Le sauvage est poilu et plus il est sauvage, plus il est poilu. La nature n'a jamais été le royaume des mignons. Que ferait le Yéti d'un Remington Micro-Screen sans fil ? Serait-il moins abominable ?

Entre la raison et le rasoir, il y a probablement une profonde complicité. La raison se dit fine et incisive. Elle prétend à la précision chirurgicale. Songez à l'*Art de penser* d'Arnauld et de Nicole, pensez aux grammairiens de Port-Royal : ce sont tous des obsédés du mot juste et de la phrase correcte. La logique causale est implacable. Nous disséquons la forme. Raison et rasoir sont donc deux mots qui vont très bien ensemble. Dans la fable qui m'occupe, les raseurs sont immanquablement rasés.

Que nous sommes loin des cavaliers scythes dont on raconte qu'ils revêtaient un blouson fait des cheveux de leurs nombreuses victimes. Ou même de Barbe-Noire dont la barbe remontait jusqu'à la frise des yeux et qui réservait aux prisonniers le supplice du rasoir. Et ce sont précisément des gens de ce genre-là, des Barbe-Noire à la pochetée, qui vont déferler sur la Grèce et la détruire sans la raser.

BERNARD ARCAND

Le verbe « raser » prend parfois le sens d'« importuner » ou d'« ennuyer ». Un « raseur » est ainsi un ennuyeux, quelqu'un qui nous fatigue ou qui nous assomme par des propos interminables et peu intéressants. On dit même parfois d'une personne ennuyeuse que c'est un véritable « rasoir ».

Or, si l'on considère les efforts considérables déployés par les humains pour raser les forêts, les collines et les buttes, raser les sols et les campagnes, parfois même des édifices et des villes entières, il faudrait peut-être conclure que la vocation historique de l'humanité consiste à rendre les choses toujours un peu plus ennuyeuses et que notre but ultime serait de rendre la Terre plate.

■ Le scotch tape

BERNARD ARCAND

Le scotch tape est un outil de l'allégresse. La plupart du temps, l'occasion est joyeuse : Noël, anniversaire ou célébration quelconque, le ruban adhésif accompagne les instants de joie et le grand plaisir d'offrir ou de recevoir un cadeau. Enveloppé et enrubanné, signe évident de générosité et d'amour, le cadeau porte en lui l'esprit du don, une qualité mystérieuse et une valeur ajoutée qui permettent à une simple paire de pantoufles de réchauffer le cœur tout autant que les pieds.

L'esprit du don est une qualité invisible aux yeux qui ne sont pas ceux du cœur. Mais ceux qui savent apprécient l'amour transmis par le cadeau. Le présent s'exprime de lui-même et le donneur élégant peut se permettre de demeurer discret.

Mais je dois avouer qu'en ce domaine il m'est particulièrement difficile de me montrer discret. J'arrive rarement à laisser mes cadeaux parler en mon nom. C'est que, sous l'arbre de Noël, les présents que j'offre et que j'ai emballés sont particulièrement faciles à reconnaître. Mes amis, les membres de ma famille, ceux et celles qui me connaissent aperçoivent tout de suite les cadeaux qui témoignent d'un usage abusif de ruban adhésif : mes paquets se distinguent soit par un manque de papier d'emballage compensé par quelques grands bouts de scotch tape, soit par un excès de papier replié et aplati par beaucoup de scotch tape. Mes cadeaux ne peuvent être appréciés que par des personnes qui adorent les cadeaux ou qui m'aiment suffisamment pour excuser l'incompétence de mes emballages.

Ce qui soulève une question d'intérêt général. Comment peut-on traiter un sujet et en discuter ouvertement lorsque celui qui en parle est manifestement incompétent ? De quel droit les critiques de musique peuvent-ils être de mauvais pianistes ? Comment peut-on être analyste de boxe et porter d'épaisses lunettes à double foyer ? Faut-il avoir soi-même du talent pour mériter l'autorisation de commenter ? Je n'en crois rien. Au contraire, du fait de ma maladresse, je pense être plutôt bien placé pour apprécier le scotch tape. J'en donnerai pour seule preuve un incident absurde mais tragique : Roland Barthes était mondialement reconnu comme un analyste particulièrement raffiné des subtilités de la vie moderne ; or le destin maudit a voulu que Roland Barthes soit bêtement renversé par un autobus dans une rue de Paris. Lui qui savait lire et décoder avec finesse les signes les plus subtils de la modernité, lui qui trouvait du sens dans les moindres indices, n'a jamais vu venir un gros autobus. À ce compte-là, je peux me permettre de parler du scotch tape encore longtemps.

*   *   *

La théologie moderne devrait avoir le courage d'entreprendre une réforme en profondeur de l'image traditionnelle de l'enfer. Car si l'on voulait relancer la ferveur populaire et instaurer la crainte du châtiment éternel, on aurait besoin de moderniser sérieusement cette vieille image. La notion traditionnelle de la géhenne éternelle a beaucoup pâli et le nom lui-même a souffert récemment d'une dépréciation dramatique : dans un monde où attendre vingt minutes sous la pluie constitue un enfer, où un examen difficile ou un voisin qui fait trop de bruit, c'est l'enfer, le mot perd le sens qu'il faut pour émouvoir. Il perd la force de terrifier les masses.

Il faut dire que les flammes sont nettement moins effrayantes qu'autrefois. Nos matériaux modernes sont moins inflammables, les pompiers plus efficaces, il y a des gicleurs partout, les systèmes de chauffage s'améliorent, les gens sont plus prudents qu'avant, les détecteurs de fumée et la mousse carbonique sont devenus monnaie courante. Il faudra inventer autre chose.

Par exemple, on pourrait lancer l'idée de devoir passer l'éternité en compagnie de cinq joueurs de banjo. Ou de devoir préparer à tout jamais des meringues qui ne lèvent pas. Et de devoir les manger. D'être sollicité à perpétuité par des maisons de sondage ou par des agents d'assurance-vie. D'avoir éternellement les mains collantes. De devoir écouter des réclames pour un nouveau robot culinaire, ou la publicité de Norwich Union. Mais il y a mieux. Imaginez un enfer où chacun recevrait à l'entrée un rouleau de scotch tape dont on aurait perdu le bout. Pendant des heures, il faudrait essayer de retrouver cette extrémité en grattant patiemment avec des ongles fatigués un papier très collant sous un éclairage à peine suffisant. C'est le stress assuré et la colère absolue, celle qui n'est pas sainte mais maudite. Et chaque fois que vous retrouvez enfin le bout du rouleau, le ruban se sépare comme un vulgaire Ficello et tout est à recommencer. Éternellement. Répandez cette idée et vous verrez, dimanche prochain, les églises seront de nouveau pleines à craquer.

SERGE BOUCHARD

Un univers domestique sans scotch tape est impensable. Mais le ruban se cache, le rouleau se perd dans le tiroir le plus obscur, dans le coin à cossins et à drigail, avec les boutons à trois trous, les outils bizarres et les poinçons démodés. Nous cherchons toujours le rouleau de scotch tape quand nous en avons besoin. C'est une maison heureuse que celle où le scotch tape se trouve toujours sous la main. Mais force est d'admettre que nous sommes loin du compte. Le scotch tape nous échappe, il se dérobe à notre mémoire, un peu comme s'il se cachait tout seul, qu'il entendait se faire mériter. Nous ne pensons jamais au scotch tape quand nous vaquons à nos vies. Il arrive cependant des moments précis où le scotch tape devient crucial, un ruban sans lequel on ne peut plus avancer. Et c'est alors que ce jeu de la cachette et de l'oubli en vient à nous enrager littéralement. Nous savons qu'il y a du scotch tape quelque part, pas loin, mais où ? La recherche nous retarde, nous empêche, nous énerve. Je suis certain que bien des citoyens, pris au bord de la crise de nerfs pour des raisons graves auxquelles ils résistent courageusement depuis des années, en sont venus à craquer à ce moment précis, celui de la quête déçue d'un scotch tape urgent qui doit bien se trouver dans le fond d'un tiroir, qu'ils se souviennent d'avoir vu très souvent, mais qui se dérobe obstinément en cet instant vital. Le scotch tape égaré, c'est une mauvaise goutte qui fait déborder le vase.

Pour la protection de notre santé mentale, nous achetons vite un autre rouleau. Si bien qu'ils sont extrêmement rares, les cas où nous allons au bout du rouleau de scotch tape. Je croirais plutôt que les maisons et les appartements du monde entier contiennent un nombre indéterminé de rouleaux entamés. Ils ne seront jamais finis puisque personne ne sait qu'ils existent. L'accumulation est inconsciente et l'inventaire sera pour toujours un mystère. En faisant le ménage, les générations futures retrouveront des tas de rouleaux inutilisés, démodés, anciens et la chose les passionnera peut-être. Oui, le scotch tape a le don de se faire oublier. Son insignifiance le protège, elle favorise son oubli. Mais la recette est là qui ne se dément pas : quand l'importance du moment rencontre l'insignifiance du temps qui passe, le court-circuit de la condition humaine se montre au plus grand jour. Le scotch tape n'a de sens que dans l'instant, il s'évapore dans l'intervalle.

BERNARD ARCAND

Le scotch tape appartient à cette catégorie fascinante d'objets familiers qui disparaissent mystérieusement. Le petit rouleau de ruban n'est jamais là quand le besoin se fait pressant. Personne ne se rappelle où se trouve le scotch tape, de la même manière que l'on cherche couramment les petits ciseaux, un trousseau de clés, la brosse à cheveux, la brosse à habits, la télécommande, les allumettes, les couvercles des contenants en plastique, l'autre bas de la même couleur qui s'est évadé sournoisement de la sécheuse ou l'ouvre-bouteille dans les foyers où l'on ne boit que rarement.

Si vous soupçonnez que le ruban adhésif a disparu parce qu'on vous l'a volé, c'est que vous habitez un quartier minable où les cambrioleurs sont capables des pires bassesses. Si vous accusez les autres de n'avoir pas replacé le scotch tape à la bonne place, c'est déjà l'indice d'une certaine tension au sein de la famille. Mais si vous vivez seul et que le scotch tape disparaît, vous voilà face à un choix difficile : soit vous perdez la mémoire en vieillissant, soit il est temps de vous remettre à croire à l'existence des lutins, trolls et autres esprits malins qui parcourent le monde pour la perte des âmes.

SERGE BOUCHARD

Les sociétés qui dans l'histoire ont prétendu à la plus immense des cohésions dans le temps et dans l'espace ont été des sociétés monumentales, dont l'obsession était de s'inscrire dans la pierre, le marbre, le fer, l'acier et le béton. Voilà que poussent les cathédrales, les monuments urbains dédiés aux banques, à la justice et à tous les dieux éternels, y compris le succès personnel. Chacun son inscription dans le solide, sur la pierre tombale s'il le faut.

Au siècle dernier, on fondait dans le métal du corps de la locomotive le nom de la ville de sa destination. Nul ne doutait que cette ligne allait durer. La raison sociale s'inscrivait dans la pierre. Rien n'est plus étranger à la vieille cathédrale que le matériau temporaire. Jusqu'à nous, l'histoire de l'humanité se fondait sur l'empilement des blocs. Quand nous regardons derrière nous, tout n'est que mégalithes et monolithes. Tout se tient ou tout s'effondre. Mais que cela est grand, que cela est solide. Les Mayas n'entretiennent plus leurs tombes depuis longtemps, mais la trace refuse de s'effacer.

Nous prenons là la mesure de la modernité. Ici, rien n'est lourd et les affaires ne tiennent qu'à un fil. Le chaos ne nous guette pas, il nous habite. Notre état normal est celui d'un noyau explosé. Nous appartenons plus à un conglomérat qu'à une masse granitique. Nous sommes éminemment friables et puisque tout s'érode dans le temps de le dire, nous savons bien l'art de masquer et de rabouter.

Le stade olympique n'était pas terminé que ses poutres se mettaient à tomber. Une façade de béton vieillit dans le temps de sécher, elle noircit et s'effrite au bout d'une seule année. La modernité est dure à la durée en ce qu'elle est aussi salissante que pressée. Les façades jaune soleil du Paris des Lumières sont depuis longtemps oubliées. Tout était jaune en raison du calcaire. Mais à présent, sans que nous y puissions rien, le jaune soleil fait place au noir diesel, qui lui-même bouffe la pierre.

N'est-il pas normal que le scotch tape soit un illustre symbole de nos vies ? Plus rien n'est imbriqué, tout est collé et nos plus grandes œuvres architecturales portent l'étiquette « attention très fragile ».

■ Le sous-sol

BERNARD ARCAND

Il ne se passe finalement pas grand-chose dans le firmament. À peine quelques nuages et une poignée d'oiseaux émigrés, un gros soleil et parfois un peu de fumée, tout le reste est vide. Et derrière, il ne reste que le vide astral. Sur la terre ferme, comme sur les mers, tout est relativement calme, la nouveauté ne court pas les rues et ne fait pas de vagues. En fait, c'est principalement au sous-sol que les choses se passent! On le sait, c'est là que ça fourmille : il suffit de soulever n'importe quelle grosse roche ou un vieux tronc couché pour surprendre immanquablement quelques dizaines de « bibittes » qui s'affairent et qui gesticulent aussi allégrement qu'une colonie de poissons rouges et tropicaux sous le calme plat de l'eau.

Les sociétés humaines ne sont pas si différentes et l'on pourrait conclure qu'il existe une sorte de loi universelle de la verticalité à laquelle rien ni personne ne sait échapper. Chez nous, on entend dire fréquemment que c'est au sommet que se prennent les grandes décisions et que c'est là aussi que se brassent les plus grosses affaires ; pourtant, tout le monde est au courant que c'est bien davantage dans les bas-fonds que s'organisent les combines, les manigances et les plus basses manœuvres. C'est là surtout que ça fourmille. Alors que les images officielles demeurent un peu fades, plates et stériles, on sent que ça grouille en dessous et qu'il y a, quelque part dans les ténèbres, des univers entiers de magouille et de pots-de-vin, des mondes complexes d'ententes inavouables et de concessions secrètes. Alors que le discours des politiciens officiels ennuie les auditoires, tous supposent que les dessous de la politique sont fascinants. On a beau sonder inlassablement l'opinion publique fragile et volatile, l'histoire reste dominée par quelques tendances lourdes et ce sont toujours les puissants courants souterrains qui importent en dernière instance.

La réputation de puissance du sous-sol a tellement grossi que la rumeur publique veut que ce soit là qu'il faut désormais rechercher la vérité. Puisque, chaque fois que l'on se croit capable de dénoncer le mensonge, on ajoute qu'« il doit bien y avoir quelque chose là-dessous », c'est que l'authentique et le véritable ont déménagé et ne résident plus dans l'au-delà mais dans l'en-dedans. Comme disent les anglophones, il ne faut pas hésiter à renverser toutes les pierres, car, de nos jours, c'est là que se trouve la vérité. Au cœur de cet univers sombre et tumultueux où s'affairent les « bibittes » de chacun.

SERGE BOUCHARD

Dans le traité des taupes, des marmottes et des lombrics, il est rapporté que la marmotte sort de terre pour prendre du soleil, que le lombric fait surface quand il pleut alors que la taupe ne se soucie ni de lumière ni de pluie puisque, en principe, elle reste sous terre de façon permanente. Il est connu qu'elle est aveugle, qu'elle ne l'a pas toujours été, mais que sa vie souterraine prolongée a fini par s'inscrire dans les gènes de l'espèce et que ses yeux, devenus inutiles, se sont définitivement fermés.

Est-on réellement plus heureux lorsqu'on a les yeux fermés et que sa vie se passe sous terre ? Quand le lombric se risque à la surface, ses malheurs commencent. La grive le guette. Mais il y a pire : un lombric qui, pendant un orage, s'égare au milieu de la rue. Tant que l'asphalte est mouillé, ça peut toujours aller. Mais lorsque le soleil revient, la rue s'assèche et surtout devient chaude. Le lombric ne peut pas retourner sous la terre. Alors il cherche et se « désâme » jusqu'à mourir déshydraté. Il devient sec et complètement ratatiné. Le trottoir devient vite son cimetière.

Quant à la marmotte, elle est nerveuse lorsqu'elle prend l'air. Les éperviers et les hiboux l'attendent dans le détour. La marmotte prudente se tient près de son trou et passe tout son temps à regarder en l'air.

Dans le traité sur les taupes, les marmottes et les lombrics, il est dit que c'est la taupe qui s'en tire le mieux. Elle est aveugle et ne sort jamais. De cette manière, elle évite tous les troubles. La vie de la taupe s'écoule dans l'intimité, dans la discrétion. Elle ne sait même pas, pour l'avoir oubliée, que la surface existe. Les taupes n'ont pas de mot pour désigner le soleil. Mais elles en ont mille pour décrire la « bouette », l'argile, la terre noire, le sable et j'en passe. Il n'y a pas de fossoyeurs au pays des taupes. Quand elles arrivent au terme de leur vie, qui ne se compte pas en années mais en kilomètres de galeries, elles s'arrêtent là où elles se trouvent au moment de leur mort. « End of the line », c'est le cas de le dire.

Chaque taupe arrive toujours, un jour ou l'autre, au bout de son tunnel. Durant l'interminable histoire universelle des taupes du monde entier, depuis soixante millions d'années, pas une seule n'a réussi à s'évader. La colonie creuse pour l'honneur, et elle le sait.

BERNARD ARCAND

Les sinologues Marcel Granet et Robert van Gulik racontent que les souverains de la première dynastie Chou, qui a régné sur ce qui était la Chine entre 1100 et 221 avant Jésus-Christ, avaient l'habitude d'organiser, sous terre, dans des cavernes et des souterrains, la célébration des plus grands événements et que ces célébrations tournaient le plus souvent à l'orgie. Mis à part le plaisir connu de la saine débauche, il y avait derrière ces relâchements apparents une vaste thèse cosmologique. La terre, disait-on alors, contient une essence cosmique essentielle, à laquelle les humains peuvent avoir accès à la condition de la pénétrer assez profondément. Ainsi, on attribuait aux animaux qui vivent sous terre dans des trous ou des cavernes des propriétés hors du commun. Puisque ces animaux, renards, belettes, ours et tortues, entrent en contact étroit avec la puissante essence du sous-sol, il devenait normal qu'ils s'en trouvent en quelque sorte imbibés et soient réputés pour leur longévité.

Cette vaste idée d'une puissance souterraine a pris dans d'autres univers des formes bien différentes encore, depuis la tradition de la Terre-Mère jusqu'aux belles histoires de Jules Verne. Partout, le sous-sol renferme une force sourde, comme si le sous-naturel était au moins l'égal du surnaturel. Une variante particulièrement perverse du même thème fut inventée au XIVe siècle par les membres de la secte des Lothardi, l'une des nombreuses sectes qui connurent un certain essor à cette époque un peu trouble de l'histoire de la chrétienté. Les grands maîtres de la pensée Lothardi avaient tout simplement décidé d'appliquer à la lettre le commandement chrétien voulant que la conduite des humains demeure sur cette terre d'une moralité irréprochable. Arbitres habiles de la logique et de l'interprétation littérale, ils en déduisirent que, sous terre, il n'y avait plus de morale qui tienne. Étant par surcroît grands amateurs de précision, les disciples des Lothardi avaient même déterminé que la limite se situait à un mètre quatre-vingts. En dessous de ce mètre quatre-vingts, tout devenait permis et même recommandable. Ce qui fait que la secte préférait tenir ses réunions sous terre, là où les meilleures débauches deviennent moralement justifiées. La sainteté étant limitée à une obligation de surface, sous terre les pires excès devenaient chose courante : perversions sexuelles, suicides et même meurtres. Ce qui peut étonner mais qui n'est peut-être pas si différent de ce que révélerait de nos jours un examen minutieux des statistiques sur la criminalité domestique, les cas de suicides et la débauche dans les sous-sols de banlieue.

SERGE BOUCHARD

En Ukraine autrefois, un maître à penser religieux eut l'idée de fonder un monastère assez particulier. Au lieu d'établir le nouvel ordre monastique au sommet d'une montagne pour l'isoler des bassesses profanes et le rapprocher du ciel, comme c'était la coutume, il décida d'enterrer littéralement ses moines. Dans la région de Kiev, il fit creuser un puits d'accès de la grosseur d'un corps de moine et d'une bonne profondeur. Au fond du puits couraient des galeries étroites dont les parois étaient trouées de petites cellules. Il s'agissait plus ou moins de trous où un homme pouvait s'installer en position de petit bonhomme, c'est-à-dire recroquevillé. Ces alvéoles étaient les chambres des moines. Adhérer à cet ordre religieux équivalait à s'enterrer vivant, car les moines qui entraient dans ce monastère faisaient le vœu de n'en plus jamais sortir. Il faut s'imaginer leur vie. À l'étroit dans ces cellules, leurs muscles s'atrophiaient rapidement, leurs os se déformaient, ils vivaient dans leurs propres excréments, l'arthrite et la pneumonie les achevaient. Inutile de dire que l'espérance de vie des membres de l'ordre n'était pas très élevée. Mais les religions ont de ces exigences. Il s'agissait ici d'une renonciation totale et définitive, d'une vraie retraite fermée. À la mort de chacun, on fermait simplement la cellule en posant une vitre. On scellait le tombeau.

Si vous allez un jour à Kiev, demandez à visiter ce monastère. Ce n'est pas une visite facile car il faut descendre dans le trou. Mais les galeries existent toujours, les cellules aussi, et vous pouvez voir par les vitres l'intérieur des tombeaux. On imagine alors le destin de ces fous de Dieu ; ils se savaient coupables, ils se voyaient sous terre. Être sous terre, c'est être hors de la vue du ciel. Souhaiter être un paquet d'os blanchis vous innocente. Dans le silence humide d'une froide obscurité, les moines se repliaient sur eux-mêmes et entreprenaient la prière finale. Le trou du fondateur est un peu plus grand que celui de ses adeptes, ce qui lui a permis de mourir les jambes allongées. Une mitre mauve cache partiellement son crâne, dernier signe de sa folie, trace dérisoire de la hiérarchie. Pour aller au ciel, il faut renoncer à la surface de la terre. Dans cet esprit, et à défaut de pouvoir s'élever dans les cieux, ces moines avaient cru qu'il valait mieux s'enfoncer et creuser, se métamorphoser en larves souterraines. Et devenir un saint en devenant un ver.

* * *

L'être humain a de terribles accointances avec le rat d'égout. Il est possible que c'en soit un, que la dimension rate nous habite toujours et que le fait que la société des rats et la société des hommes ne se soient jamais séparées indique plus qu'une communauté d'intérêts; nous sommes en face d'un fait de nature. Les rats sont nos frères et les rates nos sœurs. Comme le dit si bien l'expression courante, « arrêtons de rêver en couleurs ».

Les idéologues, idéalistes et autres spirituels nous convient au festin des nuages, ils parlent de ciel et de grand air, ils veulent élever l'homme à son destin en l'allégeant. Philosophes de l'éther. Les pragmatistes, les concrets et les pratico-pratiques nous ramènent à la surface des choses. Ils nous ramènent sur terre, disent-ils. Ils s'opposent aux idéalistes en se croyant les détenteurs du vrai. Ils font de la politique, parlent d'emplois et se targuent d'être concrets. Mais à menteur, menteur et demi. L'idéaliste et le politique sont tous les deux dans l'erreur depuis que le commun des mortels sait que l'être humain ne vit pas plus dans les nuages qu'il n'a les pieds sur terre.

La véritable nature humaine est souterraine. L'être humain n'est jamais plus à l'aise, plus résistant, plus créateur, plus dangereux, que dans ses trous et ses cavernes, que dans les cryptes et les catacombes. La société qui s'enterre est une société qui rêve d'éclosion et de croissance. Les vrais mouvements sociaux sont toujours souterrains.

Tout ce qui est sérieux, chez nous, a un caractère tectonique. L'être humain n'a vraiment rien à foutre avec l'aigle royal ou le lion.

Il est le frère du rat d'égout auquel il devrait bien une religion. À Rome jadis, quand tu attrapais un chrétien dans la rue, c'est qu'il y en avait cent dans les catacombes, et deux cents dans les égouts.

BERNARD ARCAND

Les caves ont longtemps servi de réserve alimentaire. Cave à vin ou chambre froide, le sous-sol protégeait contre la famine ou offrait une cachette à quelques trésors succulents qui devaient mûrir à l'ombre. À notre époque d'approvisionnement constant et d'épicerie perpétuelle, la plupart des caves modernes servent plutôt à l'entreposage saisonnier des pneus et des bicyclettes, au rangement éternel des boîtes de carton, des pots de peinture, des pots à fleurs, sans parler des vieilles lampes qui ne seront jamais réparées. Ceux et celles qui ont la chance d'utiliser une cave répètent qu'ils en sont contents, qu'elles ne pourraient plus s'en passer ou qu'on ne saurait ranger ailleurs tout ce qui ne sert qu'à l'occasion. L'espace est fonctionnel, le sens du sous-sol se trouve défini par sa fonction.

Au-delà de cette évidence, il ne faudrait pas oublier que la cave a souvent pour fonction supplémentaire de séparer les générations. En effet, combien de banlieusards ont, comme on dit, entrepris de « finir » leur sous-sol précisément au moment où leurs enfants devenaient grands et qu'il était désormais urgent de préserver l'harmonie de la famille en isolant quelque peu les jeunes de manière à leur permettre de se tirailler en paix, de pratiquer leur kick-boxing ou d'écouter à tue-tête les douces mélodies de Mega Death, Scorpions ou The Dead Kennedys ? Les grands-parents inuit, qui habitent maintenant des maisons de deux étages dans un monde où le pergélisol interdit toute excavation, se plaignent de ne pas pouvoir coucher au rez-de-chaussée à cause des jeunes trop bruyants et craignent en même temps de coucher au premier d'où il serait plus difficile de s'évader en cas d'incendie. Dans un contexte normal, dans une maison normale, les jeunes peuvent se réfugier dans la cave, loin des aînés. Un mauvais jeu de mots dirait que le sous-sol a toujours été l'affaire des mineurs. On pourrait même prétendre que la cave, parfaitement appropriée aux réserves de vin et de victuailles, sert également à préserver la relève.

Au fond, la cave ou le sous-sol n'est qu'un étage distinct et inférieur, à partir de quoi il est facile pour les divers étages d'une maison d'annoncer clairement que les générations ne sont pas identiques ni de même niveau. Les jeunes en bas, les souvenirs au grenier, ou l'inverse, c'est d'abord la mise en ordre qui importe. En dépit des meilleurs espoirs révolutionnaires, la vie demeure hiérarchisée, le temps se charge de nous le rappeler. D'ailleurs, on le constate encore lorsque le procédé atteint son terme : la plupart des sociétés disposent de leurs morts soit en les brûlant pour les faire monter en fumée, soit en les plaçant dans un cercueil pour les faire descendre sous terre.

■ Le sport

BERNARD ARCAND

Vous avez sans doute remarqué que l'orgue, qui accompagnait autrefois les chants religieux, s'est maintenant déplacé de l'église vers le stade. C'est aujourd'hui durant les compétitions sportives que les fidèles se laissent entraîner par l'orgue pour chanter en chœur des incantations qui les pousseront tour à tour et à l'unisson à se lever, à s'asseoir, ou à faire la vague, tandis que des athlètes font le signe de la croix, et se jettent même à genoux pour remercier le ciel du bonheur qui les frappe. On ne se souvient plus très bien des lieux où les Romains priaient, mais on garde encore la mémoire de leur dévotion pour le Colisée.

On sait bien que le Forum et le Colisée représentent nos plus grands héritages de l'Antiquité. C'est là que se vivent les instants magiques et où l'on conserve les meilleures chances d'atteindre l'extase. D'ailleurs, on le sait bien, Dieu aime le sport. C'est là qu'on sent le mieux sa présence quand, à compétences égales, il devient nécessaire de comprendre et d'expliquer la distinction entre la réussite et l'échec ; quand il faut définir pourquoi ce genre de choses n'arrive qu'à nous ou à notre équipe ; quand la balle sur le vert effleure la coupe, ou quand le ballon arrive à frapper les deux poteaux des buts. Certains diront qu'ils n'ont pas eu de chance ou que la rondelle ne roulait pas pour eux. D'autres prétendront avoir oublié leur patte de lapin ou encore avoir enfreint un détail du rituel de la grande superstition. D'autres encore interpréteront la différence par la mauvaise vie qu'ils mènent ou plutôt soupçonneront leurs adversaires d'avoir fait usage de magie. Les plus modestes diront simplement que le bon Dieu a sans doute voulu les punir ou les éprouver. Tout juste au-delà de l'explication rationnelle, au point limite où la science nous fait défaut, il n'y a jamais que le surnaturel pour expliquer pourquoi les dieux ne nous sont pas favorables.

SERGE BOUCHARD

Ce qui est important dans le sport, ce n'est ni la victoire ni la participation. Ce qui importe, c'est la défaite. Ici, il n'est pas exagéré de dire que savoir perdre c'est savoir vivre. Celui qui n'accepte pas la défaite refuse tout simplement le côté dérisoire de la vie. Dans le fait d'être champion, il y a une sorte de désespoir infini. Je suis le gagnant mais pour combien de temps ? Ce soir encore, n'ai-je fait que retarder l'échéance d'une défaite ultime ? Même si aucun adversaire ne venait jamais à bout de moi, si j'avais une fiche parfaite et si je

gagnais tous les matchs de tous les tournois, dans toutes les circonstances, n'est-il pas inscrit quelque part qu'un jour ou l'autre le temps
viendra finalement faire ce que personne n'aura jamais réussi à faire,
c'est-à-dire me battre, me réduire et m'anéantir ? C'est donc lui, le
temps, qui détrône les champions.

Au fil des saisons, le génie s'estompe, le souffle vient à manquer,
le maître passe plus souvent au banc avant de se retirer au vestiaire
une dernière fois. Le sport a donc sa vérité qui est la vérité toute nue.
À chaque jour sa peine, à domicile, à l'étranger, à la maison ou sur la
route, chacun connaît sa minute de gloire, ses périodes de léthargie,
chacun pense au lendemain, chacun veut oublier quelques parties et
c'est la retraite qui l'attend. Entre la naissance et la mort, il faut trouver le moyen de s'occuper. Les dés étant pipés dans un concours où
les chances sont en principe égales, il faut savoir jouer, feindre, éviter,
absorber, s'élancer, résister, créer des occasions, savoir en profiter. Le
sport est un très grand divertissement, un divertissement complet,
d'où son immense popularité.

Lorsque la loi de la gravité rencontre celle de la dérision, la ligne
du temps se raccourcit, elle s'enroule sur elle-même et alors, phénomène naturel, le moindre débris devient une étoile dans la nuit.
Notre vie se transforme en conséquence avec ses élans, ses chocs, ses
feintes, sa solitude, sa dépense et son sacrifice. C'est la notion de
dépassement qui s'organise et ce sont les beaux jeux qui voient
le jour. Les beaux jeux sont ces rares combinaisons du corps et de
l'esprit qui, suivant l'éclair de l'intuition, le laser de l'anticipation
et le flair de la vision — quand ce ne sont pas les sédiments de l'expérience —, nous font accomplir le geste unique, inattendu, merveilleux, ce fameux geste qui déjoue tous les calculs. Ce sont ces
ballons au bout de mes doigts, ces plaqués à la volée, ces impossibles
retours de service, ces passes en croisé, ces arrêts spectaculaires,
ces satisfactions ludiques toutes imprimées dans l'indicible et dans
l'inexpliqué.

Ce soir, dans le stade d'une quelconque cité, les Éphémères de Montréal rencontrent le New York Totality. Ils seront nombreux, les cœurs, sur la longue liste des blessés. Mais le match est décisif et à la fin, sans nous soucier du score, debout sur nos sièges renversés, les âmes vibrantes, exorbitées, nous verrons une fois encore le temps manquer de temps. Nous verrons la seconde s'éplucher, nous livrant son noyau dense et dur, ce morceau d'absolu qui a pour nom « éternité ». Côtoyer les étoiles, briller de tous ses feux, brûler de l'énergie avant de s'éteindre un soir à Chicago, au hasard d'une mauvaise chute, d'un mauvais élan ou d'un faux mouvement. Vous est-il arrivé un instant, sur la touche, de vous interroger sur le nombre de parties qu'il vous restait à jouer, sur la somme de blessures, sur le rythme d'usure, sur l'âge où, forcément, vous alliez vous retirer ? Vous est-il arrivé, prostré à l'étranger, d'insister pour jouer malgré un cœur brisé, un souffle bien trop court et des jambes épuisées, de feindre la santé, de vous mentir en plus, de monter jusqu'au but en dépensant sans compter une énergie depuis longtemps perdue ?

■ La statistique

BERNARD ARCAND

J'ai très souvent pensé à vous au cours des vingt dernières années. Fréquemment, soit trois ou quatre fois par an, votre visage une seconde m'apparaissait, et je m'en trouvais ravi.

Si l'on fait le calcul, quatre fois une seconde par année, cela donne un grand total de une minute vingt secondes. Statistiquement parlant, j'ai très peu pensé à vous au cours des vingt dernières années.

* * *

Il n'est pas surprenant que l'on entretienne des rapports souvent difficiles et ambigus avec la statistique, puisqu'elle nous offre sur le même ton et sans jamais frémir quelques grandes vérités et un bon nombre d'énormes mensonges.

La statistique mesure le réel avec précision, ce qui permet de corriger la plupart des idées reçues et d'atténuer n'importe quel principe général ; comme on le dit parfois, elle sert à donner l'heure juste. Mais, du même souffle, on dit aussi que la statistique est l'alliée naturelle de l'insinuation et de la calomnie, des détournements de sens et des propensions particulièrement tendancieuses ; bref, on prétend que la statistique a des fréquentations douteuses et qu'elle se parjure aussi librement qu'elle se cache sous le couvert prudent de la probabilité hésitante.

S'il est vrai que l'on peut faire dire n'importe quoi à la statistique, il serait bon d'ajouter qu'on peut également lui faire confirmer la vérité et le mensonge. Par exemple, les statistiques paraissent cruelles chaque fois qu'elles témoignent de vérités qui ne sont pas bonnes à dire : que les gens du pays, fiers de leurs traditions comme de leur gastronomie distinctive, préfèrent les hamburgers et les spaghettis ; que malgré toute la lourdeur de la condition féminine, la plupart des femmes vivent beaucoup plus longtemps que leur mari ; ou que les politiciens qui se disent portés au pouvoir par la volonté du peuple reçoivent dans les faits l'appui d'électeurs qui ne constituent jamais plus du quart de la population totale de la nation dont ils se croient autorisés d'assumer la charge. Dans tous ces cas, la statistique dit vrai, et elle constitue parfois le prix brutal à payer pour essayer de convaincre dans un âge qui s'accommode de l'incertain et qui s'est habitué à croire que la vérité ne peut plus être que probable.

Par contre, la statistique ruine carrément sa réputation et devient même douteuse lorsqu'elle nous offre des chiffres qui portent à croire, par exemple, que Dieu existe puisque 82 % des Américains en sont convaincus, ou encore qu'il est relativement peu dangereux de voyager en avion, que la loterie est sans espoir et que le chômage est une question de pourcentage. La statistique peut de cette manière tracer des corrélations sans fin. Elle n'en sortira jamais plus crédible ni moins ambiguë. Car ces affirmations ne sont jamais gratuites et des corrélations parfaitement démontrées peuvent en même temps n'avoir aucun bon sens. Sinon, il nous faudrait immédiatement changer d'idée et conclure que les grenouilles, qui chantent par temps gris, détiennent le grand secret : comment attirer la pluie.

*   *   *

J'espère qu'un jour ce sera mon tour de gagner à la loterie. Pour tout le plaisir qu'achète l'argent, évidemment, mais aussi pour jouir du bonheur d'avoir enfin réussi à vaincre la statistique. Connaître la joie d'avoir tenu en main une seule chance sur quatorze millions, mais qui, justement, ce jour-là, était la bonne. Voilà de quoi construire tellement de rêves et voilà aussi pourquoi la statistique est d'ordinaire si ennuyeuse. Car rien n'est plus plat et décourageant que ces chiffres qui font taire les menteurs et qui contredisent les plaisantins ou farfelus qui agrémentent nos soirées en nous décrivant une vie exagérée, excessive, imaginaire, inventée de toutes pièces, mais combien agréable.

Il est incontestable que la statistique mesure et juge admirablement les faits de l'existence, mais il faut ajouter qu'elle serait bien incapable de passer au jugement de valeur. Car il est malsain de confondre jugements de faits et jugements de valeur. Il existe entre les deux une différence irréductible : ce qui se passe aujourd'hui ne nous fournira jamais la réponse complète à ce qu'il faudra faire demain. Or, la plupart du temps, la statistique se limite aux faits connus. Pour la même raison qu'elle alourdit les discussions amicales, la statistique évalue très mal le plaisir que j'aurai quand, pour la première fois, le jamais vu et le très improbable se produiront et que ce sera, enfin, mon jour. La statistique fait pourtant tout pour me décourager et m'éviter d'acheter un billet de loterie. À l'écouter, la statistique empoisonnerait l'avenir.

*   *   *

À quoi servirait à la science de savoir bien mesurer si elle en venait à ne plus reconnaître ce qui vaut la peine d'être compté et à perdre de vue ce que tous ses calculs nous apprennent ? En d'autres mots, avant de mesurer, il est toujours sage d'avoir quelques idées claires et de bonnes raisons. Car, dès que le calcul débute, l'essentiel de la recherche scientifique est déjà terminé. L'intuition, la nouvelle hypothèse, le génie novateur, toutes ces belles qualités n'ont de mérite et de place légitime qu'au moment de choisir ce qu'il faut mesurer. Tout le reste n'est que cuisine technique, rigoureuse et méthodique, certes, mais qui ne peut avoir d'autre projet que de confirmer ou d'infirmer l'idée originale ; au mieux, on saura précisément à quel point l'on avait raison de la croire fondée ; au pire, il faudra changer d'idée et en trouver une meilleure avant de continuer.

Cela dit, il faut surveiller la place accordée à la statistique. Il s'agit probablement d'un symptôme révélateur et tout à fait fiable. Dès qu'une institution quelconque annonce qu'elle insistera désormais sur les méthodes quantitatives, dès qu'un rapport officiel exige la présentation détaillée de calculs statistiques, dès que les plans de développement et les stratégies d'avenir essaient de s'autoquantifier pour convaincre, il y a matière à méfiance : c'est généralement l'indice que la question originale s'est effacée de la mémoire collective, que l'institution a perdu de vue sa vocation première et que la recherche est devenue une fin en soi, ou simplement l'indice d'un manque généralisé d'idées. La phase suivante sera marquée par l'ennui lourd et durable. Comme ces gens de la campagne qui, faute de mieux, comptent les autos qui passent, ou ces prisonniers qui, faute de meilleurs moyens de s'évader, savent qu'il est permis de calculer inlassablement les fissures des murs de leur cellule.

SERGE BOUCHARD

Un réputé criminologue, dont je vais taire le nom afin de protéger la tranquillité des futures générations de sa lignée, écrivait récemment ceci : « Tant et tant d'études scientifiques démontrent que le risque de subir des violences de la part des violents augmente avec la solitude, avec l'âge et avec la vulnérabilité générale des êtres qui ne peuvent plus se défendre. »

Manière de dire que la science découvre aujourd'hui qu'une vieillarde laissée sans protection peut être attaquée par des criminels sans morale ni raison. Cette découverte relative à la vulnérabilité des faibles est présentée sous une forme statistique exprimant que ceci et cela seraient liés de façon causale dans le développement effectif d'une maladie sociale quelconque dont les méfaits devraient être combattus par tous les moyens. Il est bon que l'Université avertisse le commun du danger qui le guette. En y regardant de plus près cependant, quelle ne fut pas ma surprise, ma déception naïve, mon « désenchantement », en constatant que lesdites études démonstratives des causes et illustratives des effets conduisant à l'échafaudage mécanique des théorèmes successifs et des propositions tautologiques visant à définir la maladie s'appuyaient toutes sur une série de résultats quantitatifs provenant d'une collection de sondages nationaux. Entre le sondage national et le constat qualitatif d'un phénomène humain complexe, il y a un saut quantique que certains spécialistes n'hésitent pas à faire, convaincus que personne n'osera critiquer la logique quantitative qui leur sert d'écran de fumée.

À la question « Avez-vous peur d'être étripé par un soir de

brume dans une ruelle obscure où les assassins attendent sous les vieux porches que l'innocent se pointe ? », les Canadiens ont répondu oui dans une proportion de 98 %. D'où l'urgence de prendre des mesures !

*   *   *

L'espoir est numérique, tout comme la chance est statistique. Mais nous pourrions aussi soutenir que la statistique moderne est devenue une industrie du faux espoir. Elle est chimérique. Vous pouvez le vérifier tous les jours. Par exemple, nombreux sont ceux qui croient dur comme la statistique que l'homme vit plus vieux aujourd'hui qu'il ne le faisait hier. Ce qui nous conforte dans nos idées de progrès. Cette croyance est de même sorte que celle qui nous fait dire que l'homme d'aujourd'hui est plus grand que celui d'hier. Serait-ce que nous nous allongeons dans toutes nos dimensions ? Remarquez que tout se tient. On soutient aussi que certains modernes sont beaucoup plus « brillants » que les humains d'autrefois. Toutes ces chimères sont devenues possibles dans la mesure où l'on croit à l'évolution fondamentale de notre condition particulière. En somme, nous vivrions mieux aujourd'hui que nous ne le faisions hier. Il s'agit d'une erreur logique venant coiffer une grande ignorance historique. Voilà ce qu'il en coûte d'avoir une culture statistique. Dans un ouvrage remarquable, mon collègue Denis Blondin démontre point par point combien l'idée d'une évolution des capacités intellectuelles de cette création supérieure dénommée *Homo sapiens* moderne est erronée. Notre cerveau a une constitution stable depuis l'apparition de l'espèce, voilà à peu près deux cent mille ans. Nous sommes donc aussi bêtes que capables depuis le jour 1 de notre présence sur Terre.

Pour cause de racisme et d'orgueil narcissique, toutefois, il est bien certain que ce constat scientifique et philosophique n'est pas très à la mode. Même Claude Lévi-Strauss a dû subir les foudres de l'establishment parisien lorsqu'il a suggéré à peu près la même hypothèse. Roger Caillois et autres esprits supérieurs lui ont poliment rappelé que l'on ne pouvait pas réellement comparer le « capital intellectuel » de Pompidou à celui d'un chef zoulou. Lorsque l'on parle pointu sous une coupole symbolique qui célèbre l'intelligence, il est malaisé de dire que l'être ne change pas et que l'artiste qui peignait sur les murs des grottes de Lascaux valait bien Pablo Picasso. N'écrit-on point encore que la langue française est la plus fine qui soit ? Mon grand détour n'en est pas un. Prétendre à ce jour que nous vivons plus vieux relève de la même distorsion. La statistique préhistorique et populaire nous fait toujours dire qu'« il y a deux sortes de monde dans le monde » : les excités et les modérés. Les excités se précipitent sur toutes les modes et ils refont le monde à partir de zéro du moment qu'une idée apparaît nouvelle. Voyez Sartre qui croyait que le Paris des années trente représentait la conscience de l'univers. Et Camus de lui répondre : « Mais vous n'avez rien vu ! »

Bref, ne nous énervons pas trop vite, inutile de nous emballer. Les excités de prétendre que nous vivrons désormais au-delà de cent ans puisque l'espérance de vie n'arrête pas de monter. Le vulgarisateur scientifique Fernand Séguin de répondre : « Rien n'est plus faux que de donner des qualités particulières à la valeur statistique. »

Voilà un pas qu'il ne faut pas franchir. Il apparaît plutôt que l'être humain est « programmé » pour vivre environ soixante-dix ans. C'est ce que disait déjà la Bible, c'est encore ce que dit le sens commun. C'était aussi le cas voilà cinquante mille ans, comme le dirait Denis Blondin. Rien ne changera tant et aussi longtemps qu'il n'y aura pas de mutation génétique pour notre espèce. Dans l'intervalle de toutes nos vies précieuses, observons ceci. Vivre vieux veut encore dire vivre vieux et mourir jeune veut encore dire mourir jeune, même si des excités vous promettent les plus grandes chimères chiffrées.

■ Le stress

Bernard Arcand

Vous avez sans doute remarqué que l'on a récemment fait du stress un mot passe-partout et l'excuse quasi universelle des faiblesses humaines, de tous nos malheurs et insuffisances. Le stress explique la maladresse, il justifie la mauvaise humeur et rend compte de l'échec. Il suffit d'annoncer : « Il était trop stressé » ou : « Elle a croulé sous la pression » et tout le monde acquiesce, satisfait d'une telle clarification, comme si tout le monde avait compris. Or, les apparences continuent à être trompeuses et le stress est peut-être sur le point de se transformer en un beau mot sur lequel tous s'accordent sans réellement se comprendre.

Il s'agit d'une ancienne confusion, dont on pourrait retracer l'évolution. D'abord, la science a longtemps soutenu que le stress n'était pas très bon pour la cellule qu'elle faisait surtout vieillir. Puis, comme toujours, une autre science, nouvelle et plus moderne, affirme à présent que, au contraire, la vie sans stress serait impensable et que le grand secret de la longévité est justement de savoir bien doser les stress que la vie nous impose. On arrive ainsi à conclure que l'existence humaine serait composée d'un mélange de bon et de mauvais stress. Ce qui explique tout. Même si cela n'a pas vraiment de sens. La science du bon et du mauvais a tout l'air d'introduire ici un raffinement certain, mais ce n'est en fait qu'une stratégie vieille comme le monde : rien de mieux que l'une de ces formules antiques et consacrées qui nous aident à identifier les forces invisibles, inconnues et incomprises qui animent les courants profonds de l'existence.

Pour éviter d'admettre notre incompétence face au mystère, il fallait maquiller le lieu commun sous des appellations confuses qui n'expriment finalement que la banalité fondamentale: toutes nos images sont des médailles et chacune a deux côtés. Le mystère demeure, mais il n'est plus nécessaire de l'éclaircir. Hier encore, on discutait de bon et de mauvais cholestérol. Avant-hier, l'humeur était divisible en bonne et en mauvaise, tout comme la bonne fatigue se distinguait de la fatigue épuisée. Autrefois, on discutait plutôt des bons diables et des méchants démons.

SERGE BOUCHARD

Gérer son stress revient à accepter sa condition de misère. C'est une vieille recette chrétienne. Gérer son stress, c'est accepter l'échec, de ses rêves notamment. C'est accepter d'avoir rêvé de devenir garde-forestier afin de remplir une mission sacrée qui consiste à protéger les animaux contre la fureur des hommes, à protéger la beauté des forêts au titre de patrimoine unique et inaliénable, avant de comprendre rapidement que le travail consiste plutôt à constater les dégâts d'une société qui se fout de cette mission sacrée, que la mission sacrée n'est pas sacrée du tout, que ton activité n'est qu'une case au sein d'une enveloppe budgétaire que les autorités cherchent désespérément à comprimer, que la forêt est mise en vente pour financer le salaire des braconniers et qu'aucune agora n'existe où tu pourrais venir à la face du monde t'exprimer et pleurer.

Gérer son stress, c'est accepter sa déception. Le stress frappe fort les naïfs qui ont cru que la vie avait un aspect intéressant. Comme l'infirmière qui se voyait infirmière et qui croyait que ce métier avait un sens profond, mais qui s'aperçoit vite qu'à l'éthique centenaire de la profession on préfère le calcul arithmétique de ses pas afin de faire la preuve qu'elle peut gérer la mort de six patients tout en servant cent repas.

Le stress est la maladie des sociétés qui brassent un million d'affaires sans se soucier du sens profond de leurs ébats. Gérer son stress, c'est accepter d'être parfaitement insignifiant sans pour autant blesser son image de soi. Gros contrat en vérité. Arrêtons de rêver et tout ira bien mieux.

BERNARD ARCAND

Le chien Snoopy, très infidèle compagnon de Charlie Brown, représente un beau modèle de saine gestion quotidienne du stress. À qui lui reproche le vol d'une couverture, Snoopy répond qu'il est en fait pilote de guerre. Si on l'accuse d'être un minable chien de garde, il se prétend golfeur professionnel en route pour Augusta. Dès que la pression monte, Snoopy change de registre et s'évade dans un contexte autre, où les contraintes seront radicalement différentes. Il offre ainsi un guide parfait pour apprendre à faire le vide et à laisser les soucis derrière soi, de manière à éviter toute surcharge des tensions ambiantes.

Le plus curieux, peut-être, c'est qu'Albert Einstein disait essentiellement la même chose de la méthode du travail scientifique. Selon lui, le véritable savant doit être capable de faire le vide afin de se concentrer entièrement et exclusivement sur le problème à résoudre. De plus, ajoutait Einstein, il est très profitable d'apprendre à changer de registre presque instantanément et de réussir ainsi à profiter des multiples petites périodes de cinq minutes libres d'une journée ordinaire : il faut savoir attendre le bon autobus, résoudre une question de chimie moléculaire, puis redevenir capable de déposer d'un seul coup son billet dans la bonne boîte.

Voilà pourquoi les grands savants, capables d'une concentration hors du commun, mais capables également d'oubli instantané, sont fréquemment perçus comme des individus particulièrement calmes, qui dégagent une attitude sereine, couronnée parfois d'un léger sourire mystérieux. Tout le contraire des experts stressés et de certains universitaires agités qui s'excitent sur un air grave et qui souvent nous énervent.

* * *

Le stress ne dépend pas uniquement du patrimoine génétique de chacun, des conditions objectives de l'existence, des pressions sociales, des conditions économiques et du bagage culturel de chaque individu. C'est aussi une affaire de tempérament. Certains individus paraissent nettement plus délicats et devraient prendre des mesures exceptionnelles pour se protéger contre l'accumulation dangereuse de stress qui les menace.

Car, en dépit des enseignements répétés des meilleurs thérapeutes et des nombreuses solutions pour atténuer les effets négatifs du stress, on rencontre encore des sujets pour qui les méthodes les plus éprouvées de lutte contre le stress deviennent elles-mêmes stressantes. Des gens qui se demandent s'il est vraiment bon de demeurer dans un sauna plus de trente minutes sans sudation. D'autres qui ont peur que la main de la masseuse ne glisse et qui jugent qu'il serait gênant d'être découvert dans ses bras. Des clients du Club Med qui craignent d'avoir fait une gaffe et qui se demandent si une chambre avec fenêtre à l'est n'aurait pas été préférable. Des golfeurs éternellement convaincus d'avoir fait le mauvais choix de bâton. Des gens qui, en écoutant de la musique de relaxation pensent que le haut-parleur gauche a besoin d'être nettoyé. Face à de tels tempéraments, hormis leur administrer des doses massives de tranquillisants, il n'y a rien à faire. Il serait grotesque d'essayer de faire comprendre à ces inquiets qu'il faut, dans la vie, savoir se détendre et qu'il est important de se reposer : même leur sommeil est agité.

■ Le téléphone

BERNARD ARCAND

Peut-être avez-vous déjà remarqué que, entre le moment où le téléphone sonne et l'instant où l'on décroche le récepteur, c'est notre vie tout entière qui défile devant nos yeux, c'est-à-dire qui nous traverse l'esprit. Mais pas à la manière agonisante, quand aux portes de la mort on peut revoir, dit-on, tous les détails d'une vie nécessairement remplie. Quand sonne le téléphone, c'est plutôt l'inventaire complet de notre vie actuelle qui nous apparaît avec clarté. Car le téléphone permet de faire le point et de bien résumer qui nous sommes et où nous en sommes arrivés.

Parce que le téléphone sonne la mise en situation de l'individu et la mise en ordre de son petit monde. Qui me téléphone à cette heure-ci? Combien ai-je d'amis et de parents? Suis-je une personne à qui il faut annoncer une bonne nouvelle, ou un décès? Quelqu'un que l'on veut inviter ou avec qui partager un bonheur? Qui peut bien vouloir me confier un secret? Est-ce qu'on pense que j'ai un conseil à offrir? Est-ce que j'ai l'oreille attentive? Ai-je vraiment atteint une position qui me permet d'accorder des faveurs? Pourquoi, Gaston, me téléphone-t-on? La réponse, un simple timbre de voix, me dira qui je suis.

Est-ce que j'ai le droit de vote et espère-t-on sonder mon opinion? Suis-je le genre à posséder des tapis qui mériteraient un nettoyage en profondeur? Est-ce que le club des Lions croit que je pourrais être incité à me montrer généreux? À l'autre bout du fil, on fournira la réponse. Et voilà qui je suis en somme : quelqu'un à qui l'on téléphone.

SERGE BOUCHARD

Le téléphone est l'appareil de la solitude. C'est parce que nous sommes tous dispersés dans le territoire inaccessible de nos intimités qu'il est ainsi devenu nécessaire de nous téléphoner afin, au minimum, de nous rappeler au bon souvenir de quelques autres individualités. Autrement, le téléphone n'aurait qu'un usage commercial, militaire, médical, sécuritaire. Ce qui tombe sous le sens pour ce qui est de la nature de cette invention. Mais il est devenu outil social.

Le téléphone est un appareil qui nous empêche d'imploser dans le confort de nos foyers. C'est la preuve de notre isolement mais c'est aussi une bouée. Si je te téléphone, c'est que je ne veux pas te voir. Même si j'ai besoin de te parler. Alors, on se téléphone à qui mieux mieux, jouant le simulacre d'une conversation qui n'a jamais lieu. La vie moderne est pleine de ces inventions sournoises, de ces technologies apparemment remarquables mais dont les effets sont dévastateurs sur la qualité de notre vie. Nous sommes des ordinateurs, nous sommes des téléphones, des images télévisées, nous devenons ce que nous produisons, prisonniers de cette forme de communication. Et ça marche bien, en plus.

Si bien qu'on les soigne, ceux qui, comme moi, ont peur du téléphone. Ceux qui en font tout un plat sans trop s'habituer à la chose et qui se comportent devant l'appareil comme un néandertalien devant une Chevrolet. C'est mon malheur que d'être comme ça : je ne trouve pas normal de téléphoner à quelqu'un ou de recevoir un coup de téléphone. Je trouve cela extraordinaire et ce serait merveilleux si le téléphone était affecté aux fonctions extraordinaires. Et l'extraordinaire doit se nourrir d'extraordinaire. Il est anormal que la cabine téléphonique soit si banale, si plastifiée, si lugubrement quotidienne. Chacune se devrait d'être un petit temple sacré où l'on entrerait pour une communication majeure. Si nous attachions au téléphone toute l'importance qui lui revient, nous ne passerions pas notre temps à occuper la ligne.

La « ligne ouverte » est un phénomène remarquable et attachant. Ici, l'être se confie entièrement et parlera sans fin de ce qu'il pense de l'entraîneur du Canadien, de l'avenir du Canada, de ses problèmes personnels, sans qu'aucune dimension ne soit occultée. Il devient une voix sur la place publique. Pour quelques minutes bien comptées, il est tribun sur la tribune. Félicitations pour votre belle émission. Sport, sexe, politique, potinage, services privés et publics, bricolage, club de rencontre, parler pour parler, rien ne résiste à cette ouverture des lignes qui interpelle les âmes dispersées dans la galaxie du grand public. La minorité placoteuse se veut le reflet de la majorité silencieuse. Les vertus de la parole et du silence se confondent dans un babillage fondamental.

A-t-on le droit de ne jamais répondre au téléphone ? A-t-on le droit de ne jamais rappeler les gens qui nous laissent un message ? Est-il normal de se scandaliser lorsqu'un étranger vous aborde dans un salon en vous disant « allô » ? Est-il normal de mesurer sa valeur personnelle et professionnelle d'après le nombre de coups de fil donnés et reçus ? N'a-t-il pas un problème, celui dont la vie est suspendue au téléphone ? Nous ne maîtrisons pas l'appareil et il y a confusion dans les genres. Ce qui est tout à fait normal, c'est que nous ressentons, en tant qu'êtres humains, le besoin de parler, de nous faire comprendre, d'aimer et de tant de choses encore qui relèvent de la chaleur humaine. Ce qui est curieux, c'est que nous nous précipitons sur le téléphone dans l'espoir de joindre ou d'être joints. Alors qu'il est assez clair que les coups de fil les plus importants sont ceux-là mêmes que nous n'avons jamais reçus, et encore plus ceux que nous n'avons jamais donnés.

réalité / TV fiction
salon / monde entier

■ La télévision

Bernard Arcand

pas naturel / contre

Une société qui invente le jardin zoologique est une société prête pour la télévision. Dès qu'on pense qu'il est intéressant de regarder des animaux hors de leur contexte naturel, il devient pensable de contempler le monde entier depuis son salon. L'anthropologue Edmund Carpenter a déjà raconté comment le cercueil du président Kennedy arrivant à l'aéroport de Washington passa, à peu près inaperçu, à l'arrière d'une rangée de personnes qui suivaient l'événement sur des écrans de télévision. Trente ans plus tard, c'est maintenant la musique, c'est-à-dire le son par excellence, qui est en train de se transformer en expérience vidéo.

Dans toutes les églises de la chrétienté, on gardait allumée une petite lampe du sanctuaire qui éclairait mal les cathédrales. Dans toutes les banlieues de la modernité, on aperçoit de l'extérieur le ton blafard de la lumière clignotante des téléviseurs. Il y a eu déplacement. Néanmoins, on sent encore comme une présence.

présence de l'église grâce à la lumière. jamais neuf

SERGE BOUCHARD

Kérouac disait que le bonheur total consiste à s'enfermer dans une chambre de motel pour boire de la bière, manger de la pizza et regarder la télévision, de préférence des émissions ennuyeuses, des jeux, des reprises de très vieilles séries, du déjà-vu, des films de série B et C, et cela jour et nuit jusqu'à ce que mort s'ensuive. Dans cette antichambre du grand sommeil, dans cette chambre de rêve, il suffit de débrancher le téléphone, de fermer les rideaux de mauvais velours, de verrouiller la porte de l'intérieur, de jeter la clé dans les toilettes, de ne ménager qu'une mince ouverture pour recevoir la bière et la pizza, pour qu'enfin le tour soit joué.

D'une certaine manière, cela rejoint la vieille idée de Blaise Pascal qui lui, cependant, ne disposait pas de la télévision pour appuyer ses dires. Ne jamais sortir de sa chambre, voilà le grand remède aux affaires humaines.

Si nous disposions de cinq milliards d'appareils de télé et si les êtres humains s'enfermaient dans cinq milliards de chambres de motel afin de regarder jour et nuit et pour toujours la télévision qui diffuserait des archives et du patrimoine télévisuel accumulé et réchauffé — ce qui permettrait aux producteurs, aux techniciens et aux acteurs de s'enfermer eux aussi —, alors il n'y aurait plus de guerre, plus de monde des affaires, plus de nouvelles fraîches, nous reverrions sans cesse l'assassinat de Kennedy, et l'espèce s'éteindrait en silence à défaut de se reproduire, à force d'être seule, l'espèce s'éteindrait dans ces chambres ; et sur la terre, à l'extérieur plus personne n'existerait tandis que la télévision, elle, n'arrêterait pas de diffuser. Un immense *tonight show* pour une foule qui ne serait plus là pour s'esclaffer, mais qu'importe, car il y aurait le rire « en canne ».

■ Le tourisme

SERGE BOUCHARD

Arrêtons de saler nos routes, rangeons souffleuses et charrues car déneiger est une perte. Sortons plutôt nos arroseuses et englaçons intégralement nos routes d'hiver, afin de traiter ces interminables circuits isolés comme il se doit, c'est-à-dire comme des chemins de neige. Ces longues lignes sur nos cartes sont les nerfs du nord, et les entretenir comme si nous étions en Floride nous coûte une fortune, sans parler du fait qu'en agissant ainsi la voirie démoralise la chaussée, l'exposant aux changements de température, qui sont extrêmes comme chacun sait. Quand le moral d'une route est brisé, elle craque de partout, et je passe sur les dangers créés par la présence inopinée des orignaux qui viennent lécher le sel dans les courbes dangereuses. Au moyen de canons camouflés en bordure des fossés, fabriquons de la neige artificielle durant les semaines où il n'en tombe pas assez. Fabriquons de la poudrerie à longueur d'année. À partir de là, il serait possible de créer une industrie touristique en louant aux pilotes d'une nouvelle ère des voitures préparées, des machines à râler, afin que les Français et les Japonais du monde entier puissent satisfaire chez nous leur soif de *misère-vérité*, les quatre pneus dans la gadoue d'une route qui les fera se surpasser.

Oui, sur la glace coulante, un Saint-Jérôme–Radisson ou un Sept-Îles–Senneterre valent bien un Paris–Dakar. Mon ministère de la Voirie serait rentable. Imaginez la création d'emplois, une flotte de dix mille voitures à préparer, à répartir, à réparer, à entretenir et à sortir des fossés. Des milliers de kilomètres de routes glacées à arroser, des millions de tonnes de neige à fabriquer et à souffler, des relais et des hôtels à construire à l'orée de tous les bois pour qu'ils ne jurent pas trop sur le front de la recherche des espaces sauvages remplis de vents et de diverses hostilités. Nous agirions de concert avec le ministère du Tourisme, avec celui du Développement régional et celui des Affaires étrangères car dans le fond tout serait planifié, ce qui nous assurerait travail et prospérité. Nous aurions des milliers de visiteurs qui paieraient une fortune pour ce plaisir particulier : déraper pendant trois jours, déraper sur une route interminable et isolée en maintenant son contrôle et sa vitesse comme si vraiment ils y étaient obligés. Au lieu d'être seuls à nous exposer aux dangers formidables de la petite vie anonyme qui nous fait voyager de part en part du Québec en hiver et en pleine obscurité, nous mettrions à contribution des volontaires qui s'ennuient dans la monotonie de leur propre morosité. Voilà bien une industrie, celle de la patinoire, de l'épinette et de la misère noire.

■ Les vendeurs

BERNARD ARCAND

Les vendeurs ne sont pas très attachés aux biens matériels. On le sait, ils essaient constamment de s'en débarrasser au plus vite en vous les cédant. C'est dire à quel point, pour devenir un bon vendeur, il faut être capable de prendre un certain recul face aux biens de ce monde et de paraître généreux. Les meilleurs restent parfaitement libres de tout attachement au produit, et le vendeur par excellence pourrait vendre absolument n'importe quoi, pour environ trente deniers.

C'est justement pour cela qu'il est toujours plus facile de vendre les autres : leur personne, leur produit ou leur travail. On sait bien que la plupart des vendeurs seraient incapables de fabriquer une chaîne stéréo, de construire la maison qu'ils vous montrent, ou d'écrire le livre qu'ils vous conseillent. Au mieux, ils diront que la caméra est bonne parce que « fabriquée au Japon », que le film sera divertissant puisque « américain », ou que tout ce qui se vend chez eux est bien sûr exclusivement « produit d'importation ». En fait, le vendeur se transforme souvent en agent de voyages qui permet de flairer l'exotisme : il ouvre la porte de la caverne du trésor infini, mais toutes ces richesses ne lui appartiennent pas et ne le concernent guère. Tout ce qu'il souhaite, le vendeur, c'est votre bien.

Il est donc facile de comprendre pourquoi les vendeurs sont obligatoirement des menteurs qui ne se rendent jamais compte que, s'ils pensaient vraiment tout ce qu'ils disent du produit, ils refuseraient certainement de le vendre. Quelques-uns semblent avoir compris le dilemme, et c'est pourquoi ils ont inventé le plus glorieux et le meilleur argument de vente : prétendre posséder eux-mêmes ce produit ; on le retrouverait chez eux, disent-ils, dans l'intimité de leur maison ! Enfin, des vendeurs sincères.

Par contre, il devient logiquement beaucoup plus difficile de se vendre soi-même avec un détachement égal et une pareille insouciance. Voilà donc la pire épreuve et le calvaire du vendeur. Car quiconque cherche à vendre, en toute honnêteté, son talent, ses chansons, ses conseils, son corps ou sa force se trouve mal placé pour prétendre que la transaction commerciale le concerne assez peu ou le laisse froid. Or, dans un univers de chômage et de fermeture de postes, il est essentiel de savoir bien se vendre, ce qui peut être appris par correspondance ou par cassettes. Mais vendre des produits étrangers demeure tout de même moins inquiétant et surtout moins risqué, puisque les faillites et les échecs deviennent au pire des erreurs d'approvisionnement ou de marketing. Mais on comprend facilement la gêne et la honte du mauvais vendeur de soi : il peut toujours prétendre que le marché était difficile et les conditions peu favorables, il reste tout de même qu'un bon produit devrait normalement réussir à s'imposer.

Créer des vendeurs qui savent se vendre constitue probablement l'une des réussites les plus remarquables de notre civilisation. Nous avons réussi à former des gens capables de se présenter et de se décrire de manière à se mettre en valeur, sans trop en avoir l'air, et dans le but avouable d'intéresser un acheteur. Mais on ne doit pas s'étonner ensuite d'entendre dire que l'échec est déprimant et qu'une vente ratée peut sérieusement porter atteinte à l'estime de soi. Car il ne s'agit plus ici de vendre des carottes ou des cravates, c'est soi-même qu'on met en vitrine, son talent et ses capacités, et c'est donc soi-même que l'on risque alors de voir jugé sans attraits et trop difficile à écouler. On peut donc comprendre le sens de certaines liquidations. Surtout quand on mesure la portée de ce qui doit bien être le cauchemar suprême du vendeur moderne : vouloir vendre son âme et se rendre compte que le diable n'en veut point, parce qu'il la trouve un peu chère.

SERGE BOUCHARD

Mort à crédit, vie à crédit, hypothèque sur l'avenir, dette, déficit, emprunt, financement : le bon vendeur sait que l'argent n'est pas un problème. Lui-même ne fait pas ce métier-là pour de l'argent. Le plaisir de la transaction l'emporte sur tout. La transaction l'emporte sur l'intérêt et sur le capital. Le vendeur est tout à fait désintéressé. La conscience est marchande, cela il le sait, marchande d'illusions pour lesquelles le monde est un petit marché. Alors, le vendeur ment dans le but de séduire, ce qui résume le fond de sa pensée. Il parle de choses aussi cruciales qu'importantes depuis que la transaction l'emporte sur l'objet même de la transaction. Voilà pourquoi le vendeur transige comme il respire. Voilà surtout la raison pour laquelle il vend n'importe quoi, et de préférence à n'importe qui.

Le vrai vendeur aime la difficulté, il relève toujours les défis. Il adore le client qui n'a besoin de rien, qui se tient sur ses gardes et qui prétend connaître toutes ses stratégies. Le bon vendeur se réserve celui-là même qui le démasque. Il est à son meilleur quand il avoue d'entrée de jeu qu'il a l'intention de vous rouler. Que voulez-vous, c'est son métier, sa profession, son habitude, sa religion. Les commerçants ont une très ancienne et très vaste expérience. Ils étudient l'homme depuis des millénaires et ils savent très bien ce qui le fait craquer. Souvenez-vous-en la prochaine fois que vous entrerez dans une boutique où, derrière une pile de manteaux ou un tas de souliers, se cache un vendeur expérimenté. Il attend, les bras croisés, tel un oiseau de proie, tel un chat, que le moineau ou l'hirondelle s'approche juste assez pour qu'il se mette en frais pour simplement les attraper. Réflexe de plaisir, le vendeur vend comme il respire.

BERNARD ARCAND

Donner de l'argent à des amis n'est jamais une tâche facile. On ne peut pas vraiment inviter des gens pour une soirée à la maison puis offrir à chacun cinquante dollars et, en général, on ne laisse pas de pourboire après avoir, à son tour, mangé chez un ami. Les conversations entre amis ne sont pas des services de téléphone payants qui acceptent les cartes de crédit. Il serait dans tous les cas mal vu d'envoyer de l'argent plutôt qu'un bouquet de fleurs. Et si on veut donner à sa famille, alors ça ne s'appelle plus de l'argent, mais un héritage.

En fait, seuls les vendeurs aiment recevoir de l'argent. Ils n'acceptent que l'argent, et les vendeurs ne sont jamais nos amis. Car le véritable vendeur demeure nécessairement un étranger, et si une vente réussie se termine par la traditionnelle poignée de main, geste qui d'habitude marque le début d'une rencontre, ici le même geste vient confirmer que la relation est close et que, entre nous, c'est bien fini. La vente est toujours l'aboutissement. Il ne faut surtout pas qu'elle dure plus longtemps et c'est pourquoi le contrat est si précis et insiste tant sur la qualité du produit et sur les modalités du mode de paiement.

La vente, en somme, est tout le contraire du don, qui semble n'exiger aucun remboursement mais qui demeurera remboursable en tout temps et de préférence pour toujours. Le cadeau aux parents, la faveur à un ami ou le service rendu aux membres de la communauté ne demandent surtout pas de salaire et seront peut-être rendus dans dix ans, ou jamais. C'est le prix de l'amitié et de l'appartenance. C'est le prix à payer pour ne pas avoir l'air d'un vendeur.

SERGE BOUCHARD

Vendeur de Concorde dans un marché restreint. Le commerce de l'être le résume tout entier et l'inventaire des transactions humaines serait comme l'inventaire de son identité. Voilà pourquoi le notaire, le « garde-note », est un professionnel qui ne rit pas. C'est parce qu'il sait. S'il était libéré de son secret professionnel, nous pourrions fermer les facultés de sciences humaines. Vendre, débiter, créditer, contracter, décrire les lots, voilà de bien vieilles affaires. L'arbitre entre l'acquéreur et le vendeur connaît toutes les règles du jeu, connaît toutes les stratégies des tricheurs.

Que serait la vie sans commerce ? Voilà votre sujet de dissertation. Que devient le produit sans le commerce ? Le commercial, c'est la clé, le début et la fin. C'est donc la philosophie du vendeur qui domine le monde moderne. On fabriquera ce qu'on écoule.

S'étonnera-t-on que nos hautes études commerciales deviennent nos écoles de philosophie ?

Voilà les vendeurs qui s'exercent au savoir de ce qu'ils ont toujours su. L'économie est basée sur le principe de la séduction. Tout est affaire de marché, et de marché à conclure. Mettre en marche, mettre en marché, cela revient au même dans un monde qui ne cesse de bouger.

Vendeur de Boeing, quel beau titre, quelle belle carte de visite ! L'industrie, le cash, l'enrichissement, tout est affaire de séduction. Séduire, c'est s'enrichir. C'est la croissance économique. Les vendeurs savent la spirale de l'énorme mensonge. Le monde est à conclure, il est à venir, il est à vendre ou à acheter, c'est du pareil au même, du moment que l'on sait qu'il a un prix.

Je rêve de vendre la Terre entière à un riche extraterrestre. Imaginez la commission ! Et l'acte du notaire. Ce serait l'ultime transaction. Vendre la planète et tous ses biens, vendre l'eau, les pierres, l'oxygène, les arbres et les déserts, en évaluer la valeur à partir d'inventaires, vendre les habitants, vendre le patrimoine planétaire. Vente finale, en vérité. Terre à vendre. On la divise en quatre marchés et le tour est joué. Adieu l'artisan, le paysan et tous ceux qui refusent de jouer le jeu. On les mettra au musée qui, de toute façon, est depuis longtemps vendu.

■ La ville

SERGE BOUCHARD

On ne peut imaginer New York dans la noirceur. C'est pourtant arrivé, en 1976, l'espace de quelques heures. Il s'agissait d'une vulgaire panne d'électricité, un black-out total qui a frappé l'imagination collective au point de faire date dans l'histoire de la ville. La panne n'était qu'une panne mais voyez ses effets. Une population captive dans ses propres ascenseurs, une circulation paralysée aux angles des feux éteints, des millions de personnes se retrouvant dans le noir, je dis bien « se retrouvant », c'est-à-dire se rapprochant les unes des autres du simple fait qu'elles se sont dans la noirceur un instant arrêtées. Cela a donné des enfants, rejetons de la panne, dont chacun sait qu'il fut conçu à cette date et à cette heure.

Manière de dire que la ville moderne est moderne par le devers de l'électricité. En pleine lumière, les gens se déplacent à l'aveuglette, ils sont absorbés. Tout marche et rien ne s'arrête dans la grande ville. Les grandes tours sont éclairées la nuit, le jour surtout.

L'urbain moderne fonctionne à l'électricité, il est comme qui dirait très très branché. Si on lui coupe le courant, il se métamorphose en s'immobilisant. Il est bien obligé d'en revenir à ses compétences primitives : se servir de sa tête, s'ouvrir un peu les yeux, remarquer la présence d'autrui. Cela conduisait autrefois à la naissance des sociétés. Voilà donc la mise au jour d'une loi sociale et historique fondamentale : les communautés prennent naissance dans les ténèbres. En revanche, elles s'étiolent et finissent par mourir par excès de clarté. Sur ce point, la ville moderne suréclairée est le Trafalgar de n'importe quelle société. L'individu s'affaire sans contrainte, il est pour lui-même un univers complet, il n'a besoin de personne ni pour survivre ni pour crever. New York accepte tout à fait le côtoiement physique de l'immensément riche et de l'immensément désespéré. Du moment que personne ne voit personne. Cependant, il a suffi de quelques heures dans l'obscurité pour que l'énergie symbolique qui fonde la société se remette à fonctionner. Il est heureux que la panne ne se soit pas prolongée au-delà d'une demi-journée. Autrement, la ville de New York aurait violemment explosé. Comme quoi il vaut mieux, dans les circonstances de la modernité, avoir un certain respect pour le pouvoir électrique. Conservons cette énergie et payons nos factures. Sans lumière dans la grande ville, nous serions bien obligés de nous envisager, ce qui bien sûr mettrait le feu aux poudres.

* * *

La ville est inhumaine et l'être humain est très urbain. Nous rêvons tous d'une ville aristo-bourgeoise, mais un tel concept n'aboutira jamais qu'à la fabrique de beaux quartiers. Avant que la ville ne devienne ce qu'elle est à présent, les cultivés, les esthètes et les riches pensaient qu'une ville devait avant tout être belle. D'où les clochers et les cathédrales, les piliers et les frontons des banques, les façades victoriennes, les appartements d'Haussmann, les avenues et les boulevards où s'élevaient les plus nobles pignons. Cependant, nous savons mieux aujourd'hui combien anti-urbaine était cette façon bourgeoise de voir les choses. Une ville ordonnée n'est pas vraiment une ville. Regardez Ottawa. La ville qui vit est une ville anarchique et plus la ville manque de contrôle, plus elle est une ville. Regardez Mexico. C'est la santé de New York que d'être en faillite, que d'être apolitique, que d'avoir des voitures de police sales et cabossées. On reconnaît la vivacité d'une ville au caractère absurde de sa façon d'exister. Ce sont les vrais centres culturels de la modernité.

BERNARD ARCAND

Il ne faudrait quand même pas exagérer la menace qui pèse sur les citadins. Prétendre que la ville est peu sûre et que le visiteur s'y trouve en péril est nettement exagéré. Les quartiers du sud de Chicago, les bas-fonds de Kingston en Jamaïque et les banlieues de Bogotá sont autant de zones urbaines où l'on devrait se sentir en sécurité. Car il faut reconnaître qu'en ville, il y a peu de chances d'être emporté par une avalanche, de tomber dans un gouffre sans fond ou de se noyer dans des rapides blancs. On risque assez peu d'être attaqué par un ours dans le métro, d'être poursuivi par une meute de loups dans une ruelle ou de se faire mordre un orteil dans l'étang du parc. La ville est un endroit sécurisant où les autorités ne laissent jamais traîner les troncs d'arbre qui pourraient abriter des serpents. Les nuits n'y sont jamais vraiment noires et on ôte des sentiers les pierres sur lesquelles on pourrait trébucher. En ville, il n'y a jamais de feux de forêt et néanmoins des milliers de détecteurs de fumée. La ville est plantée là comme une statue à notre victoire sur la nature. D'ailleurs, en ville, il ne reste même plus de moustiques et les vers ont beaucoup de misère.

*   *   *

La ville est un prolongement des systèmes de transport : Venise et Séville sont des inventions de navigateurs, Chicago est d'abord une gare de chemin de fer, Las Vegas est un puits de ravitaillement sur l'autoroute, et Brasília n'est pensable qu'à titre d'aéroport.

Il paraît donc normal que la ville moderne soit aux prises avec la révolution électronique du transport. On sait que le travail devient de plus en plus tertiaire et qu'il implique de moins en moins de matières premières ou secondaires. De nos jours, nous gagnons notre vie en jouant avec les mots. Et l'électronique aidant, il n'est déjà plus nécessaire d'aller en ville pour parler, écrire, écouter ou lire. Les habitants du plus déprimé des villages du Témiscamingue restent aujourd'hui enfermés dans leurs maisons et passent leurs soirées à regarder la télévision, tout comme les Montréalais. La ville s'est étalée partout dans les campagnes et elle est en train d'y perdre sa valeur.

On peut même avancer que son meilleur espoir de survie lui sera fourni, dans l'avenir immédiat, par ses restaurants et ses bars de drague. Car si la fibre optique permet de transmettre toutes les bonnes recettes et les meilleures annonces pornographiques, on n'a pas encore trouvé le moyen de livrer par voie téléphonique des mets éthiopiens au Témiscamingue, ni de faire parvenir des partenaires sexuels par courrier électronique. Il nous reste donc encore quelques bonnes raisons d'aller faire un tour en ville.

Table des matières

MISE EN PAGES ET TYPOGRAPHIE :
LES ÉDITIONS DU BORÉAL

CE DEUXIÈME TIRAGE A ÉTÉ ACHEVÉ D'IMPRIMER EN SEPTEMBRE 2005
SUR LES PRESSES DE L'IMPRIMERIE GAGNÉ
À LOUISEVILLE (QUÉBEC).